펀드투자권유
자문인력

KB068861

파생상품펀드

금융투자협회
Korea Financial Investment Association

자격시험 안내

1. 펀드투자권유자문인력의 정의

투자자를 상대로 집합투자기구의 집합투자증권(펀드)에 대하여 투자권유 또는 투자자문 업무를 수행하는 인력

2. 응시자격

금융회사 종사자 등(펀드투자권유자문인력 투자자보호교육 이수)

3. 시험과목 및 문항수

시험과목		세부 교과목	문항수
제1과목	펀드일반	법규 (금융소비자보호법 포함)	13
		직무윤리 · 투자자분쟁예방	15
		펀드 영업 실무	8
		펀드 구성 · 이해	16
		펀드 운용 · 평가	8
소 계			60
제2과목	파생상품펀드	파생상품펀드 법규	7
		파생상품펀드 영업	8
		파생상품펀드 투자 · 리스크 관리	10
소 계			25
제3과목	부동산펀드	부동산펀드 법규	5
		부동산펀드 영업	5
		부동산펀드 투자 · 리스크 관리	5
소 계			15
시험시간		120분	100 문항

* 종전의 증권펀드투자상담사(간접투자증권판매인력)의 자격요건을 갖춘 자는 펀드일반 과목(제1과목) 면제

* 종전의 파생상품펀드투자상담사의 자격요건을 갖춘 자는 펀드일반 과목(제1과목) 및 파생상품펀드 과목(제2과목) 면제

* 종전의 부동산펀드투자상담사의 자격요건을 갖춘 자는 펀드일반 과목(제1과목) 및 부동산펀드 과목(제3과목) 면제

4. 시험 합격기준

70% 이상(과목별 50점 미만 과락)

■ 한국금융투자협회는 금융투자전문인력의 자격시험을 관리·운영하고 있습니다.
금융투자전문인력 자격은 「자본시장과 금융투자업에 관한 법률」 등에 근거하고 있으며,
「자격기본법」에 따른 민간자격입니다.

■ 자격시험 안내, 자격시험접수, 응시료 및 환불 규정 등에 관한 자세한 사항은
한국금융투자협회 자격시험접수센터 홈페이지(https://license.kofia.or.kr)를 참조해
주시기 바랍니다.
(자격시험 관련 고객만족센터: 02-1644-9427, 한국금융투자협회: 02-2003-9000)

contents

part 02

파생상품펀드
영업

part 03

**파생상품펀드
투자 1**

part 01

파생상품펀드
법규

chapter 01

파생상품펀드 법규

section 01 금융투자상품의 정의

「자본시장과 금융투자업에 관한 법률」(이하 '자본시장법'이라 함)에서는 금융투자상품을 '이익을 얻거나 손실을 회피할 목적으로 현재 또는 장래의 특정 시점에 금전, 그 밖의 재산적 가치가 있는 것(이하 '금전등'이라 함)을 지급하기로 약정함으로써 취득하는 권리로서 그 권리를 취득하기 위해 지급하였거나 지급하여야 할 금전 등의 총액이 그 권리로부터 회수하였거나 회수할 수 있는 금전 등의 총액을 초과하게 될 위험(이하 '투자성'이라 함)이 있는 것'으로 정의하고 있다.

자본시장법은 금융투자상품을 다시 증권과 파생상품으로 구분하고 각각에 해당하는 경우를 규정하고 있다.

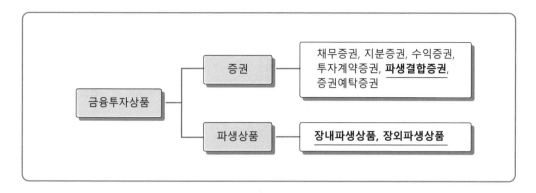

반면에 자본시장법은 아래와 같이 금융투자상품에 해당하지 않는 것을 명시적으로 규정하고 있다.

❶ 원화로 표시된 양도성 예금증서
❷ 신탁법상의 관리형신탁의 수익권
❸ 상법상의 주식매수선택권

1　증권

(1) 정의

자본시장법상 증권은 '내국인 또는 외국인이 발행한 금융투자상품으로서 투자자가 취득과 동시에 지급한 금전 등 외에 어떠한 명목으로든지 추가로 지급의무(투자자가 기초자산에 대한 매매를 성립시킬 수 있는 권리를 행사하게 됨으로써 부담하게 되는 지급의무를 제외)를 부담하지 아니하는 것'을 말한다. 즉, 증권이란 투자자의 최대 손실이 투자원금으로 한정되는 금융투자상품을 의미한다.

상기 증권의 정의에서 투자자가 기초자산에 대한 매매를 성립시킬 수 있는 권리를 행사하게 됨으로써 부담하게 되는 지급의무를 추가 지급의무에서 배제하고 있다. 예컨대 신주인수권 행사기간 내에 일정한 가격으로 발행회사의 신주를 정해진 수량만큼 인수할 수 있는 신주인수권(warrant)의 경우, 권리행사 시 신주대금을 추가적으로 지급해야 하는바, 이러한 경우는 투자원금을 지급하는 것이지 추가 지급의무가 있는 것은 아니라는 의미이다.

이와 같은 증권의 정의에 따라서 원본 초과 손실 가능성이 없는 금융투자상품을 증권, 원본 초과 손실 가능성이 있는 금융투자상품을 파생상품으로 구분하고 있다.

(2) 증권의 종류

자본시장법은 증권을 아래와 같이 6가지로 구분하고 있다.

❶ 채무증권 : 국채증권, 지방채증권, 특수채증권(법률에 의하여 직접 설립된 법인이 발행한 채권), 사채권, 기업어음증권, 그 밖에 이와 유사한 것으로서 지급청구권이 표시된 것

❷ 지분증권 : 주권, 신주인수권이 표시된 것, 법률에 의하여 직접 설립된 법인이 발행한 출자증권, 상법에 따른 합자회사·유한책임회사·유한회사·합자조합·익명조합의 출자지분, 그 밖에 이와 유사한 것으로서 출자지분 또는 출자지분을 취득할 권리가 표시된 것

❸ 수익증권 : 신탁의 수익증권, 투자신탁의 수익증권, 그 밖에 이와 유사한 것으로서 신탁의 수익권이 표시된 것

❹ 투자계약증권 : 특정 투자자가 그 투자자와 타인(다른 투자자를 포함) 간의 공동사업에 금전 등을 투자하고 주로 타인이 수행한 공동사업의 결과에 따른 손익을 귀속받는 계약상의 권리가 표시된 것

❺ 파생결합증권 : 기초자산의 가격·이자율·지표·단위 또는 이를 기초로 하는 지수 등의 변동과 연계하여 미리 정하여진 방법에 따라 지급하거나 회수하는 금전 등이 결정되는 권리가 표시된 것[1]

---

1 다만 다음의 어느 하나에 해당하는 것은 파생결합증권에 포함되지 않는다.
  1. 발행과 동시에 투자자가 지급한 금전 등에 대한 이자, 그 밖의 과실(果實)에 대하여만 해당 기초자산의 가격·이자율·지표·단위 또는 이를 기초로 하는 지수 등의 변동과 연계된 증권
  2. 옵션계약에 따른 계약상의 권리(자본시장법 제5조 제1항 각 호 외의 부분 단서에서 정하는 금융투자상품은 제외)
  3. 해당 사채의 발행 당시 객관적이고 합리적인 기준에 따라 미리 정하는 사유가 발생하는 경우 주식으로 전환되거나 그 사채의 상환과 이자지급 의무가 감면된다는 조건이 붙은 것으로서 주권상장법인이 발행하는 사채
  4.「은행법」에 따른 상각형 조건부자본증권, 은행주식 전환형 조건부자본증권 및 은행지주회사주식 전환형 조건부자본증권
  5.「금융지주회사법」에 따른 상각형 조건부자본증권 또는 전환형 조건부자본증권
  6.「보험업법」에 따른 상각형 조건부자본증권, 보험회사주식 전환형 조건부자본증권 및 금융지주회사주식 전환형 조건부자본증권
  7. 주식이나 그 밖의 다른 유가증권으로 교환 또는 상환할 수 있는 사채, 전환사채, 신주인수권부사채
  8. 신주인수권증서, 신주인수권증권

기초자산이란?

자본시장법은 기초자산을 아래의 어느 하나에 해당하는 것으로 정하고 있으며, 이러한 기초자산은 상기 증권에 해당하는 파생결합증권은 물론 다음에 설명하는 파생상품에 동일하게 적용된다.

① 금융투자상품
② 통화(외국의 통화를 포함한다)
③ 일반상품(농산물·축산물·수산물·임산물·광산물·에너지에 속하는 물품 및 이 물품을 원료로 하여 제조하거나 가공한 물품, 그 밖에 이와 유사한 것을 말한다)
④ 신용위험(당사자 또는 제3자의 신용등급의 변동, 파산 또는 채무재조정 등으로 인한 신용의 변동을 말한다)
⑤ 그 밖에 자연적·환경적·경제적 현상 등에 속하는 위험으로서 합리적이고 적정한 방법에 의하여 가격·이자율·지표·단위의 산출이나 평가가 가능한 것

❻ 증권예탁증권 : 증권을 예탁받은 자가 그 증권이 발행된 국가 외의 국가에서 발행한 것으로서 그 예탁받은 증권에 관련된 권리가 표시된 것

2   파생상품

파생상품은 경제학적인 관점에서는 기초자산의 가치와 특성에 따라 자신의 가치와 특성이 결정되는 파생적 성격의 금융투자상품으로 정의될 수 있다. 자본시장법은 파생상품의 특성에 따라 선도, 옵션, 스왑으로 구분[2]하고 있고, 파생상품시장에서의 거래 여부에 따라 장내파생상품과 장외파생상품으로 구분하고 있다.

(1) 선도, 옵션, 스왑

❶ 선도(Forward) : 선도는 '기초자산이나 기초자산의 가격·이자율·지표·단위 또는 이를 기초로 하는 지수 등에 의하여 산출된 금전 등을 장래의 특정 시점에 인도할 것을 약정하는 계약'이다. 현 시점에 주식을 매매하기로 약정하면서 그 주식의 인도와 대금의 결제를 미래의 어느 특정 시점에 하기로 정하는 경우가 선

---

2 세 가지 구분 외에도 선도, 옵션, 스왑과 유사한 계약으로 시행령이 정하는 계약을 파생상품으로 정의하고 있으나, 현재까지 시행령에 위임된 사항은 없다.

도거래의 대표적인 예이다. 즉, 선도거래는 일정한 대상을 매매(인도)하는 계약을 체결하면서 그 대상의 인도와 대금의 수령 시점을 장래의 특정 시점으로 정해두는 이행기가 장래인 매매(인도)계약이라 할 수 있다.

❷ 옵션(Option) : 옵션은 '당사자 어느 한쪽의 의사표시에 의하여 기초자산이나 기초자산의 가격 · 이자율 · 지표 · 단위 또는 이를 기초로 하는 지수 등에 의하여 산출된 금전 등을 수수하는 거래를 성립시킬 수 있는 권리를 부여하는 것을 약정하는 계약'이다.

　　미리 조건을 정해두고 미래의 어느 시점에 정해진 조건에 따라 거래가 성립된다는 점에서 선도와 유사해 보이나 선도거래는 거래 자체가 이미 약정 시점에 성립되고 미래 시점에서는 이행의 문제만 남는 반면, 옵션은 거래의 성립 여부가 나중에 결정된다는 점이다. 따라서 옵션을 보유한 사람은 선택에 따라 거래를 성립시킬지 말지 결정할 수 있어 권리만 있고 의무는 없다는 점에서 정해진 만기가 도래하면 반드시 계약상의 권리의무에 따라 목적물을 인도하고 대금을 수수해야 하는 선도와 차이가 있다.

❸ 스왑(Swap) : 스왑은 '장래의 일정기간 동안 미리 정한 가격으로 기초자산이나 기초자산의 가격 · 이자율 · 지표 · 단위 또는 이를 기초로 하는 지수 등에 의하여 산출된 금전 등을 교환할 것을 약정하는 계약'이다. 스왑거래는 통화스왑이나 이자율스왑 또는 흔히 TRS(Total Return Swap)라고 불리는 총수익스왑 등의 형태로 주로 활용된다.

(2) 장내파생상품 및 장외파생상품

❶ 장내파생상품은 '파생상품시장에서 거래되는 것, 해외 파생상품시장(파생상품시장과 유사한 시장으로서 해외에 있는 시장과 대통령령으로 정하는 해외 파생상품거래가 이루어지는 시장을 말함)에서 거래되는 것 또는 그 밖에 금융투자상품시장을 개설하여 운영하는 자가 정하는 기준과 방법에 따라 금융투자상품시장에서 거래되는 것'을 말한다.

대통령령이 정하는 해외 파생상품거래(시행령 제5조)

① 런던 금속거래소의 규정에 따라 장외(파생상품시장과 비슷한 시장으로서 해외에 있는 시장 밖을 말한다. 이하 이 조에서 같다)에서 이루어지는 금속거래

② 런던 귀금속시장협회의 규정에 따라 이루어지는 귀금속거래

③ 미국 선물협회의 규정에 따라 장외에서 이루어지는 외국환거래

④ 선박운임선도거래업자협회의 규정에 따라 이루어지는 선박운임거래

⑤ 그 밖에 국제적으로 표준화된 조건이나 절차에 따라 이루어지는 거래로서 금융위원회가 정하여 고시하는 거래

 * 금융위원회가 정하여 고시하는 거래란 i) '대륙 간 거래소의 규정에 따라 장외에서 이루어지는 에너지거래', ii) '일본 금융상품거래법에 따라 장외에서 이루어지는 외국환거래', iii) '유럽연합의 금융상품시장지침에 따라 장외에서 이루어지는 외국환거래', iv)영국 금융감독청의 업무행위감독기준에 따라 장외에서 이루어지는 외국환거래를 말한다.

❷ 장외파생상품은 '파생상품으로서 장내파생상품이 아닌 것'을 말한다.

(3) 파생상품에서 제외되는 금융투자상품(시행령 제4조의3)

❶ 증권 및 장외파생상품에 대한 투자매매업의 인가를 받은 금융투자업자가 발행하는 증권 또는 증서로서 기초자산(증권시장이나 해외 증권시장에서 매매거래되는 주권 등 금융위원회가 정하여 고시하는 기초자산을 말한다)의 가격·이자율·지표·단위 또는 이를 기초로 하는 지수 등의 변동과 연계하여 미리 정하여진 방법에 따라 그 기초자산의 매매나 금전을 수수하는 거래를 성립시킬 수 있는 권리가 표시된 증권 또는 증서

❷ 「상법」에 따른 신주인수권증서 및 신주인수권증권

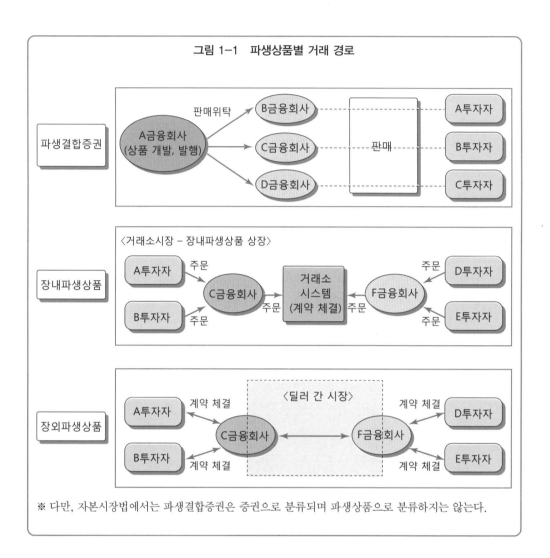

그림 1-1 파생상품별 거래 경로

파생결합증권

A금융회사 (상품 개발, 발행) → 판매위탁 → B금융회사 ‑‑‑ 판매 ‑‑‑ A투자자

A금융회사 (상품 개발, 발행) → C금융회사 ‑‑‑ 판매 ‑‑‑ B투자자

A금융회사 (상품 개발, 발행) → D금융회사 ‑‑‑ 판매 ‑‑‑ C투자자

장내파생상품

〈거래소시장 – 장내파생상품 상장〉

A투자자 → 주문 → C금융회사 → 주문 → 거래소 시스템 (계약 체결) ← 주문 ← F금융회사 ← 주문 ← D투자자

B투자자 → 주문 → C금융회사 ... 거래소 시스템 (계약 체결) ... F금융회사 ← 주문 ← E투자자

장외파생상품

〈딜러 간 시장〉

A투자자 → 계약 체결 → C금융회사 ←→ F금융회사 → 계약 체결 → D투자자

B투자자 → 계약 체결 → C금융회사 ←→ F금융회사 → 계약 체결 → E투자자

※ 다만, 자본시장법에서는 파생결합증권은 증권으로 분류되며 파생상품으로 분류하지는 않는다.

표 1-1 파생결합증권 및 파생상품 종류 예시

구분	파생결합증권	장내파생상품		장외파생상품		
		선물	옵션	선도	옵션	스왑
금리	• 역변동금리채권 • 이중지표금리채권 • 장기금리연동채권	• 국채금리선물 (3년, 5년, 10년)	–	• 금리선도 거래(FRA)	• 이자율캡 • 이자율 칼러	• 이자율 스왑(IRS)
주식	• 주가연계증권 (ELS)	• KOSPI200선물 • KOSPI200섹터지수 선물 • KOSPI배당지수선물 • 개별주식선물 • 미니코스피200 선물 • KOSDAQ150 선물 • 유로스톡스50선물 • KRX300선물	• KOSPI200 옵션 • KOSDAQ 150옵션 • 개별주식 옵션 • 미니코스피 200 옵션	• 주식선도	• 주식옵션	• 주식스왑
통화	• 통화연계채권	• 미국달러선물 • 일본엔선물 • 유로선물 • 위안선물	• 미국달러 옵션	• 통화선도 거래 (Currency Forward)	• 통화옵션	• 통화스왑 (CRS)
상품		• 금선물 • 돈육선물	–	–	–	
신용	• 신용연계채권 • 합성CDO	–	–	–	• 신용옵션 (CO)	• 신용스왑 (CDS)

section 02 파생상품펀드 개요

1 간접투자자산 운용업법상 파생상품펀드

과거 「간접투자자산 운용업법」(이하 '간접투자법'이라 함)은 간접투자기구(이하 '펀드')의 종류를 간접투자재산(이하 '펀드재산')의 운용대상에 따라, '증권펀드, 파생상품펀드, 부동산펀드, 실물펀드, 단기금융펀드, 재간접펀드, 특별자산펀드'의 7가지로 구분하였다.

간접투자법은 그중 '파생상품펀드'에 대해 '펀드재산의 10%를 초과하여 위험회피 외의 목적으로 파생상품에 투자하는 펀드'라고 명시적으로 규정하였으며, 이는 '파생상품 거래에 따른 위험평가액이 펀드 자산총액의 10%를 초과하도록 운용하는 펀드'를 의미하였다.

따라서 간접투자법 하에서는 단기금융 펀드를 제외한 나머지 5개의 펀드는 기본적으로 모두 파생상품에 투자할 수는 있지만, 그 방법은 펀드재산을 위험회피의 목적으로 파생상품에 투자하거나 또는 펀드재산의 10%를 초과하지 않는 범위 내에서 위험회피 외의 목적으로 파생상품에 투자할 수 있었다.

결론적으로 간접투자법은 펀드재산의 10%를 초과하여 위험회피 외의 목적으로 파생상품에 투자하는 것은 그 위험성을 감안할 때 모든 펀드에서의 일반적인 운용방법으로는 허용할 수 없었고, 따라서 별도의 독립된 펀드인 '파생상품펀드'에게만 이러한 운용방법을 허용하였다. 무엇보다도 투자자의 관점에서 볼 때에 펀드재산의 10%를 초과하여 위험회피 외의 목적으로 파생상품에 투자하는 펀드임을 투자자가 쉽게 식별한 후 투자 여부를 결정토록 하기 위해서라도 별도의 독립된 펀드로 인정할 필요가 있다는 것이 '파생상품펀드'를 허용한 간접투자법의 법적 취지였다라고 할 수 있다.

2 자본시장법상 파생상품펀드

자본시장법은 집합투자기구(이하 '펀드')의 종류를 집합투자재산(이하 '펀드재산')의 운용대상에 따라 '증권펀드, 부동산펀드, 특별자산펀드, 혼합자산펀드 및 단기금융펀드 (MMF)'의 5가지로 구분하고 있다.

이 중 단기금융펀드를 제외한 나머지 4개의 펀드(증권펀드, 부동산펀드, 특별자산펀드, 혼합자산펀드)에서 파생결합증권 및 파생상품에 투자할 수 있다.

실무적으로는 '펀드재산의 50%를 초과하여 파생결합증권에 운용하는 펀드'와 '파생상품매매에 따른 위험평가액이 펀드 자산총액의 10%를 초과하여 투자할 수 있는 펀드'를 일종의 '파생상품펀드'로 볼 수 있을 것이다. 즉, 자본시장법상으로는 증권펀드, 부동산펀드, 특별자산펀드 또는 혼합자산펀드로 구분되지만, 이들 펀드가 '펀드재산의 50%를 초과하여 파생결합증권에 운용하는 펀드' 또는 '파생상품매매에 따른 위험평가액이 펀드 자산총액의 10%를 초과하여 투자할 수 있는 펀드' 즉, '파생형'에 해당하게 되는 경우, 이들 펀드를 실무적으로 '파생상품펀드'로 취급하고 있다고 이해하면 될 것이다.

❶ 금융감독원은 2009년 3월 2일자에 '펀드명칭 표기기준'을 마련하면서 '파생결합증권이 주된 투자대상 자산인 펀드'와 '파생상품매매에 따른 위험평가액이 10%를 초과하여 투자할 수 있는 펀드'에 대해 '파생형'이라는 명칭을 사용하도록 하고 있다.

❷ 2009년 7월 1일 개정된 자본시장법 시행령(제52조의2 제1항)에서는 일반투자자를 보호하기 위한 적정성의 원칙과 관련하여 '파생상품 등'의 개념을 도입하였는데(법 제46조의2), 여기에는 파생상품 외에 '파생결합증권, 펀드재산의 50%를 초과하여 파생결합증권에 운용하는 펀드, 파생상품매매에 따른 위험평가액이 펀드 자산총액의 10%를 초과하여 투자할 수 있는 펀드'가 포함된다. 다만 적정성의 원칙은 「금융소비자 보호에 관한 법률」이 제정됨에 따라 해당 법률로 이관되었으며, 자본시장법에서는 삭제되었다.

표 1-2 **파생상품펀드의 정의 비교**

	간접투자법		자본시장법
파생상품 펀드	펀드재산의 10%를 초과하여 위험회피 외의 목적으로 파생상품에 투자하는 펀드 (=파생상품거래에 따른 위험평가액이 펀드 자산총액의 10%를 초과하도록 운용하는 펀드)	파생상품 등 (파생형)	펀드재산의 50%를 초과하여 파생결합증권에 운용하는 펀드 + 파생상품매매에 따른 위험평가액이 펀드 자산총액의 10%를 초과하여 투자할 수 있는 펀드

간접투자법 및 자본시장법상 펀드 구분

I. 간접투자법(제27조)

펀드종류를 펀드재산의 운용대상에 따라 7개로 구분(운용대상 자산 제한, 다양한 운용전략 구사 곤란)

- 증권펀드 : 펀드재산의 40% 이상을 투자증권에 투자
- 파생상품펀드 : 파생상품거래 위험평가액이 펀드재산총액의 10%를 초과하여 투자
- 부동산펀드 : 부동산에 투자하는 펀드(투자회사 형태는 펀드재산의 70% 이내로 제한)
- 실물펀드 : 실물자산에 투자하는 펀드
- 단기금융펀드(MMF) : 단기금융상품에만 투자하는 펀드
- 재간접펀드 : 다른 펀드가 발행한 펀드증권에 펀드재산의 50% 이상을 투자
- 특별자산펀드 : 특별자산에 주로 투자

표 1-3 종전 간접투자법상 투자대상유형별 구분

대상자산	증권펀드	파생상품펀드	부동산펀드	실물자산펀드	MMF	재간접펀드	특별자산펀드
투자증권	○	○	○	○	○	○	○
파생상품	○	○	○	○	×	○	○
부동산	×	×	○	×	×	×	×
실물자산	×	×	×	○	×	×	×
특별자산	×	×	×	×	×	×	○

II. 자본시장법(제229조)

펀드종류를 기존 간접투자법상의 7개에서 5개로 변경(펀드종류별 운용대상 자산 제한을 폐지, 다양한 운용전략 구사 가능)

- 증권펀드 : 펀드재산의 50%를 초과하여 증권(아래의 증권은 제외하며, 아래 증권 외의 증권을 기초자산으로 한 파생상품을 포함)에 투자하는 펀드로서 부동산펀드, 특별자산펀드에 해당하지 않는 펀드

* 증권펀드 요건을 충족하기 위해 50%를 초과하여 투자해야 하는 증권에서 제외되는 것

1) 부동산, 지상권 등 부동산 관련 권리, 부동산을 담보로 하는 금전채권 중 어느 하나의 자산이 신탁재산, 펀드재산, 유동화자산의 50% 이상을 차지하는 경우의 그 수익증권, 펀드증권, 유동화증권
2) 「부동산 투자회사법」에 따른 부동산 투자회사(Reit)가 발행한 주식
3) 부동산 개발회사가 발행한 증권
4) 부동산, 부동산 관련 자산을 기초로 하여 발행된 유동화증권으로서 그 기초자산의 합계액이 유동화자산 가액의 70% 이상인 유동화증권

- 부동산펀드 : 펀드재산의 50%를 초과하여 부동산에 투자하는 펀드. 이 경우 부동산에 대한
투자에는 ① 부동산을 기초로 한 파생상품에의 투자, ② 부동산 개발과 관련된 법인에 대한
대출, ③ 부동산의 개발 · 관리 · 개량 · 임대 · 운영방법에 의한 부동산 투자, ④ 부동산 관
련 권리의 취득, ⑤ 부동산 담보부 금전채권의 취득, ⑥ ③부터 ⑤까지의 어느 하나의 방법
과 관련된 금전의 지급, ⑦ 부동산 관련 증권에의 투자를 포함
- 특별자산펀드 : 펀드재산의 50%를 초과하여 특별자산(증권 및 부동산을 제외한 투자대상
자산)에 투자하는 펀드
- 혼합자산펀드 : 펀드재산을 운용함에 있어 증권, 부동산, 특별자산에 대한 투자비율 제한을
받지 아니하는 펀드
- 단기금융펀드(MMF) : 펀드재산 전부를 단기금융상품에 투자하는 펀드
* MMF에 대하여는 자본시장법에서 특별히 운용대상 자산의 제한, 편입자산의 신용평가등급
의 제한, 집합투자업자의 위험관리를 위한 내부통제 등에 관한 별도의 규제를 두고 있음(법
시행령 제241조 및 금융투자업규정 제7 – 14조~20조)

표 1 – 4 자본시장법상 투자대상 유형별 구분

대상자산	증권 펀드	부동산 펀드	특별자산 펀드	MMF	혼합자산 펀드
증권	○	○	○	○	○
파생상품	○	○	○	×	○
부동산	○	○	○	×	○
특별자산	○	○	○	×	○

자본시장법은 펀드를 투자대상 자산에 따라 5종류(증권펀드, 부동산펀드, 특별자산펀드, 혼합자산펀드, 단기금융펀드)로 구분하고 있다. 단기금융펀드를 제외한 나머지 펀드에 대해서는 파생결합증권 및 파생상품 투자를 허용하고 있으며, 펀드에서 파생결합증권 및 파생상품에 투자할 경우에 이와 관련된 운용규제를 별도로 두고 있다. 즉, 파생결합증권 및 파생상품 투자 시의 운용규제는 파생상품펀드에 해당하게 되는 경우에만 적용되는 것이 아니라 파생결합증권 및 파생상품에 투자할 수 있는 모든 펀드에 공통적으로 적용되는 운용규제이다.

❶ 동일종목 파생결합증권에 대한 투자비율규제 완화 : 펀드재산으로 동일종목의 증권에 투자하는 경우에 원칙적으로 각 펀드 자산총액의 10%를 초과하여 투자하는 행위가 제한된다. 다만, 동일종목의 파생결합증권에 투자하는 경우에는 예외적으로 각 펀드 자산총액의 30%까지 투자할 수 있다(법 제81조 제1항 제1호 가목, 영 제80조 제1항 제2호 다목). 다만, 사모펀드에 대해서는 이러한 규제가 적용되지 않으므로 펀드재산으로 동일종목 파생결합증권에 투자하는 경우에는 각 펀드 자산총액의 100%까지 투자할 수 있다.

❷ 장외파생상품 매매상대방 규제 : 펀드재산으로 장외파생상품의 매매를 하는 경우, 시행령에서 규정한 적격요건*을 갖추지 못한 자와의 매매는 금지된다(법 제81조 제1항 1호 라목, 영 제80조 제5항).

장외파생상품 매매상대방 적격요건

전문투자자(국가, 한국은행, 은행 등 금융기관, 예금보험공사 등과 같이 일반투자자로의 전환청구를 할 수 없는 전문투자자를 의미)에 해당하는 자가 아래의 어느 하나의 요건을 충족하는 것을 말한다.

① 신용평가회사(외국 법령에 따라 외국에서 신용평가업무에 상당하는 업무를 수행하는 자를 포함)에 의하여 투자적격등급 이상으로 평가받은 경우
② 신용평가회사에 의하여 투자적격등급 이상으로 평가받은 보증인을 둔 경우
③ 담보물을 제공한 경우

❸ 파생상품매매에 따른 위험평가액 규제 : 펀드재산으로 파생상품매매를 하는 경우, 파생상품매매에 따른 위험평가액이 각 펀드의 순자산총액(자산총액에서 부채총액을 뺀 가액)의 100%를 초과하여 투자하는 행위가 금지된다(법 제81조 제1항 1호 마목, 영 제80조 제6항). 다만, 가격 변동의 위험이 크지 아니한 경우로서 다음의 기준을 모두 충족하는 ETF는 200%까지 투자할 수 있다(규정 제4-52조의2).

ㄱ. 당해 상장지수 집합투자기구가 목표로 하는 지수의 변화의 2배(음의 배율도 포함) 이내로 연동하여 운용하는 것을 목표로 할 것

ㄴ. 당해 상장지수 집합투자기구의 투자대상 자산이 거래되는 시장에서의 일일 가격 변동폭이 전일종가(해당 시장의 매매거래시간 종료 시까지 형성되는 최종 가격을 말함)의 일정 비율 이하로 제한될 것

ㄷ. 당해 상장지수 집합투자기구의 집합투자재산을 법 제5조 제1항 제2호부터 제4호[3]에 따른 파생상품이나 장외파생상품에 운용하지 아니할 것

❹ 동일법인 등이 발행한 증권의 가격 변동으로 인한 위험평가액 규제 : 펀드재산으로 파생상품매매를 하는 경우, 파생상품의 기초자산 중 동일법인 등이 발행한 증권(그 법인 등이 발행한 증권과 관련된 증권예탁증권을 포함)의 가격 변동으로 인한 위험평가액이 각 펀드 자산총액의 10%를 초과하여 투자하는 행위는 금지된다(법 제81조 제1항 제1호 바목). 다만, 사모펀드인 경우에는 동일법인 등이 발행한 증권의 가격 변동으로 인한 위험평가액이 각 펀드 자산총액의 10%를 초과하여 투자할 수 있다.

❺ 같은 거래상대방과의 장외파생상품 매매에 따른 거래상대방 위험평가액 규제 : 펀드재산으로 같은 거래상대방과의 장외파생상품 매매에 따른 거래상대방 위험평가액이 각 펀드 자산총액의 10%를 초과하여 투자하는 행위는 금지된다(법 제81조 제1항 제1호 사목). 다만, 사모펀드인 경우에는 같은 거래상대방과의 장외파생상품 매매에 따른 거래상대방 위험평가액이 각 펀드 자산총액의 10%를 초과하여 투자할 수 있다.

---

3 (1) 당사자 어느 한쪽의 의사표시에 의하여 기초자산이나 기초자산의 가격·이자율·지표·단위 또는 이를 기초로 하는 지수 등에 의하여 산출된 금전 등을 수수하는 거래를 성립시킬 수 있는 권리를 부여하는 것을 약정하는 계약

(2) 장래의 일정기간 동안 미리 정한 가격으로 기초자산이나 기초자산의 가격·이자율·지표·단위 또는 는 이를 기초로 하는 지수 등에 의하여 산출된 금전등을 교환할 것을 약정하는 계약

(3) 상기 "1, 2"와 기초자산이나 기초자산의 가격·이자율·지표·단위 또는 이를 기초로 하는 지수 등에 의하여 산출된 금전 등을 장래의 특정 시점에 인도할 것을 약정하는 계약과 유사한 것으로서 대통령령으로 정하는 계약

파생상품 투자 시의 위험평가액 산정방법(규정 제4-54조)

이미 살펴본 바와 같이 자본시장법상의 펀드가 '파생상품매매에 따른 위험평가액이 펀드 자산총액의 10%를 초과하여 투자할 수 있는 펀드' 즉, '파생형'에 해당하게 되는 경우, 이들 펀드를 실무적으로 '파생상품펀드'로 취급하고 있기 때문에 파생상품매매에 따른 위험평가액의 산정이 중요한 의미를 가진다. 또한 파생상품 투자 시의 운용규제에 있어서 파생상품매매에 따른 위험평가액 규제, 동일법인 등이 발행한 증권의 가격 변동으로 인한 위험평가액 규제, 같은 거래상대방과의 장외파생상품 매매에 따른 거래상대방 위험평가액 규제 등에 있어서도 각각의 위험평가액 산정이 중요한 의미를 가진다. 이러한 점을 감안하여 금융투자업규정에서는 위험평가액 산정을 상세히 정하고 있다.

1 파생상품매매에 따른 위험평가액 산정방법(제1항~제3항)

파생상품매매에 따른 위험평가액은 장내파생상품 또는 장외파생상품의 거래에 따른 명목계약금액으로 하며, 그 명목계약금액은 파생상품의 종류에 따라 각각 아래에서 정하는 방법으로 산정하되 승수효과(레버리지)가 있는 경우 이를 감안하여야 한다.

❶ 선도(법 제5조 제1항 제1호의 파생상품) : 기초자산(자산의 가격이나 이를 기초로 하는 지수인 경우에는 지수를 말함)의 가격에 거래량(계약수)과 승수를 곱하여 산정한다.

❷ 옵션(법 제5조 제1항 제2호의 파생상품)

ㄱ. 옵션매수 : 기초자산 가격에 계약수와 승수 및 델타(기초자산 가격이 1단위 변화하는 경우 옵션 가격 변화)를 각각 곱한 금액(델타위험액)

ㄴ. 옵션매도 : 델타위험액에 추가로 델타 변화에 따른 위험(감마위험액)과 기초자산 변동성 변화에 따른 위험액(베가위험액)을 모두 합산한 금액. 이 경우, "감마위험액" 및 "베가위험액"은 금융투자업규정 제3－21조 제4항 및 제5항에 따라 금액을 산정한다.[4]

---

4 감마위험액과 베가위험액, 델타위험액의 산정방법 등은 금융감독원장이 정한다. 델타플러스법에 따른 옵션위험액 산정 시 적용하는 델타, 감마, 베가는 증권시장, 파생상품시장 또는 공신력 있는 외부기관에서 제공하는 것이어야 한다. 다만, 증권시장, 파생상품시장 또는 공신력 있는 외부기관으로부터 옵션

❸ 스왑(법 제5조 제1항 제3호의 파생상품)

ㄱ. 서로 다른 통화를 교환하는 거래(통화스왑) : 지급하기로 한 통화의 명목원금

ㄴ. 고정금리와 변동금리를 교환하는 거래(금리스왑) : 고정금리를 지급하는 경우 만기까지 지급하기로 한 금전총액, 변동금리를 지급하는 경우 만기까지 지급할 것으로 예상되는 금전총액의 시가평가금액

ㄷ. 준거자산의 신용사건 발생 여부에 따라 금전 등을 교환하는 거래(신용부도스왑) : 보장 매수자의 경우 지급하기로 한 금전총액, 보장 매도자의 경우 신용사건 발생 시 지급하기로 한 명목금액

ㄹ. 준거자산의 수익을 교환하는 거래(총수익스왑) : 수취하기로 한 금전총액이 부(-)의 값을 가지는 경우 지급하기로 한 금전총액과 수취하기로 한 금전총액의 절대값을 더한 금액, 수취하기로 한 금전총액이 양(+)의 값을 가지는 경우 지급하기로 한 금전총액

ㅁ. ㄱ.~ㄹ. 외 기초자산의 교환을 포함하는 거래 : 기초자산 가격에 거래상대방에게 만기까지 지급하기로 한 금전총액을 더한 금액

ㅂ. ㄱ.~ㄹ. 외 기초자산을 제외한 금전만 교환하기로 한 거래 : 거래상대방에게 만기까지 지급하기로 한 금전총액

❹ 선도, 옵션, 스왑거래가 혼합된 경우 : 선도, 옵션, 스왑 각각의 위험평가액 산정방법을 준용하여 산정한다. 다만, 만기손익구조의 최대 손실금액이 제한되어 있는 합성거래의 경우에는 그 최대 손실금액을 명목계약금액으로 할 수 있다.

❺ 장외파생상품거래의 경우 : 상기 각각의 위험평가액 산정방법을 적용하지 아니하고, 거래 당사자 간에 거래체결 시 합의하는 명목원금으로 위험평가액을 산정할 수 있다. 이 경우에도 기초자산의 가격 변화를 감안하여야 한다.

❻ 예외적으로 집합투자업자가 명목계약금액을 산정함에 있어 사용 가능한 방법

ㄱ. 「주식회사의 외부감사에 관한 법률」 제13조 제1항 제2호에 따른 회계기준상 위험회피 회계의 적용대상이 되는 거래 : 명목계약금액 산정대상에서 제외하는 방법

의 델타, 감마 및 베가에 관한 정보가 제공되지 않는 경우에는 옵션의 델타, 감마 및 베가값으로 다음의 수치를 이용할 수 있다.

1. 신용평가업자, 집합투자기구평가회사 및 채권평가회사 등 금융위원회의 인허가를 받거나 금융위원회에 등록한 평가회사가 제공하는 델타값·감마값·베가값

2. 장외파생상품에 대한 투자매매업을 인가받은 금융투자업자는 자체 모형에 의한 델타값·감마값·베가값

ㄴ. 파생상품 거래가 다음 각 목의 요건을 충족한다고 금융감독원장이 지정한 거래 : 금융감독원장이 정하는 조정값을 반영하여 위험평가액을 감액하는 방법

    a. 입증 가능한 위험 감소가 있을 것

    b. 동일 기초자산군과 관련될 것

    c. 정상적이지 않은 시장 상황에서도 유효하게 적용될 것

    d. 수익창출 목적의 거래가 아닐 것

    e. 파생상품과 관련된 위험이 상쇄될 것

ㄷ. 기초자산이 동일(발행인이 동일하고 잔존만기의 차이가 1년 이내인 채무증권의 경우에는 이를 동일한 기초자산으로 봄)하고 가격의 변화 방향이 반대인 파생상품거래(거래상대방이 다른 장외파생상품거래는 제외) : 각각의 위험평가액을 기준으로 상계한 후 잔여 명목계약금액을 위험평가액으로 산정하는 방법

집합투자업자가 위 ❻에서 정한 방법으로 명목계약금액을 산정한 경우에는 이를 입증할 수 있는 근거자료를 보관·유지하여야 한다.

❸에도 불구하고 총수익스왑 또는 이와 유사한 거래를 통해 사실상의 차입과 같은 효과가 있는 경우로서 법 제249조의7 제1항 제1호[5]에 따른 위험평가액을 산정할 때에는 준거자산의 취득가액을 위험평가액에 포함한다.

---

5 제249조의7(일반 사모집합투자기구의 집합투자재산 운용방법 등) ① 일반 사모집합투자업자가 일반 사모집합투자기구의 집합투자재산(제249조의13에 따른 투자목적회사의 재산을 포함한다. 이하 이 조에서 같다)을 운용하는 경우 다음 각 호의 금액을 합산한 금액이 일반 사모집합투자기구의 자산총액에서 부채총액을 뺀 가액의 100분의 400 이내에서 대통령령으로 정하는 비율을 초과해서는 아니 된다. 다만, 투자자 보호 및 집합투자재산의 안정적 운용을 해칠 우려가 없는 경우로서 대통령령으로 정하는 일반 사모집합투자기구의 경우에는 제1호·제2호 및 제4호를 합산한 금액 또는 제3호의 금액이 각각 일반 사모집합투자기구의 자산총액에서 부채총액을 뺀 가액의 100분의 400 이내에서 대통령령으로 정하는 비율을 초과해서는 아니 된다.

  1. 파생상품에 투자하는 경우 그 파생상품의 매매에 따른 위험평가액

  2. 집합투자재산으로 해당 일반 사모집합투자기구 외의 자를 위하여 채무보증 또는 담보제공을 하는 방법으로 운용하는 경우 그 채무보증액 또는 담보목적물의 가액

  3. 일반 사모집합투자기구의 계산으로 금전을 차입하는 경우 그 차입금의 총액

  4. 그 밖에 거래의 실질이 차입에 해당하는 경우로서 대통령령으로 정하는 경우에는 대통령령으로 정하는 방법에 따라 산정한 그 실질적인 차입금의 총액

2 동일법인 등이 발행한 증권의 가격 변동으로 인한 위험평가액 산정 방법(제4항)

기초자산 중 동일법인 등이 발행한 증권의 가격 변동으로 인한 위험평가액은 위와 같이 평가한 파생상품매매에 따른 위험평가액 중 동일법인 등이 발행한 증권의 가격 변동으로 인한 파생상품매매에 따른 위험평가액으로 한다.

3 같은 거래상대방과의 장외파생상품 매매에 따른 거래상대방 위험 평가액 산정방법(제5항 · 제6항)

❶ 같은 거래상대방과의 장외파생상품 매매에 따른 거래상대방 위험평가액은 동일 거래상대방 기준으로 장외파생상품 매매거래의 만기까지 거래상대방의 부도 등 으로 인하여 발생할 수 있는 최대 손실에 대한 추정금액(거래상대방으로부터 당해 거래와 관련하여 담보를 제공받는 경우에는 그 담보가치를 차감한 금액을 말함)을 말한다.

❷ 이 경우 당해 거래로 인하여 지급받기로 한 금액과 지급하기로 한 금액 간에 상 계한다는 내용의 계약이 있는 경우에는 상계한 후 거래상대방으로부터 지급받을 것으로 평가되는 총 금액으로 산정한다.

❸ 거래상대방으로부터 당해 거래와 관련하여 담보를 제공받음에 따라 그 담보가치 를 차감하는 경우에는 가치산정이나 담보권 행사를 통한 채권회수가 곤란한 자 산을 담보로 받아서는 아니 되며, 공정가액 등을 고려하여 합리적으로 담보사정 가격을 산정하여야 한다.

chapter 1 파생상품펀드 법규   19

파생상품펀드의 위험지표 공시 등(법 제93조)

자본시장법은 '파생상품매매에 따른 위험평가액이 펀드 자산총액의 10%를 초과하여 투자할 수 있는 펀드' 즉 '파생형'에 해당하는 파생상품펀드가 펀드재산으로 파생상품에 투자하는 경우에는 집합투자업자에게 위험지표 공시의무를 부과하고 있다. 특히 '장외파생상품매매에 따른 위험평가액이 펀드 자산총액의 10%를 초과하여 투자할 수 있는 펀드'에 대해서는 별도의 위험관리방법 신고의무를 부과하고 있다. 다만, 이러한 규제는 사모펀드에는 적용되지 아니한다.

1 파생상품펀드의 위험지표 공시

파생상품펀드의 펀드재산으로 파생상품에 투자하는 집합투자자는 해당 파생상품펀드에 투자하는 투자자가 그 위험 수준을 쉽게 알 수 있도록 위험지표를 인터넷 홈페이지 등을 이용하여 공시하여야 한다. 이 경우 그 펀드의 투자설명서에 해당 위험지표의 개요 및 위험지표가 공시된다는 사실을 기재하여야 한다.

(1) 공시대상 위험지표(법 제93조 제1항, 영 제96조 제2항)

위험에 관한 지표란 다음의 사항을 말한다. 다만 위험에 관한 지표 산출을 위한 자료가 부족하여 지표의 산출이 불가능한 경우 등 금융위원회가 정하여 고시하는 파생상품[6]인 경우에는 ❸을 적용하지 아니한다.

❶ 계약금액

❷ 파생상품매매에 따른 만기 시점의 손익구조

❸ 시장 상황의 변동에 따른 펀드재산의 손익구조의 변동 또는 일정한 보유기간에 일정한 신뢰구간 범위에서 시장 가격이 펀드에 대하여 불리하게 변동될 경우에 파생상품거래에서 발생할 수 있는 최대 손실 예상금액

❹ 그 밖에 투자자의 투자판단에 중요한 기준이 되는 지표로서 금융위원회가 정하

---

6 (1) 위험에 관한 지표 산출을 위한 자료가 부족하여 지표의 산출이 불가능한 파생상품
(2) (1) 외의 사유로 지표의 산출이 불가능한 파생상품으로서 금융감독원장의 확인을 받은 파생상품

여 고시하는 위험에 관한 지표

(2) 공시대상 위험지표의 산정방법(규정 제4-71조 제1항)

❶ 계약금액 : 파생상품거래의 유형별로 매수, 매도 및 순포지션(매수-매도)으로 나누어 산정된 명목계약금액의 총액을 기재하며, 그 구체적인 서식과 기재 시 주의사항에 대해서는 금융투자업규정(별표14)에서 정하고 있다.

❷ 파생상품 거래에 따른 만기시점의 손익구조 : 당해 파생상품의 기초자산의 가격 변동에 따라 펀드의 이익이 발생하는 구간과 손익이 없는 구간 및 손실이 발생하는 구간으로 구분하여 투자자가 이해하기 쉽도록 도표 등으로 나타내고, 이를 서술식으로 요약하여 기재한다.

❸ 시장 상황 변동에 따른 펀드재산의 손익구조변동 : 시나리오법에 따라 산정하며, 그 구체적인 내용은 금융감독원장이 정한다.

❹ 일정한 보유기간에 일정한 신뢰구간 범위 안에서 시장 가격이 펀드에 대하여 불리하게 변동될 경우 파생상품거래에서 발생할 수 있는 최대 손실 예상금액[이하 '최대 손실 예상금액(VaR)'이라 한다]

ㄱ. VaR은 10영업일의 보유기간 및 99%의 단측 신뢰구간을 적용하여 일일단위로 측정되어야 한다. 다만, 10영업일보다 짧은 보유기간을 사용하여 최대손실예상금액(VaR)을 산정한 후 이를 10영업일에 상당하는 수치로 전환시켜 산정할 수 있다.

ㄴ. VaR은 1년 이상의 자료 관측기간을 기초로 하여 측정되어야 하며, 시장 상황에 따라 최소한 3개월에 1회 이상 자료구성을 수정·보완시키되, 시장 가격의 중대한 변동이 있는 경우에는 수정·보완기간을 단축하여야 한다.

ㄷ. 옵션 포지션에 대한 VaR은 간편법 또는 델타플러스법에 따라 산정하며, 그 구체적인 내용은 금융감독원장이 정한다.

(3) 위험지표의 공시시기(규정 제4-71조 제2항)

❶ '계약금액' 및 '파생상품 거래에 따른 만기 시점의 손익구조'는 파생상품 거래 후 그 다음날까지 공시하여야 한다.

❷ '시장 상황 변동에 따른 펀드재산의 손익구조 변동' 및 '최대 손실 예상금액(VaR)'은 매일 공시하여야 한다.

파생상품펀드 중 '장외파생상품매매에 따른 위험평가액이 펀드 자산총액의 10%를 초과하여 투자할 수 있는 펀드'의 펀드재산으로 장외파생상품에 투자하는 경우에 집합투자업자는 장외파생상품 운용에 따른 위험관리방법을 작성하여 그 펀드재산을 보관·관리하는 신탁업자의 확인을 받아 금융위원회에 신고하여야 한다.

section 06 파생상품펀드 판매 시 강화된 투자자 보호제도

금융소비자보호법은 고위험상품인 파생결합증권 및 파생상품, 파생상품펀드 등에 투자하는 투자자를 보호하기 위해 모든 금융투자상품에 대해 적용되는 일반적인 투자자 보호제도 외에 보다 강화된 투자자 보호제도를 두고 있다.

1 파생상품펀드에 적용되는 일반적인 투자자 보호제도

자본시장법상의 일반적인 투자자 보호제도는 파생상품펀드에 대해서도 동일하게 적용하였다. 즉, 적합성 원칙(법 제46조), 설명의무(법 제47조) 및 손해배상책임(법 제48조), 부당권유의 금지(법 제49조) 등의 투자자 보호제도는 파생상품펀드에도 동일하게 적용하였다. 투자권유 및 투자자보호와 관련한 상기 조항들은 '금융소비자 보호에 관한 법률' 제정으로 자본시장법에서는 삭제·이관(2020년 3월 24일)되었다.

2 파생상품펀드에 적용되는 강화된 투자자 보호제도

(1) 적정성의 원칙

❶ 금융투자업자가 일반투자자에게 투자권유를 하지 않고 파생상품펀드를 판매하려는 경우에는 면담·질문 등을 통하여 그 일반투자자의 투자목적·재산상황 및 투자경험 등의 정보를 파악하여야 한다.

❷ 금융투자업자는 일반투자자의 투자목적·재산상황 및 투자경험 등에 비추어 해당 파생상품펀드가 그 일반투자자에게 적정하지 아니하다고 판단되는 경우에는 그 사실을 알리고, 일반투자자로부터 서명, 기명날인, 녹취 등의 방법으로 확인을 받아야 한다.

　　이 경우 일반투자자에게 알려야 할 사실에는

　ㄱ. 해당 파생상품펀드의 내용

　ㄴ. 해당 파생상품펀드 투자에 따르는 위험

　ㄷ. 해당 파생상품펀드가 일반투자자의 투자목적·재산상황 및 투자경험 등에 비추어 그 일반투자자에게 적정하지 아니하다는 사실이다.

(2) 차등화된 투자권유준칙 제정 의무

❶ 금융투자업자는 투자권유를 함에 있어서 금융투자업자의 임직원이 준수하여야 할 구체적인 기준 및 절차(이하 '투자권유준칙')를 정하여야 한다.

❷ 그런데, 금융투자업자는 파생상품펀드에 대해서는 일반투자자의 투자목적·재산상황 및 투자경험 등을 고려하여 투자자 등급별로 차등화된 투자권유준칙을 마련하여야 한다.

(3) 투자권유 위탁 제한

❶ 금융투자업자는 투자권유대행인에게 투자권유를 위탁할 수 있다.

❷ 다만, 파생상품펀드에 대해서는 투자권유대행인에게 투자권유를 위탁할 수 없다.

금융위원회는 DLF 불완전판매 등을 방지하기 위하여 '고위험상품 종합개선방안' (2019년 12월)을 발표하였으며, '고난도 금융투자상품' 제도를 도입하여 2021년 5월 10일 부터 시행하고 있다. 자본시장법은 고난도 펀드를 집합투자증권 중에서 운용자산의 가격결정의 방식, 손익의 구조 및 그에 따른 위험을 투자자가 이해하기 어렵다고 인정되는 것으로서 금융위원회가 정하여 고시하는 집합투자증권으로 정의(시행령 제2조 제7호)하고 있으며, 집합투자재산 중 파생결합증권에 운용하는 비중과 파생상품 매매에 따른 위험평가액이 펀드 자산총액에서 차지하는 비중의 합계가 100분의 20을 초과하는 펀드를 말한다. 실무적으로는 펀드에 편입된 파생결합증권, 파생상품, 타 고난도 펀드의 최대 원금손실 가능금액 합계액이 펀드자산총액의 20%를 초과할 경우 '고난도 펀드'에 해당하게 된다. 다만, 당해 집합투자규약 및 투자설명서에서 정한 운용방침이나 투자전략이 기초자산의 가격 또는 기초자산의 종류에 따라 다수 종목의 가격수준을 종합적으로 표시하는 지수의 변화에 연동하여 운용하는 것을 목표로 하는 펀드로서 다음 요건을 모두 충족하는 경우 고난도 펀드에서 제외된다.

❶ 집합투자재산을 운용함에 있어 장외파생상품 또는 파생결합증권에 투자하지 아니할 것. 다만, 가격 또는 지수의 변화에 연동하기 위한 목적으로 법 제390조에 따른 상장규정에서 정한 요건을 충족하는 거래상대방과 장외파생상품을 거래하는 경우는 제외.

❷ 당해 집합투자기구가 연동하고자 하는 기초자산의 가격 또는 지수가 영 제246조 각 호의 요건을 모두 갖추었을 것

영 제246조 각 호의 요건

① 거래소, 외국 거래소 또는 금융위원회가 정하여 고시하는 시장에서 거래되는 종목의 가격 또는 다수 종목의 가격수준을 종합적으로 표시하는 지수일 것
② 제1호의 가격 또는 지수가 같은 호의 시장을 통하여 투자자에게 적절하게 공표될 수 있을 것
③ 기초자산의 가격의 요건, 지수의 구성종목 및 지수를 구성하는 종목별 비중, 가격 및 지수의 변화에 연동하기 위하여 필요한 운용방법 등에 관하여 금융위원회가 정하여 고시하는 요건을 충족할 것

❸ 목표로 하는 지수의 변화에 1배 이내의 양의 배율로 연동하여 운용하는 것을 목표로 할 것

❹ 집합투자기구의 집합투자증권의 1좌당 또는 1주당 순자산 가치의 변동율과 해당 집합투자기구가 목표로 하는 지수의 변동률 간의 차이가 100분의 10 이내일 것

고난도 펀드 요건

① (복잡성) 파생결합증권 및 파생상품에 "운용하는 비중"이 펀드자산총액의 20%를 초과
  - 다만, 벤치마크 지수를 추종하는 ETF · 인덱스펀드(레버리지 · 인버스 미해당 펀드)를 투자자가 직접 매매하는 경우에는 고난도펀드에서 제외

② (손실위험성) 펀드에 편입된 파생결합증권 및 파생상품으로부터 발생하는 "최대 원금손실 가능금액"이 펀드자산총액의 20%를 초과
  * 재간접펀드인 경우, 피투자 고난도펀드의 최대 원금손실 가능금액을 합산

01 다음 중 자본시장법상 파생상품펀드에 관한 설명으로 적절하지 않은 것은?

① 반드시 환매금지형으로 해야 하는 것은 아니다.

② 자본시장법상 주된 투자대상에 따른 5가지 펀드 유형 중 하나에 해당하지 아니한다.

③ 파생상품 매매에 따른 위험평가액이 펀드 자산총액의 10%를 초과할 수 있는 펀드는 실무적으로 파생상품펀드로 분류한다.

④ 공모펀드는 투자신탁이나 투자회사 형태만을 취해야 한다.

02 다음 중 공모파생상품펀드에서 파생상품에 투자하는 경우에 적용되는 규제에 관한 설명으로 적절하지 않은 것은?

① 장외파생상품은 적격요건을 갖춘 자와만 해야 한다.

② 장외파생상품 매매 시 동일 거래상대방 위험평가액이 펀드 자산총액의 20%를 초과할 수 없다.

③ 파생상품매매에 따른 위험평가액이 펀드 순자산총액의 100%를 초과할 수 없다.

④ 기초자산 중 동일법인 등이 발행한 증권의 가격 변동으로 인한 위험평가액이 펀드 자산총액의 10%를 초과할 수 없다.

해설

01 ④ 공모펀드든 사모펀드든 투자신탁·투자회사 외에도 투자유한회사·투자합자회사·투자유한책임회사·투자합자조합·투자익명조합 등 자본시장법에서 허용하고 있는 다른 펀드형태를 취할 수 있다. ① 파생상품펀드라고 반드시 환매금지형으로 해야 하는 것은 아니다. 예컨대, 파생결합증권에 펀드자산의 대부분을 투자하는 파생상품펀드는 환매금지형으로 하지 않아도 된다(자본시장법 § 230). ② 자본시장법상 주된 투자대상에 따른 펀드분류는, 증권펀드·부동산펀드·특별자산펀드·혼합자산펀드·단기금융펀드 5가지다(자본시장법 § 229). ③ 자본시장법상 파생상품펀드 정의가 없지만 실무상 파생상품 매매에 따른 위험평가액이 펀드 자산총액의 10%를 초과할 수 있는 펀드를 파생상품펀드라고 할 수 있다.

02 ② 장외파생상품 매매 시 동일 거래상대방 위험평가액이 펀드 자산총액의 10%를 초과할 수 없다.

03　다음 중 파생상품 투자 시 위험평가액은 명목계약금액으로 한다. 다음 파생상품 종류별 명목계약금액 산정방식에 대한 설명 중 사실과 다른 것은?

① 선도의 경우 기초자산 가격에 계약수를 곱한다.

② 통화스왑의 경우 지급하기로 한 통화의 명목원금

③ 옵션 매수의 경우 기초자산 가격에 계약수와 승수 및 델타(기초자산 가격이 1단위 변화하는 경우 옵션 가격 변화)를 각각 곱한 금액(델타위험액)

④ 옵션 매도의 경우 델타위험액에 추가로 델타 변화에 따른 위험액(감마위험액)과 기초자산 변동성 변화에 따른 위험액(베가위험액)을 모두 합산한 금액

04　아래 설명 중 밑줄 친 부분과 관련하여 장외파생상품 매매 상대방 적격요건에 대한 설명으로 적절하지 않은 것은?

> 집합투자업자는 펀드재산을 파생상품에 운용함에 있어서 장외파생상품 매매를 하는 경우 <u>적격요건을 갖추지 못한 자</u>와의 매매는 금지된다.

① 상대방은 일반투자자로의 전환청구를 할 수 없는 전문투자자여야 한다.

② 상대방이 갖추어야 할 요건 중 신용평가회사에 의하여 투자적격 등급 이상으로 평가받은 경우는 적격요건에 해당한다.

③ 상대방이 갖추어야 할 요건 중 민법 또는 상법상의 연대보증인을 둔 경우는 적격요건에 해당한다.

④ 상대방이 갖추어야 할 요건 중 담보물을 제공한 경우는 적격요건에 해당한다.

해설

03　① 선도·선물의 명목계약금액은 기초자산 가격에 계약수와 승수를 곱하여 산정한다.

04　③ 신용평가회사에 의하여 투자적격 등급 이상으로 평가받은 보증인을 둔 경우가 적격요건에 해당한다.

05 다음 중 자본시장법상 파생상품 등에 대한 설명으로 적절하지 않은 것은?

① 기초자산의 가격을 기초로 하는 지수 등에 의하여 산출된 금전 등을 장래의 특정 시점에 인도할 것을 약정하는 계약은 옵션이다.

② 장래의 일정기간 동안 미리 정한 가격으로 기초자산의 가격을 기초로 하는 지수 등에 의하여 산출된 금전 등을 교환할 것을 약정하는 계약은 스왑이다.

③ 파생상품시장에서 거래되는 파생상품은 장내파생상품이다.

④ 장외파생상품은 파생상품으로서 장내파생상품이 아닌 것을 말한다.

해설

05 ① 지문의 설명은 선도에 대한 설명이다.

정답 01 ④ | 02 ② | 03 ① | 04 ③ | 05 ①

part 02

파생상품펀드 영업

certified fund investment advisor

chapter 01

파생상품펀드의
종류 및 투자기법

파생상품펀드 개요

파생상품(derivatives)은 기초자산(underlying asset)에서 파생(derive)된 새로운 투자상품이다. 파생상품은 주식, 채권 등 모든 기초자산에서부터 파생될 수 있고, 손익구조나 위험에 대한 이해가 선행된다면 투자자에게 효율적인 투자 수단이 될 수 있다. 파생상품펀드는 앞서 기술한 것처럼 자본시장법상 분류를 별도로 하고 있지 않으나, 파생상품[1] 및 파생결합증권을 일정 비율 이상 편입한 펀드로 정의할 수 있다.

'장내파생상품'에 투자하는 펀드로는 포트폴리오 보험(portfolio insurance), 커버드콜(covered call)[2]처럼 옵션의 성과를 복제하는 것도 있고, 기초자산의 등락을 이용하여 투자하는 펀드도 있다. 또한 상장된 지수선물(index futures), 지수옵션(index options), 개별종목 선물(stock futures)이나 옵션, 혹은 워런트(warrant)에 투자하는 펀드도 가능하다.

---

1 장내 선물, 옵션을 거래하거나 장외파생상품을 계약 형식으로 편입한다.
2 주식매수＋콜매도를 취하는 전략이다.

'장외파생상품'은 거래당사자 간에 거래하는 파생상품으로 장내파생상품이 아닌 것을 말한다.(자본시장법 제5조 제3항)

파생상품펀드에 투자할 때 가장 중요하게 관찰해야 할 사항으로는 기초자산, 수익구조, 만기, 중도상환 여부 등이 있으며, 장외파생상품에 투자한 펀드의 경우 거래상대방, 평가일 및 평가주기 등에 대한 사항도 주의해야 한다.

section 02 주가연계 파생상품펀드

우리나라 주가연계 파생상품 시장의 역사는 그리 길지 않다. 1996년 주가지수 선물이 상장된 이후, 1997년 주가지수 옵션이 상장되었으며, 뒤이어 개별 주식 옵션과 선물이 상장되었고 ELW가 상장되었다. 개인 투자자들의 적극적인 참여와 관련 업계 종사자들의 노력으로 KOSPI 200 주가지수 선물 및 옵션상품은 전 세계적으로 가장 거래가 활발한 상품 중의 하나로 자리매김하였고, 이에 따라 투자자들에게 주가연계 파생상품은 상대적으로 친숙한 상품이 되었다.

한편 2002년 장외파생상품 발행 및 영업에 관한 인가가 허용되었고, 주가연계 상품이 주종을 이루었는데, 이후 우리나라에서는 주가연계 파생상품펀드가 가장 대표적인 파생상품펀드로 자리매김하였다.

다양한 파생상품의 등장은 펀드의 투자대상과 투자전략을 한 단계 발전시켰다. 특히 장외파생상품의 발행 인가는 증권사 및 은행에 새로운 비즈니스 기회를 제공하게 되었고, 자산운용업계 역시 파생상품에 대한 활용을 더욱 촉진시키는 계기가 되었다.

1 상품의 특성

주가연계 파생상품이란 파생상품의 수익이 주가(개별 종목의 가격 혹은 주가지수)에 연계되어 결정되는 파생상품을 말한다. 예를 들어 삼성전자 주식선물을 매입한 후 삼성전자 주식 가격이 상승하면 이익이 발생한다. 이 경우 투자자는 삼성전자의 가격 위험에 자산을 투자한 것이고 삼성전자의 가격 상승으로 이익을 본 것이다.

　주가연계 파생상품의 기초자산은 삼성전자, 현대자동차 등 개별 종목 주식이 가능하며 한국, 중국, 일본 등의 주가지수 역시 기초자산이 될 수 있다. 한편 주가연계 파생상품의 기초자산 선택 시에 개별 종목의 경우 어떤 기준으로 기초자산을 선택할 것인지 신중하게 판단해야 한다. 거래량이 충분하여 유동성에 문제가 없는지, 주가의 변동성이 적정한지 등을 판단해야 한다. 주가지수의 경우에도 대표성이 있는지, 유동성에 문제가 없는지 등을 파악해야 한다.

　주가연계 파생상품은 장내파생상품처럼 거래소에서 거래하거나, 장외파생상품처럼 계약의 형태로 거래할 수 있으며, 파생결합증권처럼 투자매매업자가 발행하거나 금융기관 간 계약의 형태를 통해 거래할 수 있다. 은행은 워런트를 예금에 편입하여 주가에 연동시킨 주가연동예금(ELD : Equity Linked Deposit)을 제공하고, 투자매매업자는 직접 고객들에게 주가연계증권(ELS : Equity Linked Securities)을 발행한다. 그리고 집합투자업자는 주가연계증권을 편입하여 주가연계펀드(ELF : Equity Linked Fund)를 제공하거나 장내외 파생상품을 활용한 파생상품펀드를 제공한다. 이 중 주가연동예금과 주가연계증권은 발행사인 은행과 투자매매업자의 자체 신용을 바탕으로 원금보장 구조로 발행이 가능하다. 즉, 발행사가 파산하지 않으면 원금이 보장된다. 반면 주가연계펀드(ELF)는 집합투자업자가 집합투자기구의 운용을 담당하는 대리인 자격이어서, 실적배당 상품인 펀드에 대하여 ‘원금보장’이라는 표현을 사용할 수 없다. 펀드는 실적배당 상품이므로 원금보장 구조인 경우라도 ‘원금보존 추구형’으로 제공한다.

　ELS, ELD, ELF를 비교하면 다음의 표와 같다.

구분	ELD(주가연동예금)	ELS(주가연계증권)	ELF(주가연계펀드)
발행회사	은행	투자매매업자	집합투자업자
판매회사	은행	투자매매업자	투자매매업자 및 은행
자산운용	고유계정과 혼합	고유계정과 혼합	펀드(신탁)로 별도 운용
형 태	정기예금	증권	증권(수익증권)
투자방법	정기예금 가입	증권 매입	수익증권 매입
수익지급	약속된 수익률	약속된 수익률	운용실적 배당
원금보장	100% 보장	보장 · 비보장	보존추구 · 비보존
예금자 보호	보호(5천만 원까지)	없음	없음
소득과세	이자소득 과세	배당소득 과세	배당소득 과세

주가연계 파생상품에 투자하는 가장 간단한 방법은 워런트에 투자하는 것이다. 워런트(Warrant)는 '신주인수권'이라는 용어에서 시작되었지만 최근에는 '옵션'과 유사한 용어로 이해할 수 있다. 워런트에 투자하게 되면 선물투자와 같은 선형구조의 수익구조가 아닌 다양한 비선형구조의 수익구조 추구가 가능하다. 따라서 워런트 수익구조에 대한 개괄적인 이해가 필수적이다. 한편 유사한 개념으로 거래소에 상장된 워런트는 주식워런트(ELW)[3]로 정의하며, ELW는 파생결합증권의 일종이다.

워런트 투자의 첫 번째 장점은 레버리지 효과이다. 가령 주식을 직접 매입하려면 원금 전액이 필요하나 워런트는 적은 금액으로 투자가 가능하다. 워런트의 가격은 프리미엄(premium)이라 부르며 펀드 자산의 연 3~5%를 투자하는 것이 일반적이다. 즉, 적은 자본을 투자하여 큰 자본을 투자하는 효과를 얻을 수 있는 것이다.

또한 워런트 투자를 통해 펀드(집합투자기구)에서는 원금보존 추구형을 만들 수 있다. 예를 들면 펀드 자산의 대부분을 채권(혹은 유동성)에 투자하고 이자금액만큼에 대해 워런트를 매입하면 기초자산의 가격 변동에 따른 수익을 얻으면서도 원금보존 추구형이 가능하다.

워런트는 장외파생상품으로서 가격 위험과 신용위험에 동시에 노출된다. 시장 가격 위험, 즉 기초자산의 가격 움직임이 수익을 결정하는 것이다. 투자자는 기초자산 가격에 대한 예상(상승, 하락, 보합 등)을 투자 수익으로 연결시킬 수 있으며 만약 시장이 투자자의 예상과 다르게 움직이더라도 손실을 최소화할 수 있다. 그러나 워런트 발행사가 파산하는 경우에는 수익을 전액 혹은 부분적으로 회수하지 못할 수 있다.

대부분의 경우 워런트 투자형은 이자 수준의 프리미엄만 지급하여 손실을 제한할 수 있어 원금보존 추구형으로 분류한다. 워런트는 손실을 제한하면서 기초자산 가격에 따라 다양한 수익을 제공할 수 있는 대표적인 파생상품이다. 반면, 워런트 발행사의 신용위험과 편입하는 이자자산의 신용위험이 함께 존재한다.

---

3 주식워런트증권(ELW)은 'Equity Linked Warrant'의 약자로, 주식 및 주가지수 등의 기초자산을 사전에 정한 미래의 시점(만기)에 미리 정하여진 가격(행사 가격)에 사거나(call) 팔(put) 수 있는 권리(옵션)를 나타내는 증권(securities)을 말하며, 거래소에서 요구하는 일정 요건을 갖출 경우 거래소에 상장되므로 일반투자자도 기존 주식 계좌를 이용하여 주식과 동일하게 매매할 수 있다.

(1) 방향성 투자

기초자산의 가격이 상승할 때 수익이 발생하는 상승형, 하락할 때 수익이 발생하는 하락형, 상승 혹은 하락할 때 수익이 발생하는 양방향형 등 다양한 구조의 펀드가 설계 가능하다.

KOSPI200 지수가 상승할 것으로 예상하는 투자자는 상승형을 매입해야 하며, 향후 주가가 하락할 것으로 예상하는 투자자는 하락형에 투자해야 한다. 그리고 시장의 방향성에 대한 확신이 서지 않고 상승 혹은 하락 방향으로 크게 움직일 것으로 예상하는 투자자는 양방향형을 선택해야 한다.

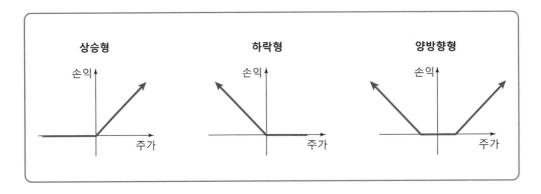

(2) 주요 용어

보편화된 워런트 구조에는 각각의 구조에 대한 용어가 있으며 펀드를 투자할 때 용어를 구분할 수 있어야 한다. 워런트 구조의 이름에 투자 수익구조 및 특징이 함축되어 있기 때문이다.

❶ 콜(Call) · 풋(Put) · 디지털(Digital) : 수익구조에 대한 용어로서 상승형을 콜, 하락형을 풋, 상승형이든 하락형이든 일정한 쿠폰(제시수익률)을 받거나 혹은 받지 못하는 구조를 디지털이라 한다.

투자자가 한국 주가지수(KOSPI200)의 상승을 예상하면 상승형 콜에 투자해야 하고, 일본 주가(NIKKEI225)가 하락할 것을 예상한다면 하락형 풋에 투자할 수 있다. 디지털 옵션의 간단한 예로는 'KOSPI200 지수가 10% 초과 하락하지 않으면 8%를 받는 구조' 또는 '중국 지수(HSCEI)가 15% 이상 상승하면 12%를 받는 구조' 등이 있다.

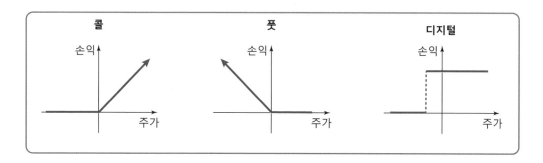

❷ 스프레드(Spread) : 기초자산이 특정 구간에 있을 때는 지속적으로 수익이 상승하지만 특정 구간을 넘어서면 일정한 수익만을 받는 구조를 스프레드라 한다. 상승형을 강세 스프레드(bull spread), 하락형을 약세 스프레드(bear spread)라고 한다. 투자자가 큰 폭의 이익을 포기하고 손실 위험을 줄일 수 있는 구조이다. 일반적으로 옵션은 높은 레버리지로 위험이 크다고 생각하지만 스프레드 거래는 안정적이며 보수적인 투자전략이다.

❸ 레인지(Range) : 기초자산이 특정 구간에 있을 때만 일정한 수익을 받고 그 외의 구간에서는 수익이 없는 구조를 레인지라고 한다. 예를 들어 현재 2,000p인 주가지수가 향후 1년간 1,600~2,400p에서 등락을 보일 것으로 예상하는 투자자에 적합하다. 즉, 시장의 등락이 줄어들고 제한적 범위 내에서 움직일 것으로 예상하는 경우 유용하다.

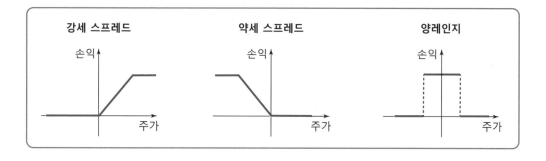

❹ 낙아웃(Knock Out) · 낙인(Knock In) : 기초자산 가격이 일정 수준(barrier)에 도달하면 기존의 손익구조가 사라지는 것을 낙아웃, 새로운 손익 구조가 생기는 것을 낙인이라고 한다. 예를 들어 투자자가 주가의 상승을 기대하나 큰 폭의 상승은 없을 것으로 예상하며, 투자자금이 부족한 경우를 생각해보자. 이때 '주가가 1년 이내에 40% 이상 상승하지 않으면 참여율 100% 콜옵션이지만, 한 번이라도

40% 이상 상승하면 이후의 주가 움직임과 관계없이 콜옵션이 없어지는 구조'에 투자할 수 있다. 이 구조를 낙아웃 콜옵션이라 하고, 일반적인 콜옵션보다 상대적으로 가격이 싸다.

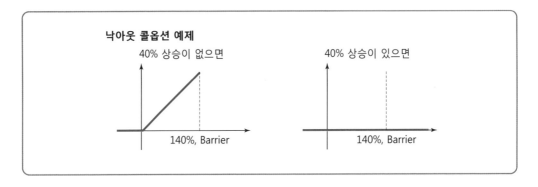

⑤ 유럽형(European) · 미국형(American) · 아시아형(Asian) : 평가일에 대한 용어로, 워런트의 수익을 결정하는 데 만기에 한 번만 관찰하면 유럽형, 만기 전 어느 때라도 관찰하여 수익을 확정할 수 있으면 미국형, 그리고 만기 전(일반적으로 만기 포함) 특정 평가일들을 정해놓고 수익률들을 결정한 후 최종적으로 평균하여 최종 수익률을 결정하면 아시아형이라 한다.

워런트 투자와 관련하여 참여율과 리베이트에 대해 알아본다.

❶ 참여율(PR, Participation Rate) : 기초자산 가격의 상승률 또는 하락률에 대하여 워런트의 수익이 어떤 비율로 참여하는가 하는 비율이다. 예를 들어 참여율이 90%이면 기초자산의 상승률 또는 하락률의 90% 만큼이 수익으로 결정된다. 즉 기초자산이 KOSPI200인 참여율 90% 유럽형 콜옵션의 경우 만기에 KOSPI200 이 30% 상승했다면 워런트 수익은 27%(=30%×90%)이다.

❷ 리베이트(보상수익, Rebate) : 낙아웃 구조의 경우 특정 조건이 만족되면 기존의 수익 구조는 사라지게 되는데, 이때 일정 정도의 수익을 보상해주는 경우가 있다. 이러한 일정 정도의 수익을 리베이트 혹은 보상수익이라 한다. 리베이트가 없는 경우를 'No Rebate', 최고 수익과 리베이트가 동일하면 'Full Rebate' 그리고 사이의 값이면 'Partial Rebate'라고 한다.

표 1-1	Up & Out Call with partial rebate

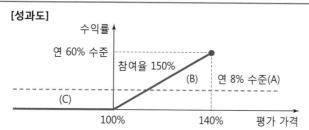

[성과도]

기초자산	KOSPI200
만기	1년
주요 특징	• A : 기초자산이 만기를 포함한 투자기간 동안(장중 포함) 한 번이라도 140% 수준 초과 상승한 경우 → 만기 시 '원금 + 연 8.0%' 수준으로 상환 • B : A조건을 만족하지 못하고 만기에 기초자산 가격이 100~140% 사이에 있는 경우 → '원금 + 150% × 기초자산 상승률' 수준으로 상환 • C : A, B 조건을 만족하지 못하고 만기에 기초자산 가격이 100% 미만일 경우 → 원금보존 추구

설명

위 구조는 낙아웃이 있는 구조로서 투자기간 동안(장중 포함) 기초자산의 140% 초과 상승 유/무가 펀드의 수익에 결정적인 영향을 준다. 즉 140% 초과 상승한 적이 있으면 그 후의 기초자산 가격의 변동은 펀드의 수익에 아무런 영향을 주지 못하고 수익이 연 8% 수준으로 확정된다. 그러나 단 한 번도 140% 초과 상승한 적이 없으면 참여율 150%의 유럽형 콜옵션이 된다. 예를 들어 만기에 KOSPI200지수가 30% 상승했다면 펀드의 수익은 45%(= 30% × 150%)이지만 만기에 KOSPI200지수가 하락하거나 투자기간 동안 기초자산의 140% 초과 상승한 적이 없는 경우에는 투자한 원금만 상환 받는다.

단 한 번도 140% 초과 상승하지 않은 경우	단 한 번이라도 140% 초과 상승한 경우

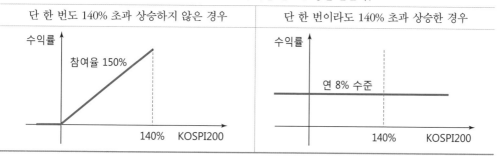

3 파생결합증권 편입형 혹은 장외파생상품 계약형

펀드 자산의 대부분을 특정한 수익구조를 가진 파생결합증권으로 편입하거나 증권사와 계약의 형태로 장외파생상품을 거래할 수 있다. 파생결합증권을 편입할 때는 항상 원금이 발행사에 제공되는 반면, 장외파생상품 계약을 할 때는 원금이 거래상대방에게 제공되는 경우와 일정기간(분리, 연간 등)별로 이자만 지급하는 경우[4]로 나누어진다. 이러한 두 가지 거래는 실질적으로 같은 효과를 갖지만 형식적으로 큰 차이를 보인다.

(1) 원금보존 추구형

기초자산의 가격 움직임 혹은 금리, 환율 등 기타의 시장 변동과 관계없이 원금보존을 추구하는 펀드를 가리킨다. 물론 이 경우에도 거래상대방의 결제불이행 위험은 내재되어 있다. 원금보존 여부는 계약서 상의 수식 등 상환조건으로 확인할 수 있다.

원금보존 추구형 펀드들은 중도상환 조건의 유무로써 크게 두 가지로 나눌 수 있다. 먼저 중도상환 조건이 없는 펀드들은 워런트를 투자하는 경우와 유사하지만 다만 발행사 부도 위험에 대한 노출 정도가 다르다. 다음으로 중도상환 조건이 있는 펀드들은 일정기간별로 중도상환조건을 만족하면 중도상환이 되는 펀드로, 연기금 등 일부 기관투자자들은 KOSPI200 지수를 기초자산으로 하는 중도상환형 펀드를 선호한다.

원금보존 추구형 구조에서 펀드의 수익률은 기초자산의 가격 변동과 투자한 채권의 운용 결과로 결정된다. 예를 들어 시중 금리가 높을 때는 채권에서 높은 수익이 나올 수 있기 때문에 펀드의 구조 및 수익률이 좋아지는 반면 시중 금리가 낮을 때는 펀드의 구조 및 수익률이 악화된다.

2013년 5월 28일부터 자본시장법 개정으로 '원금보존 추구형 파생결합증권'이 파생결합사채로 변경되어 해당 펀드는 채권형으로 분류된다.

(2) 원금비보존형

원금비보존형 또는 조건부 원금보존형은 국내 시장에서 가장 대표적인 구조화 상품이다. 투자 시점에서는 상당히 높은 확률로 안정적 수익을 얻을 것으로 예상되는 기초자산과 구조를 이용하되, 특별한 경우에 원금손실도 가능하게 함으로써, 옵션 매도의 프리미엄을 이용하여 상품의 수익을 제고시켜 투자자들에게 제공하는 것이다.

---

4 원금이 거래상대방에게 제공될 때 Funded Swap이라고 하며, 원금 교환 없이 이자만 교환할 때 Unfunded Swap 또는 CD Swap이라고 한다.

표 1-2	원금비보존형, 중도상환 스텝다운 형

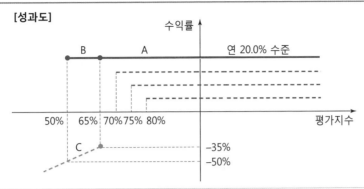

[성과도]

기초자산	KOSPI200, HSCEI
만기	1년
주요 특징	• 두 지수 모두 매 3개월 시점(만기평가 포함)에서 80−75−70−65% 이상인 경우 : 연 20.0% 수준의 수익 기대 • 중도상환 없이 투자기간 중(장중 포함) 최초 기준지수에서 50% 초과하여 하락한 적이 없는 경우 : 연 20.0% 수준의 수익 기대 • 중도상환 없이 투자기간 중(장중 포함) 최초 기준지수에서 50% 초과하여 하락한 적이 있는 경우 : 원금손실 가능

설명

이 펀드는 기초자산이 KOSPI200, HSCEI로서 만기가 1년이고 매 3개월마다(4번) 상환의 기회를 갖는다. 이 구조는 크게 3부분으로 나누어 볼 수 있다. 먼저 3개월마다 평가하여 평가일에 두 기초 자산이 모두 최초 기준주가보다 80−75−70−65% 이상에 있으면 연 20.0% 수준으로 상환된다. 두 번째로 평가일마다 상환조건을 만족하지 못했고 투자기간 중(장중 포함) 두 기초자산 모두 한 번도 50% 초과 하락한 적이 없는 경우 만기 시 연 20.0% 수준으로 상환된다. 마지막으로 평가일마다 상환조건을 만족하지 못했고 투자기간 중(장중 포함) 두 기초자산 중 하나라도 50% 초과 하락한 적이 있는 경우(낙인 이벤트 발생) 만기 시 두 지수 중 낮은 지수의 하락률만큼 손실이 발생한다.

낙인 이벤트 발생이 없는 경우	낙인 이벤트 발생이 있는 경우

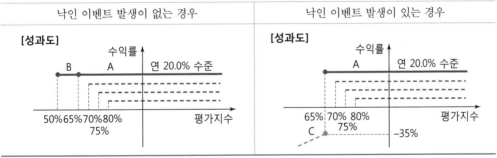

* 최근에는 낙인 이벤트가 발생하더라도 만기평가일에 두 기초자산 모두 상환조건을 만족한다면 제시수익률을 지급하는 구조로 대부분 변경되었다.

중도상환이 가능한 상승형의 원금비보존형 구조에서 쿠폰(제시수익률)에 어떤 요인들이 영향을 줄 수 있는가 알아보자. 원금비보존형 구조에서 쿠폰에 가장 영향을 많이 주는 요인은 기초자산의 변동성이다. 변동성이 크면 쿠폰이 상승한다. 변동성이 20% 수준인 주가지수와 변동성이 45% 수준인 개별 종목으로 기초자산을 구성할 때 쿠폰의 차이는 매우 크다.

한편 상환조건이 낮을수록 쿠폰이 낮아진다. 상환조건, 즉 행사 가격이 낮으면 상환가능성이 상승하므로 발행자 입장에서는 불리하기 때문에 투자자에게 낮은 쿠폰을 제시한다. 예를 들어 상환조건이 90%인 구조의 쿠폰이 연 15%라면, 상환조건이 85%인 구조의 쿠폰은 연 13% 정도로 제시될 수 있다.

쿠폰은 원금손실 가능성과 연계되는 KI(knock in) 수준에 비례한다. KI 수준이 낮을수록 투자자에게는 안정성이 높고 원금손실 위험이 감소한다. 따라서 KI이 낮은 구조는 쿠폰이 낮다. 예를 들어 KI이 50%인 구조의 쿠폰이 연 12%라면, KI이 60%인 구조의 쿠폰은 연 16% 정도로 높아져야 한다.

구조에 KO(knock out)조건이 있는 경우에는 KO수준이 낮을수록 쿠폰이 낮다. KO조건을 만족시키면 구조화상품은 상환수익률이 확정된다. 예를 들어 투자기간 중 기초자산 두 개가 일별 종가 기준으로 110%를 상회하면 직후 평가일에 상환조건 만족으로 보고 상환한다고 할 때, KO이 110%인 구조가 KO이 115%인 구조보다 쿠폰이 낮다.

또한 두 종목의 상관관계가 낮을수록 쿠폰이 높다. 두 종목의 상관관계가 낮은 경우에는 기초자산 한 종목이 조기상환조건을 만족하더라도 다른 하나가 만족하지 못할 가능성이 크다. 상관관계가 높은 경우는 두 기초자산이 동시에 상승하거나 하락할 가능성이 크므로 상관관계가 낮은 경우보다 상환 가능성이 높다. 이 외에도 만기나 평가주기 등도 쿠폰에 영향을 줄 수 있다.

중도상환이 가능한 상승형의 원금비보존형 구조에서 쿠폰이 높은 경우

① 기초자산의 변동성이 높을수록 쿠폰이 높다.
② 상환조건(행사가)이 높을수록 쿠폰이 높다.
③ KI이 높을수록 쿠폰이 높다.
④ KO이 높을수록 쿠폰이 높다.
⑤ 상관관계가 낮을수록 쿠폰이 높다.

4 　장내파생상품 운용형

　장내파생상품을 운용하는 펀드로는 금융공학펀드[5]가 대표적이며, 이들은 인덱스에 연동된 수익률을 추구하거나, 옵션의 수익구조를 복제하거나 차익거래와 같은 기법으로 절대수익을 추구하는 전략을 주로 사용한다.

　인덱스에 연동된 수익률을 추구하는 경우, 인덱스의 반대방향이나 일정 배수(1.5배, 2배 등)를 추구하는 펀드도 존재한다. 한편 옵션의 수익구조를 복제하는 펀드(이하 델타복제펀드) 중에는 풋매도 성과를 복제하는 것이 일반적인 형태이며, Reverse Convertible[6] 전략도 많이 이용된다. 콜옵션 매수의 성과를 복제하는 포트폴리오 보험(portfolio insurance) 상품도 있다. 옵션의 수익구조를 복제하는 펀드들은 ELF와 비교 시 세금 및 중도환매 측면에서 유리한 반면에 운용에 따른 비용과 상환수익률의 불확실성 등은 단점으로 지적되고 있다. 절대수익추구형의 경우 현물, 선물, 옵션 간 차익거래를 통해 수익추구를 하며, 사전에 정해진 규칙에 따라 시스템매매 전략을 활용하기도 한다.

　한편 인덱스 펀드 중 추종하는 지수의 선물이나 옵션이 상장된 경우 이를 활용하여 베이시스 수준에 따라 현물과 선물(혹은 옵션)의 편입비를 적극적으로 조정하여 초과수익을 추구하기도 한다. 또한 지수수익률과 반대의 수익률 추구를 하는 리버스 인덱스 펀드나 지수수익률의 일정 배수를 추적하는 레버리지 인덱스 펀드의 경우 선물 등 파생상품 활용이 필수적이다.

　델타복제 펀드는 개별 종목, 복수 종목, 주식 바스켓 혹은 인덱스 선물의 풋옵션 매도 포지션의 델타를 참조하여 운용한다. 델타복제 펀드는 설정 이후 변동성이 증가하거나 시장이 큰 폭의 하락이 없는 경우에 수익이 발생할 가능성이 크다. 또한 상장된 주식이나 선물의 매매이익에 대해 비과세된다는 장점도 있어서 투자자들의 관심이 많다. 그러나 개별 펀드별로 운용을 해야 하는 어려움이 있고, 변동성이 감소하거나 바스켓의 성과가 부진한 경우, 시장이 큰 폭으로 하락하는 경우에는 투자 손실이 발생할 수

5　금융공학(financial engineering)펀드란 기초자산(주식, 채권, 원자재 등)의 움직임을 금융공학적인 모델과 접목해 시장 변화에 따른 리스크를 관리하면서 미리 정해 놓은 수익 구조의 달성을 추구하는 펀드 유형을 모두 포함한다. 인덱스형, 델타복제 구조화형, 시장중립형, 시스템형, 포트폴리오 보험형 등이 있다.

6　Reverse Convertible 전략은 기초자산이 큰 폭의 하락이 없으면 안정적 수익을 얻을 수 있는 구조이다. 과거 일본에서 크게 유행했던 대표적인 상품이다. 예를 들어 '향후 3개월간 삼성전자 주가가 20% 하락하지 않으면 연 9%' 등의 구조이다.

리버스(Reverse) 인덱스 펀드(인버스 펀드, inverse fund)

펀드명에 거꾸로란 의미의 '리버스'란 용어가 의미하듯, 지수의 움직임과 반대의 수익률을 추구하는 즉, 지수가 상승하면 손실이 나며, 지수가 하락하면 이익이 발생하는 펀드이다. 주식시장에서 약세장을 뜻하는 '베어'라는 단어들을 사용하기도 한다. 운용방식은 기초지수의 움직임과 반대의 손익구조를 추구해야 하기 때문에 필수적으로 파생상품을 활용한다. 장내파생상품인 주가지수 선물 매도 포지션을 항상 보유하게 되며, 이를 통해 지수와 반대의 수익률을 추구하게 된다.

하지만 리버스 펀드는 장기투자를 위한 상품으로써의 가치는 떨어진다. 리버스는 기본적으로 주가가 지속적으로 하락해야 돈을 벌 수 있는 구조인데, 주가는 일반적으로 무한히 하락할 수 없기 때문이다. 또한 리버스 펀드의 수익률은 일일 지수 수익률의 반대일 뿐이며, 특정한 구간 수익률과 정확하게 반비례해서 움직이지는 않는다는 점에 유의할 필요가 있다. 즉, 향후 1개월간의 지수 수익률이 −10%가 되더라도, 리버스 펀드의 수익률은 일일 리밸런싱으로 인해 어느 정도의 괴리가 발생할 수 있다.

있다.

포트폴리오 보험형 상품은 위험자산의 편입비 조절이 필수적인데, 이를 주로 선물을 활용하여 조정한다. 그리고 기술적 분석이나 고유의 모델을 이용하여 선물거래를 통해 수익을 추구하는 시스템형 펀드도 존재한다.

펀드에 따라서는 구조가 복잡하거나 성과의 안정성이 낮아 일반 투자자들에게 판매하는 것이 문제가 없는지, 투자로서의 의미가 있는지 검토할 부분도 있다. 분명한 것은 주가연계 파생상품 및 파생결합증권을 이용하면 원하는 위험 수준의 노출과 적절한 수익을 추구하는 다양한 위험수익관계(risk return profile)가 가능하다는 것이다.

section 03 금리연계 파생상품펀드

금리연계 상품은 주가연계 상품과는 달리 투기적인 수요가 매우 적다. 오히려 이자율 위험에 노출된 투자자가 노출된 위험을 조절하기 위해 헤지 목적으로 사용하는 것이 보다 보편적이다.

금리는 주가에 비하여 변동성이 낮고 제시된 가격 조건의 유지(price holding)가 어려워 펀드 설정까지 상당한 시간이 소요되는 공모형 펀드로 만들기 어렵다. 따라서 레버리지를 이용하지 않고는 안정적이고 높은 수익을 기대하기 어려우나 레버리지를 이용하더라도 관련 규정의 제약과 위험 증가에 따른 문제가 발생한다. 금리상품이 보편화되기 위해서는 펀드투자에 대한 기대 수익률이 낮아지거나 금리 변동성이 확대되어야 할 것이다.

일반적으로 금리연계 파생상품펀드는 만기가 길고 발행사의 중도상환 권리가 내재되어 있다. 또한 기초자산인 금리의 수준이 거시 경제의 영향을 많이 받으므로, 경제에 대한 이해도 수반되어야 한다.

상대적으로 주가연계 파생상품펀드에 비해 금리연계 파생상품펀드는 투자자의 이해도 부족과 발행사의 헤지의 복잡함 등으로 인해 아직 보편화되어 있지는 않다. 다만, 금리하락 시기에는 금리연계 파생상품펀드에 대한 수요가 커져 일부 사모펀드의 경우 만기가 단기인 상품이 나오는 등 다양한 상품이 출시되는 경향이 있다. 이제 그동안 시장에 소개되었던 몇몇 상품 사례를 중심으로 살펴보기로 하자.

1 레인지 어크루얼(Range Accrual)

다음은 CD91일물 금리와 통안채 금리를 이용한 레인지 어크루얼(Range Accrual) 상품이다. 금리가 일정 범위 안에 머문 날짜를 계산하여 쿠폰이 결정되는 구조로 금리가 예상하는 범위에 머물 때 수익을 확보할 수 있는 대표적인 상품이다.

표 1-3　CD91일물 Range Accrual

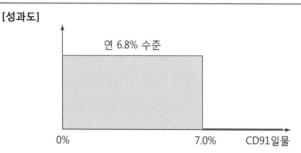

만기	10년
주요 특징	• 6개월 이후 매 3개월마다 발행사 중도상환 권리 있음 • 매 분기마다 쿠폰 산출 및 발생 ⇒ 분기마다 쿠폰 지급

쿠폰 공식 = 1.7% 수준 × [(0% ≤ CD91일물 ≤ 7%)인 일수/분기 동안의 전체 일수]

설명
이 구조는 기초자산이 CD91일물이며 원금보존 추구형이다. 만기는 10년이고 6개월 이후 매 3개월마다 발행사 중도상환 권리가 있다. Range Accrual이란 일정 기간을 두고 기초자산에 대한 특정 조건을 만족하는 일수를 계산하여 수익을 결정하는 구조를 말하는데 이 펀드는 3개월마다 쿠폰의 수익률을 계산한다. 3개월 동안 CD91일물이 0% 이상, 7% 이하에 있는 일수를 계산한 후 3개월 동안 전체 일수로 나누어 쿠폰을 결정하는데 예를 들어, 3개월을 90일이라 가정하고 CD91일물이 0% 이상, 7% 이하인 일수가 81일이었다고 하면 결정되는 쿠폰은 해당 분기에 약 1.53%(=1.7%×81/90)이다. 이렇게 결정된 쿠폰은 매 분기마다 지급한다.

2　스프레드(Spread)

만기가 다른 두 종목 혹은 신용도가 다른 두 종목의 금리차를 이용하는 상품이 스프레드(Spread) 상품이다. 예를 들어 국내 IRS[7] 5년물 금리와 1년물 금리의 차이를 이용하는 상품이 가능하다. 그리고 국고채 3년물과 국내 IRS 3년물의 스프레드를 이용한 상품도 가능하다.

7　IRS(Interest Rate Swap)는 동종통화에서 변동금리와 고정금리를 교환하는 계약이다. 변동금리는 CD91일물이며 이때 고정금리의 값이 IRS 금리이다. IRS 3년물은 만기가 3년인 IRS이다.

표 1-4 | IRS(Interest Rate Swap) 금리 스프레드

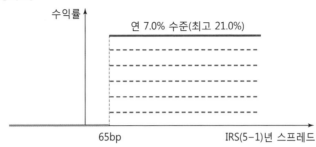

[성과도]

기초자산	국내 IRS 금리 스프레드(국내 IRS 5년물 − 국내 IRS 1년물)
만기	3년
주요 특징	• 기초자산이 매 6개월 시점(만기 평가 포함)에서 65bp 이상인 경우 : 연 7.0% 수준의 수익 기대 • 중도상환 없이 만기에 기초자산이 65bp 미만인 경우 : 원금보존 추구

설명

이 구조는 기초자산이 (국내 IRS 5년물−국내 IRS 1년물)이며 원금보존 추구형 펀드이다. 만기는 3년이고 평가일 및 중도상환 기회는 매 6개월마다 주어진다. 위 펀드는 6개월마다 수익률 및 상환을 결정하는데 매 6개월 시점에서 기초자산이 65bp 이상에 있는 경우 연 7.0% 수준으로 쿠폰을 결정하고 상환된다. 그리고 만약 상환이 계속 연기되어서 만기까지 투자되었을 때, 기초자산이 65bp 미만에 있으면 원금 수준으로 상환된다.

section 04 | 환율연계 파생상품펀드

주가, 금리 이상으로 방향성이나 변동성에 대한 예측이 어려운 것이 환율이다. 두 국가간의 경제상황, 정치상황 등 환율 가격 변동 요인이 많고 그 영향 또한 복합적이기 때문이다. 특히 장기간 일정한 수준을 보이던 환율이 어느 순간 급변하는 경우가 많기 때문에 원금손실이 가능한 구조로 투자할 때는 매우 주의하여야 한다. 예를 들어 1997년 아시아 지역에서의 외환위기 때나 2008년 글로벌금융 위기 때 원화(KRW)는 갑작스런 약세를 보였다. 단기간에 미국 통화(USD), 일본 통화(JPY), 중국 통화(CNY) 대비 50% 이상 약세를 보이기도 하였다.

표 1-5   양방향 낙아웃 옵션

[수익구조]

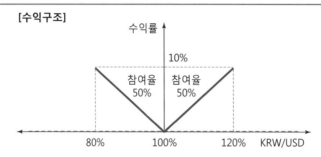

기초자산	KRW/USD
만기	6개월
주요 특징	• 상승 배리어 120%, 하락 배리어 80% • 투자기간 동안(장중 포함) 120% 또는 80% 돌파 없을 경우 만기 시 : (상승 또는 하락률의 절대값) × 50% • 투자기간 동안(장중 포함) 한 번이라도 돌파 있을 경우 : 원금보존 추구

설명

위 구조는 120% 또는 80%에 낙아웃이 있는 구조로서 기초자산이 미국달러 환율이고 만기가 6개월인 펀드이다. 펀드 설정 후 투자기간 동안(장중 포함) 가격을 관찰하여 투자 기간 내내 80% 이상, 120% 이하에 있었으면(상승률 또는 하락률의 절대값) × 50% 수준의 수익을 제공하지만 만약 돌파한 적이 있었으면 원금 수준을 상환받는 펀드이다.

낙아웃 이벤트가 발생하지 않은 경우	낙아웃 이벤트가 발생한 경우

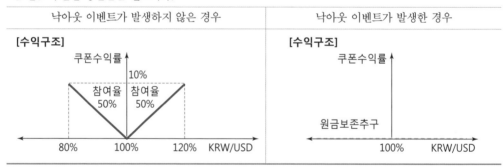

section 05   상품(Commodity)연계 파생상품펀드

상품(Commodity)은 크게 에너지(WTI, 천연가스 등), 금속(귀금속과 구리, 알루미늄 등의 산업용 금속 등), 농축산물(옥수수, 콩 등) 등으로 나뉘며, 전통적으로 보관의 어려움 등으로 인해 파생상품의 형태로 거래가 되어왔다. 한편 상품 투자는 뛰어난 인플레이션 헤지효과 및 타 자산과의 낮은 상관관계로 인한 분산투자 효과를 기대할 수 있는 장점이 있으나, 가격에 대한 예측이 어렵고 변동성 및 변동폭이 매우 크다는 단점을 지니고 있다. 상품시장에는 실수요자들과 헤지펀드 등과 같은 투기세력이 공존하고 있고 앞서 언급한 높은 변동성과 대안투자로서의 장점 등으로 인해 2000년 이후로 금융시장으로부터의 투자자금이 증가하면서 점차 상품 투자가 보편화하고 있다.

한편 상품 가격과 밀접한 관련을 보이는 기업에 투자하는 주식형 펀드와 개별 상품 가격에 직접 연동되는 파생상품은 다르다는 점을 명심해야 할 것이다.

1 상품 투자의 특징

상품에 대한 투자 활성화는 다음의 두 가지 측면에서 큰 의미를 갖고 있다. 먼저 투자자의 위험이 분산된 포트폴리오를 구성하는 데 효율적인 수단을 제공한다. 왜냐하면 다른 투자 대상(주식, 채권 등)과 낮은 상관관계를 보이기 때문에 투자자의 투자 가능 집합을 늘릴 수가 있고, 투자자가 원하는 위험 대비 기대수익을 최적화시킬 수 있기 때문이다.

또한 상품에 대한 투자는 인플레이션에 대한 헤지 기능도 담당할 수 있다. 물가는 모든 제품의 원료로써 사용되는 상품의 가격에 영향을 많이 받는다. 그렇기 때문에 상품 가격 상승은 물가상승으로 작용할 가능성이 크다. 이때 물가상승에 대한 헤지를 할 수 없다면 물가상승은 곧 자산가치의 하락을 가져오게 된다. 따라서 물가와 깊은 연관성을 갖고 있는 상품에 투자하면 물가상승 시 하락할 투자자의 자산가치를 어느 정도 방어할 수 있다.

상품 가격을 기초자산으로 하는 펀드에 투자할 때에 우선적으로 이해해야 할 점이 있는데, 상품의 거래 방식은 다른 자산들과 달리 현물이 아닌 선물을 기준으로 대부분 거래한다는 것이다. 따라서 상품의 기준 가격이 되는 선물에 대한 이해가 필요하다.

일반적으로 상품을 현물로 사게 되면 따로 보관을 하여야 하고 거래단위까지 생각하면 상당한 보관비용이 발생하게 된다. 또한 만약 농산물처럼 현물이 오래 보관할 수 없는 상품이라면 반드시 빠른 시일 내에 다시 되팔아야만 한다.

이와 같은 이유로 각 상품별로 만기가 정해진 선물 거래를 이용한다. 그런데 매수한 선물의 만기에 따른 실물 인수를 하지 않으려면 반드시 해당 월물의 만기 전에 보유하고 있는 선물을 청산하고 미래의 다른 만기의 선물을 매수해야 한다. 이 과정을 '만기이월(롤오버)'이라고 부르는데 이 만기이월은 상품 투자 성과에 매우 큰 영향을 미치게 된다. 예를 들어 일 년 전에 WTI 가격이 50US$이고 현재 WTI 가격이 75US$이더라도 선물을 만기이월하여 운용하는 경우에는 롤오버 과정에서 근월물과 원월물 선물 가격 차이로 인해 수익이 50%가 아닐 수도 있다는 의미다.

또한 선물 투자이기 때문에 현물 매수처럼 원하는 투자금액 전부가 소요되는 것이 아니고, 투자금액의 10% 이내의 일정한 비율만큼을 증거금으로 선물회사 계좌에 남겨두게 되고, 나머지 자금은 유동자산이나 채권에 투자가능하므로, 추가적인 이자수익이 가능하다.

2   인덱스형 상품

개별 상품 가격은 기본적으로 수요 및 공급에 의해 영향을 받으며, 천연가스 같은 계절적인 수요가 발생하거나, 농산물같이 계절적인 공급요인 등으로 인해 계절성을 보이기도 하며, 전쟁, 가뭄 등 외부적인 사건 등에 의해서도 민감하게 가격이 반응하기 때문에, 개별 품목의 경우 가격의 등락이 큰 폭으로 발생한다. 또한 일부 품목의 경우 한 계약당 거래단위가 매우 크기 때문에 소규모 투자자들이 직접 시장에서 투자하기에는 어려움이 따른다. 따라서 일반적으로 개인 투자자들은 개별적인 품목에 대한 투자보다는 여러 가지 품목들을 모아서 지수화시킨 상품 관련 섹터 인덱스나 상품 시장 인덱스들에 투자하는 것이 바람직하다.

한편 상품 관련 인덱스들은 저마다 고유한 특성을 갖고 있고 성과 역시 매우 다르게 나올 수 있다는 점에 유의해야 한다. 예를 들어서 상품 인덱스에 편입되어 있는 품목의 종류를 인덱스 발표기관이 선택하게 되고, 편입 비중 역시 주식의 시가총액의 개념이 존재하지 않기 때문에 품목별 중요도 등을 고려하여 발표기관마다 다르게 설정하고 있으며, 개별 선물로 구성된 인덱스이므로, 각 품목별 롤오버 방식 역시 다를 수 있다. 따라서 비록 인덱스 투자방식이라 할지라도, 상품 인덱스 투자는 액티브적인 요소가 가미된 투자라고 볼 수 있다.

한편 상품연계 파생상품펀드에는 인덱스가 아닌 WTI나 Gold 같은 개별 품목(지수)에 연계된 펀드도 출시되고 있으며, 자본시장법 시행 후 다양한 상품 ETF 역시 상장되고 있다.

대표적인 상품 인덱스로는 Dow Jones Commodity Index(DJCI), S&P Goldman

Sachs Commodity Index(S&P GSCI), Rogers International Commodity Index(RICIX), Reuters-Jefferies CRB Index(RJ/CRB) 등이 있다.

3 파생결합증권 편입형 혹은 장외파생상품 계약형

상품 관련 워런트는 기초자산의 특성상 일반적으로 가격이 높다. 그러므로 높은 참여율을 위해 유럽형 옵션보다 가격이 낮은 아시아형 및 강세 스프레드 옵션을 선택하여 파생결합증권을 매입하거나 장외파생상품 계약을 할 수 있다.

표 1-6 밀, 콩 중도상환형 구조

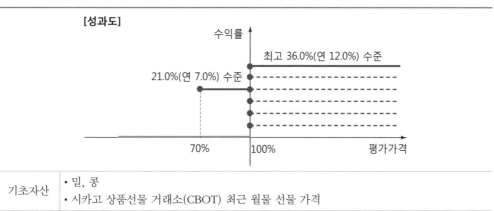

기초자산	• 밀, 콩 • 시카고 상품선물 거래소(CBOT) 최근 월물 선물 가격
만기	3년
주요 특징	• 중도상환 평가일에 두 상품의 종가가 모두 기준 가격 이상인 경우 연 12.0% 수준으로 상환 • 중도상환 없이 투자기간 중(일별 종가 기준) 기준 가격에서 30% 초과하여 하락한 적이 없는 경우 : 원금＋21.0%(연7.0%) 수준 • 중도상환 없이 투자기간 중(일별 종가 기준) 기준 가격에서 30% 초과하여 하락한 적이 있는 경우 : 원금보존 추구

설명

이 구조는 기초자산이 밀, 콩 최근월물 선물 가격이며 만기가 3년이고 매 6개월(총 6번)마다 상환 기회가 있다. 최대 수익은 36.0%(연 12.0%)로써 설정 후 매 6개월 시점(만기 평가 포함)에서 밀, 콩의 최근 월물 선물 가격 모두 최초 설정 가격보다 높으면 연 12.0% 수익으로 상환된다. 그러나 만약 만기까지 조기상환되지 않는다면, 만기 시점에서 투자기간 중(일별 종가 기준) 두 품목의 최초 설정 가격 대비 70% 초과 하락 유/무를 판단하여 두 품목 모두 하락한 적이 없으면 21.0%(연 7.0%) 수익을 지급하고 한 품목이라도 하락한 적이 있으면 원금 보존을 추구한다.

멀티에셋(Multi-Asset) 파생상품펀드

전통적인 금융이론에 따르면, 한 개의 자산군에 투자하는 것보다는 두 개 이상의 자산군에 분산투자하는 것이 위험을 줄일 수 있으며, 투자수익의 대부분이 자산배분에 의해 설명된다는 연구결과가 있다. 이처럼 여러 자산에 분산투자하는 자산배분은 전통적으로 소수의 고액 투자자만이 가능했지만, 이러한 자산배분 기능이 내재되어 있는 펀드의 출현으로 인해 누구나 펀드 가입을 통해 자동적인 자산배분이 가능하게 되었으며 기존의 전통적인 투자 방법을 개량하여 좀 더 안정적인 수익을 얻을 수 있는 새로운 인덱스들이 출시되고 있다.

일반적으로 최적화된 투자는 투자자의 상황에 맞게 여러 자산에 분산투자하는 것이라고 알려져 있다. 그러나 현실적으로 투자자를 완벽히 파악하기 힘들고 시간적 · 공간적인 문제, 투자금액의 제약 등이 존재하기 때문에 효율적인 분산투자는 쉽지 않다.

이러한 문제를 해결하기 위하여 최초 투자 시점에 자산 배분의 원칙을 정하고 그 원칙대로 운용하는 멀티에셋 또는 하이브리드 펀드들이 존재한다. 이 경우 자동적으로 자산배분이 이루어지기 때문에 안정성을 중시하는 투자자나 처음 펀드를 투자하는 투자자에게 적합하다. 최근에는 투자자산군을 주식, 채권, 부동산, 실물자산으로 나누어 분산 투자하는 글로벌 자산배분 펀드 등이 인기를 끌고 있다.

표 1-7 멀티에셋 – 만기 2년

[만기 수익구조]

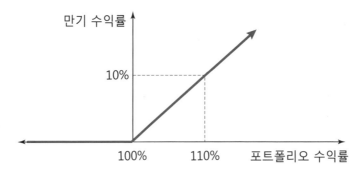

자산군	기초자산	Bloomberg code	편입 비중
주식	일본 주식(NIKKEI225)	NKY Index	20%
	한국 주식(KOSPI200)	KOSPI2 Index	20%
부동산	일본 부동산(TSE-REIT)	TSEREIT Index	20%
상품	알루미늄(ALUMINIUM CASH PRICE)	LOAHDY Comdty	20%
	구리(COPPER CASH PRICE)	LOCADY Comdty	20%
설명			

매우 단순한 구조의 펀드로 기초자산이 각각 주식(한국, 일본), 부동산(일본), 상품(알루미늄, 구리)의 세 가지 자산군으로 되어 있다. 편입 비중 또한 간단하게 20%씩 포트폴리오에 포함되어 있으며 설정 후 2년 만기 시점에 포트폴리오의 상승률만큼 수익으로 받는 유럽형 콜옵션이다.

section 07 기타 파생상품펀드

최근 들어 금융산업이 점차 발전하면서, 투자대상 자산의 범위 또한 크게 확대되고 있다. 예를 들어 기업의 부도 위험을 따로 분리해서 오직 부도 사건에 관해서만 거래하는 신용 파생시장은 매년 폭발적으로 증가하고 있으며, 유럽 및 미국에서는 기업의 탄소 배출권에 대해서 선물시장이 형성되어 거래가 이루어지고 있다. 또한 미국 시카고옵션거래소(CBOE)는 VIX(volatility index : 변동성지수)에 대해 지난 2004년 3월부터 VIX선물을 상장, 거래하고 있고 2006년 2월부터는 VIX옵션거래도 시작했다. 거래가 활발히 이루어지는 가운데 헤지 거래자들의 헤지 수요는 물론 투기거래자들의 투기 수요까지 소화하고 있는 상황이다. 더 나아가 기후, 날씨 관련 파생상품 등 지금까지 거래 대상이 아니었던 상품들에 대한 거래가 새롭게 이루어지고 있다.

파생형 인덱스 펀드

1 개념

인덱스 펀드란 한마디로 특정 지수의 움직임을 추종하도록 만든 펀드로 지수가 10% 상승하면 펀드는 10% 수익이 나고, 지수가 10% 하락하면 10% 손실을 예상할 수 있는 펀드이다. 추종하는 지수의 종류는 주식, 채권, 부동산, 상품, 헤지펀드 등 매우 다양하며, 지수 중에는 투자 전략을 체계화시킨 것도 존재한다.

인덱스 펀드는 패시브(passive)펀드라고도 불리운다. 즉, 운용기법이 특정 지수의 움직임을 쫓아가도록 만든 펀드이므로, 시장을 추종하는 수동적 투자전략이다. 선진국에서는 이미 인덱스 펀드가 퇴직연금 등 장기형 상품의 운용상품으로 자리를 잡고 있는 상황이다. 또한 인덱스 펀드는 시장수익률을 추구하기 때문에 액티브 펀드 대비 상대적으로 낮은 위험을 보인다.

2 운용기법

인덱스 펀드의 기본적인 목적은 지수를 추종하는 데 있다. 지수를 추종하는 방법은 크게 세 가지로 구분된다.

첫째, 지수를 구성하는 종목을 직접 활용하는 방법이다. 예를 들면 KOSPI200 인덱스 펀드의 경우 주식 인덱스 포트폴리오는 목표로 하는 지수 수익률과 동일한 수익률을 낼 수 있는 포트폴리오를 구성하게 되는데, 완전 복제법과 부분 복제법(샘플링법) 두 가지가 있다. 완전 복제법은 말 그대로 지수 구성종목 모두를 지수구성 비중에 맞추어 편입하면 되는 것이며, 부분 복제법은 모든 종목을 사용하지 않고 일부 종목만을 사용하여 지수를 추적하게 된다. 완전 복제법으로 하면 편할 듯 하지만, 실제로는 포트폴리오 구성에 따른 거래 비용 증가와 종목 수 증가에 따른 관리비용 증가의 문제가 있다. 따라서 지수구성종목이 많은 KOSPI200 인덱스 펀드의 경우 200 종목을 모두 사용하지 않고 부분 복제방식을 활용해 인덱스 포트폴리오를 구성하게 된다.

둘째, 지수를 기초자산으로 하는 장내파생상품(선물 혹은 옵션)을 활용하는 방법이다. 기초자산이 같은 선물 또는 옵션(합성선물 포지션)을 활용하여 지수 수익률과 동일한 수익을 낼 수 있는데 이 경우 파생상품에는 만기가 존재하기 때문에 만기 전에 보유 포지션에 대해 롤오버(rollover)를 해야 하며 이에 대한 비용과 선물 가격과 지수와의 괴리에 따른 추적오차 위험을 감수해야 한다.

셋째, 지수의 수익률을 받기로 약속한 장외파생상품 계약을 활용하는 방법이 있다. 장외파생상품 계약을 활용하게 되면 지수복제를 위한 기초자산의 매매와 포트폴리오 관리비용을 없앨 수 있는 장점이 있으나, 장외계약이므로 거래상대방의 부도 등 신용이벤트 발생에 따른 지급불이행 위험을 감수해야 하고, 입출금에 따라 펀드운용 규모가 변경되므로 계속 계약을 변경해야 하는 번거로움도 있다.

3 투자기법

인덱스 펀드는 모든 펀드 유형의 기본이며, 기초가 되는 펀드이다. 따라서 초보 펀드 투자자나 펀드투자를 손쉽게 하고자 하는 투자자에게 활용될 수 있는 펀드이다.

인덱스 펀드 투자는 매우 간단하고 쉽다. 즉, 주식시장이 상승할 것으로 기대하면 인덱스 펀드에 가입하고, 주식시장이 하락할 것 같으면 가입한 인덱스 펀드를 해지하면 된다. 또한 언제부터 주식시장이 오를지 확신이 서지 않아 가입시점에 어려움이 있다면 마음 편하게 적립식으로 인덱스 펀드에 투자하면 되고, 투자기간 중 시장이 많이 하락했다고 판단되면 투자금액을 증액하면 된다. 따라서 인덱스 투자자는 보유한 종목의 가격 하나하나의 움직임에 노심초사할 필요 없이 단지 주가지수라는 하나의 가격에만 신경쓰면 되고 이 정보는 항상 뉴스를 통해서도 발표되므로 이 지수가 얼마나 올랐고 내렸는지 확인만 하면 된다. 또한 펀드매니저가 얼마나 잘했는지 못했는지 기준가를 챙겨볼 수고도 상대적으로 적다. 대부분의 인덱스 펀드는 목표로 하는 지수 수익률 움직임에서 크게 벗어나지 않아 상위 펀드와 하위 펀드 간의 성과 편차가 액티브(active) 펀드에 비해 그리 크지 않기 때문이다.

4 　 종류

(1) 운용목표에 따른 분류

인덱스 펀드를 운용목표에 따라 나눈다면 순수(pure) 인덱스 펀드와 알파추구형 (enhanced) 인덱스 펀드로 나눌 수 있다. 순수 인덱스 펀드는 말뜻 그대로 인덱스 추종 이 주목적이며 ETF 펀드 등이 이 분류에 속한다. 반면에 알파추구형 인덱스 펀드는 '지 수수익률＋초과성과'를 추구하는 펀드이며, KOSPI200과 같이 관련 파생상품이 존재하 는 지수를 추종하는 펀드들은 대부분 이 분류에 속한다.

(2) 추종지수에 따른 분류

추종하는 지수의 구성 종목이 어떤 자산군이냐에 따라 분류하는 방식을 말한다. 예를 들어 KOSPI200, KRX100과 같은 개별 주식으로 구성된 지수를 추종하는 인덱스 펀드 는 주식형 인덱스 펀드로 분류되며 추가로, 채권지수를 추종하는 유형, 상품지수를 추종 하는 유형 등으로 구분된다. 한편 추종지수의 구성종목은 WTI선물 등 한 개의 종목으로 만 구성될 수도 있고, 여러 종목으로 구성될 수도 있다.

(3) 운용방식에 따른 분류

인덱스 펀드의 목적이 추종하는 지수와 동일한 수익률 추구가 목적이라면 일반 인덱 스 펀드라고 말할 수 있다. 반면에 추종지수와 반대방향의 수익률을 추구하는 펀드는 리버스(reverse) 인덱스 펀드 혹은 인버스(inverse) 인덱스 펀드라고 불린다. 한편 추종지 수의 정배수(2배, 3배 등)의 수익률 추구를 목적으로 하는 펀드는 레버리지(leverage) 인덱 스 펀드라고 불린다.

국내에서도 지수의 일일수익률의 1.5배 또는 2.0배 등을 추구하는 인덱스 펀드가 판 매 중이다.

포트폴리오 보험형(Portfolio Insurance) 펀드

1 개념

포트폴리오 보험이란 보유하고 있는 포트폴리오의 가치 하락 위험을 일정 수준으로 제한하면서 주가 상승 국면에서 가치 상승의 일정 부분을 확보하는 효율적 위험관리 기법이다. 즉, 약세시장에서는 보유한 주식 포트폴리오의 가치가 투자자가 설정한 보험 수준(floor level) 이하로 하락하지 않도록 하면서 강세시장에서는 주식 포트폴리오의 가치 상승에 편승하여 이익을 얻고자 하는 방어적 투자전략이다.

포트폴리오 보험 관련 용어

① 보장치(floor) : 포트폴리오의 최저가치
② 승수(multiplier) : 위험자산 투자를 위한 배수

2 투자기법

포트폴리오 보험(PI)전략을 투자자들이 선호하는 이유는 '포트폴리오의 가치 하락 위험을 일정 수준으로 제한한다'는 점이다. 포트폴리오 보험은 위험자산에 투자하면서 극단적으로 위험을 회피하는 전략으로써, 이미 증권시장 내에서는 Stop Loss(손절매)와 같이 여러 가지 형태로 활용되어 왔다. 즉, 주가가 오르면 이익을 보되, 손실을 일정 수준으로 제한(원금회수 등)하는 전략이다. 포트폴리오 보험전략에 따른 투자는 "주가 상승 예상 시 매수, 주가 하락 예상 시 매도"라는 운용방식을 취하게 된다. 이로 인해 주식시장이 오름세를 보이면 수익은 발생하나 손실제한을 위해 100% 주식포지션을 유지하고 있지 않기 때문에 일반적인 주식형 펀드보다 수익률은 상대적으로 낮다. 반면 하락장에서는 일반주식형 펀드와 마찬가지로 주식에 투자하므로 수익률이 부진할 수 있으며 때

로는 원금손실이 발생할 수도 있다는 점을 유의해야 한다.

3 종류

(1) 방어적 풋 전략(Protective Put)

주어진 원금의 일부로 보험에 가입하듯 풋옵션을 사고 나머지 돈으로 주식을 매입한다. 이때 풋옵션은 주가가 떨어지면 떨어진 만큼 보상을 해주는 보험 역할을 한다. 주가가 오르면 이익을 보고 떨어지면 풋옵션을 통해 보상을 받는다. 하지만 포트폴리오 보험 전략은 공짜가 아니라 명시적인 혹은 묵시적인 비용이 발생한다. 예를 들어 주가가 오를 경우 풋옵션은 소용이 없어지므로 결국 풋옵션을 사는 비용만큼은 손해를 보는 셈이다.

(2) 콜옵션을 이용하는 방법

콜옵션은 주가가 미리 정한 수준보다 상승하면 큰 이익을 보고 하락하면 수익이 제로가 되는 비대칭적 상품이다. 예를 들어 원금이 100억 원이라 하자. 이때 95% 정도는 채권이나 예금 등 안전상품에 넣고 나머지 5% 정도를 가지고 콜옵션을 매입한다고 하자. 채권매수나 예금가입에 쓴 95억 원 정도의 자금(정확하게는 95억 2,500만 원)은 이자율이 5% 정도 되는 상황에서 만기(1년)에 가면 100억 원 정도가 된다. 원금이 회복되는 것이다. 결국 콜옵션 매입에 쓸 수 있는 돈 4.75억 원은 원금 100억 원에서 이자에 해당하는 자금을 미리 추출한 것이다. 그래서 이 전략은 이자 추출 전략(cash extraction)이라고 불린다. 물론 콜옵션의 경우 주가가 미리 정한 수준보다 상승하지 못하면 회수액은 0이 되어 4.75억 원을 날리게 된다. 그러나 이 경우 원금은 채권이나 예금으로 확보되어 있으므로 원금 100억 원을 회수하면 된다.

그러나 만일 주가가 미리 정한 수준보다 상승하면 얘기는 달라진다. 5억 원 정도 되는 콜옵션 구입자금의 위력은 매우 크게 나타난다. 콜옵션에서 대박이 터지므로 5억 원 정도의 자금을 들여 확보한 옵션이 30억 원이나 50억 원이 될 수도 있다. 자금회수액은 130억 원, 150억 원이 될 수도 있다. 물론 콜옵션 부분을 구체적으로 디자인하는 방법은 무궁무진하므로 구체적인 수익구조는 조정이 가능하지만 기본적인 아이디어는 동일하다. 즉, 주가가 떨어지면 콜옵션 부분의 가치는 제로가 되지만 채권이나 예금으로 원금을 회수하며 대신 주가가 오르면 콜옵션에서의 커다란 수익이 그대로 다 투자자 몫이 된다.

(3) 옵션 복제 전략

이자 추출 전략의 응용으로 옵션 대신 선물이나 주식을 사용하여 옵션구조를 복제하는 전략이다. 앞의 예에서 계산된 5억 원에 해당하는 숫자를 쿠션(cushion)이라고 하는데 이 전략은 쿠션의 일정 배수를 주식에 투자하는 전략이다(주식투자액수를 익스포저라 함). 이유는 이렇다. 주식은 옵션과 달리 투자기간 안에 제로가 될 확률이 거의 없다. 더구나 인덱스 포트폴리오에 투자를 한다면 더욱 그렇다. 콜옵션을 5억 원만 구입한 것은 제로가 돼버릴 수 있기 때문이었는데 만일 주식으로 대체한다면 5억 원보다 더 투자해도 된다는 얘기가 된다.

❶ 일정 비율 보험전략(Constant Proportion Portfolio Insurance)

Perold(1986), Black–Jones(1987) 등에 의해서 개발되었으며, PI 기법을 단순화하여 최초 투자금액의 일정 비율을 방어하도록 설계되었다. 보장치가 시간에 따라 무위험이자율로 증가하게 되는 특징을 가지고 있다.

예를 들어 향후 1년 동안의 하락률을 최고 50%라고 본다면 배수는 2가 되고 주식에 10억 원(익스포저 : 쿠션의 2배)을 넣을 경우 최악의 경우에도 5억 원은 보존된다. 이 경우 채권에 90억 원, 주식에 10억 원 투자를 할 경우 채권원리금이 약 95억 원, 주식 회수분 5억 원을 합치면 원금 100억 원 정도가 확보된다. 이처럼 투자기간을 기준으로 주가가 어느 정도까지 하락할 수 있느냐를 추정하고 이 범위를 전제로 5억 원(쿠션)의 배수에 해당하는 액수를 주식에 직접 투자하는 전략이다. 이 전략은 해외기관들이 많이 시행하고 있는데 옵션 같은 복잡한 상품을 따로 다루지 않아도 된다는 장점이 있기는 하나 투자 잔여기간의 이자액수가 계속 변하는 데 따른 조정을 계속 해줘야 하는 불편함이 있다.

❷ 시간불변 포트폴리오 보존전략(Time Invariant Portfolio Protection)

Estep–Kritzman(1988)에 의하여 CPPI의 보장치 조정방법을 개선한 TIPP가 개발되었으며, 투자 개시 이후 포트폴리오 최고가치의 일정 비율을 방어하도록 설계되었다. CPPI방식과 동일하게 운용되는 대신 보장치는 포트폴리오의 가치가 늘게 되면 비례적으로 증가한다. 또한 하락장이나 횡보장에서 CPPI방식보다 성과가 우수한 것으로 알려지고 있다.

section 10　시장중립형(Market Neutral) 펀드

1　개념

시장중립형 펀드는 시장의 움직임에 연동되는 인덱스형 펀드와는 달리 시장의 방향성과 무관하게 사전에 정해진 목표수익률을 추구하는 절대수익(absolute return) 추구형 펀드이다.

시장중립형 펀드는 시장의 움직임과 무관하게 사전에 정해진 목표수익률을 추구하는 절대수익 추구형 펀드이므로, 채권투자에 가깝다고 볼 수 있다. 따라서 투자하는 자산이 비록 주식 등 위험자산임에도 불구하고, 보수적 투자자가 선호하는 유형의 펀드이다.

2　운용기법

(1) 차익거래의 정의

두 개 이상의 시장 혹은 상품을 이용하여 이론적으로 두 시장 혹은 상품 간의 가격이 균형을 벗어난 경우 이익을 얻는 거래를 말한다. 선물거래에서 차익거래는 선물 가격과 현물 가격 사이의 일정한 관계가 성립되지 않거나 혹은 선물계약 사이에 가격 이상이 발생했을 때 생긴다. 현물과 선물의 가격은 보유비용모형에 의해 일정한 관계를 가지고 있는데, 선물의 가격이 이론 가격과 차이가 날 때 차익거래의 기회가 있다. 선물 가격이 일시적으로 고(저)평가되었을 때 이를 매도(수)하고, 상대적으로 저(고)평가된 주식 등을 반대로 매수(도)하는 것이다. 이를 통해 비정상적인 가격 괴리만큼을 이익으로 얻을 수 있다. 선물 가격이 고평가되어 이를 매도하고, 헤지를 위해 주식을 매수하는 것을 '매수 차익거래'라고 하며, 반대의 경우를 '매도 차익거래'라 한다.

(2) 차익거래의 실제(현물 vs 선물)

실제 시장에서 이론 가격과 차이가 있다 하더라도 거래비용이 있기 때문에 차익거래

개별 주식선물을 활용한 차익거래 사례

　KOSPI200지수 선물을 활용하여 차익거래를 하기에는 대규모 자금이 필요했기 때문에 기존에 개인 투자자들은 차익거래를 하기가 힘들었다. 하지만 주식선물을 이용하면 개인투자자도 차익거래를 통해 이익을 얻을 수 있다. ○○전자 선물과 현물을 이용한 매수 차익거래를 예로 들어 살펴보겠다. 현재 주가가 659,000원이고 주식선물 가격을 672,000원으로 가정하겠다. 만기까지 주식보유 및 주식선물 포지션을 유지했을 때 주식 가격이 20% 상승 혹은 하락(각각 527,000원, 791,000원)하면 상승 하락 시 모두 130,000원의 이익이 발생한다.

표 1-8　매수 차익거래 사례 (단위 : 원)

구분		현재	만기일	
			하락	상승
주식 – 매수	주가	659,000	527,000	791,000
	포지션(10주)	6,590,000	5,270,000	7,910,000
	손익	0	−1,320,000	1,320,000
선물 – 매도	선물 가격	672,000	527,000	791,000
	포지션(1계약)	6,720,000	5,270,000	7,910,000
	손익	0	1,450,000	−1,190,000
합계			130,000	130,000

자료출처 : 한국거래소(KRX)

가 일어나지 않는 경우가 많다. 한편 선물 가격이 이론 가격보다 과대평가되어 있다 하더라도 거래비용 이상이 반영되지 않는다면 차익거래가 불가능하며 반대로 선물 가격이 이론 가격보다 과소평가되어 있을 때에도 실제 거래비용 이상의 차이가 나지 않는 한 차익거래는 일어날 수 없게 된다. 따라서 실제 차익거래는 선물 가격이 이론 가격에다 거래비용을 가감한 가격 범위(no arbitrage band)를 벗어날 경우에만 일어나게 된다.

3　투자기법

　시장중립형 펀드는 위험 – 수익측면에서 보면 저위험 – 저수익유형에 속하는 펀드이다. 따라서 보수적인 개인투자자나 기관투자가에게 적합하며 무위험이자율 + 초과성과를 목표로 하는 투자자에게 안정적인 수익추구를 위해 활용된다. 시장중립형 펀드는 원금 손실에 대한 위험은 적은 편이나 대부분의 전략을 차익거래에 의존하기 때문에 차익거래 기회가 제한되어 있고, 때에 따라서는 차익거래 기회가 상당기간 동안 발생하지 않을 수 있으므로, 목표로 하는 수익률을 달성하는 것이 어려울 수 있다.

또한 엄밀한 의미의 무위험 차익거래 기회는 많지 않기 때문에 일정한 범위 내에서 위험을 감수한 준(Quasi) 차익거래나 스프레드(Spread) 거래를 통해 수익을 추구하는 펀드가 대부분이며, 이로 인해 무위험이자율 이하의 수익률이 실현될 수 있으므로 주의해야 한다.

4 　종류

국내의 시장중립형 펀드는 주가지수선물 및 옵션을 활용한 차익거래를 통해 수익을 추구하는 펀드가 대부분이나 그 이외에도 다양한 차익거래형 펀드가 가능하다.

(1) 주식형

저평가된 주식을 매수하고, 주가지수선물을 매도하는 전략을 취한다. 매수한 개별 주식 혹은 포트폴리오의 성과가 선물의 기초자산인 주가지수의 성과보다 상대적으로 좋으면 절대수익이 발생하는 구조이다.

(2) 인덱스(Index) 차익거래

현물 포트폴리오, 선물, 옵션 간의 가격차이를 이용하여 수익을 추구한다. 이론적인 차익거래 범위를 벗어나지 않더라도 베이시스 범위에 대한 예측을 통해 일정한 수익추구가 가능하다.

(3) 합병(Merger) 차익거래

'Deal arbitrage'라고도 불리우며, 기업이 인수합병(M&A)을 할 때 인수하는 기업과 피인수기업 간의 주식교환비율과 실제 시장 가격비율의 차이를 이용하거나, 인수합병 등에 반대하는 주주에게 주어지는 주식매수청구권을 이용하는 거래이다. 즉, 주식교환비율 대비 시장 가격이 저평가된 기업을 매수하고, 고평가되어 있는 기업을 매도(공매도)하거나, 매수청구 가격이 현 시세보다 높으면 투자자가 시장에서 주식을 사서 매수청구에 응하여 인수합병 성사 시 단기간에 안정적인 수익을 남길 수 있다.

> **! 예시(합병차익거래 관련)**

▶ 최근 A기업은 B기업 인수를 시도하면서 B기업 주주에게 1주당 A기업 주식 0.5주를 주겠다고 합병계획을 발표하였다. 현재 시장에서는 A기업은 1만 원에 거래되고 있고, B기업은 4천 원에 거래되고 있다. 합병차익거래 전략으로 가장 올바른 것은?

① A기업 매수, B기업 매수　　　　　　② A기업 매수, B기업 매도(공매도)
③ A기업 매도(공매도), B기업 매수　　④ A기업 매도(공매도), B기업 매도(공매도)

> **해설** ③ 합병차익거래를 위해 적정가 대비 낮게 거래되는 B기업을 매수하고 A기업을 매도(공매도)하면 된다.

▶ 위 예에서 합병차익거래를 통해 얻는 A기업 1주당 이익금은?

① 1,000원　　　　② 2,000원　　　　③ 3,000원　　　　④ 4,000원

> **해설** ② 교환비율이 A : B＝1 : 2이므로, B기업의 적정 가격은 A기업의 50%인 5천 원이다. 따라서, 차익거래를 통해 2천 원의 차익거래이익이 발생하게 된다.

(4) 전환사채(Convertible Bond) 차익거래

전환사채, 워런트, 전환우선주 등의 가격괴리를 이용하여 수익을 추구하는 전략이다. 전환사채의 경우를 예로 들자면 전환사채를 매수하고 전환사채의 주식 부분의 위험을 해당 주식의 차입매도를 통해 델타만큼 헤지한다. 해당 주식의 변동성, 이자율, 신용등급의 변화에 따른 위험이 존재하는데 변동성이 증가하거나 주식 가격이 빠르게 상승하거나 신용등급이 좋아지면 수익이 발생하게 된다.

section 11 구조화형 펀드

1 개념

구조화형 펀드는 시뮬레이션 등을 통해 산출된 목표수익률을 사전에 제시하고 금융 공학 기법으로 운용하는 펀드로, 채권투자수익률에 만족하지 못하는 투자자가 약간의 위험부담을 안고, "채권투자수익률＋초과성과"를 추구하기 위해 접근하는 유형이라고 볼 수 있다. 물론 경우에 따라서는 이벤트가 발생하면, 비록 구조화형 펀드라고 하더라 도 손실규모가 커질 수 있고, 운용사의 능력에 따라 예상수익률과 괴리가 발생할 수 있 는 위험이 존재한다.

2 운용기법

구조화형 펀드는 겉보기에는 무척 어려운 상품으로 보이지만 실제 운용원리를 살펴 보면 복잡한 펀드는 아니다. 국내에서 가장 많이 알려진 RCF(Reverse Convertible Fund)형 의 경우에는 KOSPI200을 기초자산으로 하며 KOSPI200이 내리면 주식을 더 사고 반 대로 KOSPI200이 올라가면 주식을 매도해 차익을 챙기는 것이 기본 전략이다. 즉, 장 내파생상품 혹은 주식을 활용한 델타헤징(delta hedging) 기법을 이용한다. 델타헤징 기 법은 구조화펀드에서 주로 사용하는 매매 방식으로 델타 값이 올라가면 주식 편입 비 율을 높이고 델타 값이 떨어지면 주식을 일부 팔아 차익을 실현하는 과정을 계속 되풀 이한다. 이런 전략으로 시장 등락에 따라 여러 차례 사고팔고를 반복하면서 수익을 쌓 아나가는 전략이다. 주식 비중을 줄일 때는 채권이나 유동성 자산에 투자해 안정성을 확보한다.

투자방식만 단순 비교하자면, KOSPI200이 내리면 주식을 팔고, 반대로 올라가면 주 식을 매수하는 포트폴리오 보험형 펀드와 반대의 투자방식으로 운용된다.

3 투자기법

구조화형 펀드의 가장 큰 장점은 지수 등락이 반복되는 장세에서 꾸준한 수익을 낸다는 것이다. 주가가 오르면 자동적으로 주식 비중을 조금씩 줄여나가기 때문에 주가가 상승했다가 급락할 경우 주식에 대한 노출이 적어 타격이 그만큼 덜하다. 하지만 지수가 지속적으로 떨어질 경우 손실이 불가피하다. 투자 전략이 지수가 등락하는 틈을 이용해 차익을 조금씩 쌓아가는 것이기 때문에 지수가 하락하기만 하면 기회가 없기 때문이다. 반대로 지수가 계속 오르기만 해도 좋지 않다. 지수가 지속적으로 오르면 당초 목표로 했던 수익률을 조기에 달성한 후 주식을 전량 처분하고 안정적인 채권형 펀드로 전환된다. 따라서 일반적인 주식형 펀드보다 주가 상승에 따른 차익을 덜챙기게 된다. 또 운용기간에 KOSPI200이 한 번이라도 사전에 정해둔 수준 이상 하락한 적이 있으면 원금손실이 발생한다. 변동성이 클수록 기대수익률도 높아지는 구조여서 선진국 증시처럼 변동성이 낮은 시장에서는 힘을 쓸 수 없다는 것도 구조화펀드의 특징이다.

4 특징

델타헤징을 하여 수익구조를 복제하는 상품과 파생결합증권을 활용한 ELF를 비교하면 다음 표와 같다. 이 펀드는 주어진 조건하에서 일정 수익률을 목표로 한다는 점에서 주가연계펀드(ELF)와 비슷한 성격을 가지고 있다. 하지만 ELF는 중도 환매 시 수수료가 발생하는 반면 구조화형 펀드는 일정기간 이후에는 수수료 없이 환매가 가능하다. 즉, 환금성 측면에서 ELF 투자와 비교해 보면, 델타 헤징형은 일정한 수익이 나 있을 때 중도 환매할 수 있는 장점이 있다.

그러나 ELF는 파생결합증권의 발행사가 부도나지 않으면 정해진 약정 수익구조가 확정되는 반면, 델타헤징형은 운용을 잘못하거나, 운용실수로 인해 사전에 약정된 손익구조를 달성하지 못할 수 있다. 또 ELF는 수익 전체가 과세대상이지만 델타헤징형 펀드는 상장된 주식이나 상장된 주식을 대상으로 하는 장내파생상품의 자본이득이 비과세되므로 세후 수익률 면에서 유리하다.

구분	ELS(ELF)	구조화형 펀드
유사점	구조화된 상품으로 특정 구간에서 수익이 결정되며, 일부 원금보존 구간이 존재함	
중도환매	• 중도환매 가능(높은 해지수수료)	• 중도환매 가능 → 높은 유동성
장점	• (준)확정수익률 • 일정 수준 원금보존 성격을 갖고 있음 • 다양한 수익구조	• 매매정보 및 헤지수단의 공개 • 운용전략의 수정이 가능 • 일정 수준 원금보존 성격을 갖고 있음 • 운용성과에 따른 추가 수익 목표로 함
단점	• Warrant 매입 수수료 발생 • 수익발생 시 수익의 전체가 과세 대상 • 매매정보 및 헤지수단의 비공개	• 수익구조가 단순 • 실적배당 • 운용실패 가능성(추가 손실)

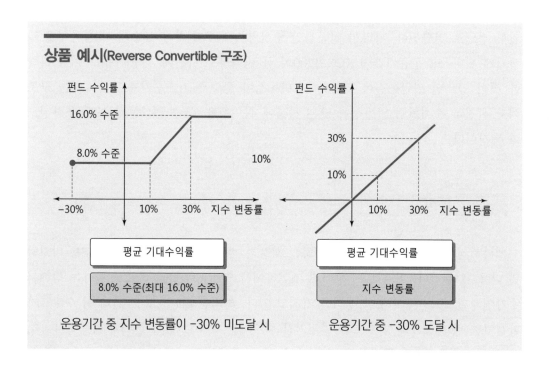

상품 예시(Reverse Convertible 구조)

펀드 수익률 / 지수 변동률 / 16.0% 수준 / 8.0% 수준 / 10% / -30% / 10% / 30%

평균 기대수익률

8.0% 수준(최대 16.0% 수준)

운용기간 중 지수 변동률이 -30% 미도달 시

펀드 수익률 / 지수 변동률 / 30% / 10% / 10% / 30%

평균 기대수익률

지수 변동률

운용기간 중 -30% 도달 시

section 12 | 시스템 운용형 펀드

1 개념

시스템 운용형 펀드는 펀드매니저의 주관을 배제한 채 시스템에서 보내주는 매매 신호에 따라 기계적으로 파생상품을 거래해 안정적인 운용을 노리며 시스템상에서 매도 신호가 발생할 때 바로 손절매에 들어가 손실폭을 제한한다.

투자하는 대상 상품은 주가지수 선물, 옵션 등으로 매우 다양하며, 특정한 파생상품만 활용하는 펀드도 존재하고, 다양한 파생상품을 거래하는 상품도 있다.

대부분의 전략이 모멘텀 전략에 기반하기 때문에, 시장이 추세를 보이는 구간에서는 성과가 양호할 수 있으나, 시장이 등락을 반복하거나, 하락하는 구간에서는 성과가 부진할 가능성이 있다.

2 운용기법

일반적으로 시스템 운용형 펀드는 자동매매전략을 사용한다. 즉, 사전에 정해진 규칙에 따라 매일 혹은 매월 매수 혹은 매도하고자 하는 대상품목을 결정한 후에 매매에 임하게 된다. 또한 방향성 투자(directional trading)를 하기도 하는데, 모멘텀(momentum) 전략과 역발상(contrarian) 전략으로 구별된다. 모멘텀 전략은 상대적으로 가격이 오르는 품목을 선정하여 가격 상승의 흐름에 동참하여 추세추종을 하는 전략이다. 이와 반대로 역발상 전략은 상대적으로 가격이 덜 오른 품목을 정하여 상대적으로 가격이 낮은 품목을 사는 전략을 의미한다.

개념적으로 펀드자산의 대부분을 이자자산에 투자하고 발생하는 이자를 재원으로 옵션에 대해 매수전략만 한다면 원금보존 추구형이 가능하다. 또는 이자 수준을 최대손실로 정하고 위험관리를 통해 원금보존 추구가 가능하다.

시스템 운용형 펀드의 경우 자산의 대부분을 파생상품 시장을 활용하여 투자하므로 고유의 수익 구조를 가지고 있다. 따라서 전통적인 자산에 투자하는 일반적인 펀드와는 상관관계가 매우 낮은 것으로 보고되고 있어 펀드 포트폴리오 관점에서 시스템 운용형은 대안 포트폴리오(alternative portfolio)로써 활용가치가 높다고 할 수 있다.

4 종류

(1) 국내 자산배분형(Local Asset Allocation)

국내 시장에 상장된 주가지수선물, 국채선물, 외환선물, 상품선물 등을 활용하여 고유의 거래 전략 등을 통해 수익을 추구하는 펀드이다. 주가지수 선물이나 옵션을 활용한 시스템 트레이딩을 통해 안정적인 수익률을 추구할 수도 있고, 자산배분이나 마켓타이밍 기법을 활용하기도 한다.

(2) 글로벌 자산배분형(Global Asset Allocation)

금융선물(주가지수, 채권, 외환) 및 비금융선물(상품선물(commodity) 또는 원자재선물)에 대한 롱숏포지션을 취하여 수익을 취하는 유형으로, 개별 종목보다는 주요 시장의 매크로 움직임에 집중하여 고유의 자산배분모델을 활용하여 투자대상을 정한 후 시스템적으로 운용하는 것이 대부분이다.

chapter 02

파생상품펀드의 특성

section 01 **다양한 수익구조**

    파생상품의 중요한 특징 중 하나는 다양한 투자자들의 '시장 전망'을 '수익'으로 연결해주는 수단으로 활용 가능하다는 것이다. 파생상품이 등장하기 전에는 기초자산의 가격이 상승할 때 수익을 얻을 수 있는 매수 위주의 투자(long only)만이 가능했으나 선물(futures) 등 파생상품의 등장으로 양방향 투자 및 시장중립(market neutral) 투자가 가능해졌다. 예를 들면 투자자가 특정한 기초자산 가격의 하락이 예상될 때는 해당 파생상품의 매도(short)포지션을 통해 가격이 하락하더라도 수익을 추구할 수 있다. 그리고 주가지수선물을 이용하는 경우 개별 기업의 시장 대비 초과 수익률을 수익으로 얻는 매매가 가능하다. 예를 들어 삼성전자가 KOSPI200 지수보다 성과가 좋을 것으로 예상할 때는 삼성전자를 매수하고 KOSPI200 선물을 매도할 수 있다.

또한, 거래소에 상장되어 있는 개별 주식선물을 활용한다면, 종목 간 롱숏(Long/Short) 매매도 가능하다. 예를 들면 개별 주식 A가 개별 주식 B보다 좋은 성과가 날 것으로 기대한다면, 주식 A의 선물을 매수하고, 주식 B의 선물을 매도하면 된다.

한편 옵션이 등장하면서 투자자가 예상하는 방향으로 시장이 움직일 때는 이익을 향유하면서도 반대 방향으로 움직일 때는 손실의 폭을 제한할 수 있게 되었다. 그리고 옵션은 다양한 손익(pay off), 다양한 행사가 및 만기가 존재하므로 여러 가지 수익 구조를 만들 수 있게 되었다. 또한 장외파생상품이 활성화되면서 단순 콜(call)과 풋(put)구조에서 벗어난, 다양한 이색(exotic)옵션이 본격적으로 시장에 등장하게 되었다.

다양한 파생상품의 등장은 투자자에게 다양한 투자전략을 수익으로 연결시켜 주는 수단을 제공하였다. 투자자나 운용사가 시장 전망에 따라 효율적인 투자수단으로서 파생상품을 잘 활용한다면, 주식시장이 얼마나 상승할지, 어떤 종목이 상승할지에 대한 전망을 토대로 한 펀드뿐만 아니라 상품(commodity), 환율(currency) 등 기초자산의 범위를 확대할 수 있으며 수익구조 역시 다양하게 만들 수 있다. 백인백색이라는 말이 있는 것처럼 투자자들이 갖는 시장 전망은 매우 다양하다. 파생상품을 이용할 때 그러한 다양한 시장 전망에 적절한 구조를 제공하고 수익의 기회를 제공하는 것이 가능하다.

Worst Performer 구조

수익구조를 논함에 있어 기초자산이 두 개 이상인 구조에서 수익률을 산출하는 일반적인 방식인 'Worst Performer(WP)'에 대해 알아보자.

WP란 기초자산이 두 개 이상일 때 기초자산 중 수익률이 낮은 자산을 기준으로 상품의 수익을 결정하는 것이다. 예를 들어, ○○차와 △△제철이 기초자산인 상품에서 ○○차 주가가 40% 하락하고 △△제철 주가는 70% 상승했다고 가정하자. 이 경우 WP에 따르면 △△제철 주식의 수익률은 구조화상품의 수익률에 영향을 주지 못하고 ○○차 주식의 수익률에만 영향을 준다.

예를 들어 KOSPI200이 20% 상승하고 HSCEI가 10% 상승하면 WP 자산은 HSCEI지수이고 수익률은 10%이다. 또 △△제철은 15% 상승하고 ○○차는 20% 하락했다면 ○○차가 WP이고 수익률은 -20%이다.

section 02 | 다양한 위험요인

파생상품펀드는 전통적인 주식, 채권 이외의 다양한 기초자산을 활용하기도 하고 다양한 수익구조를 제시하기도 한다. 또한, 다양한 운용기법을 통한 수익원을 활용한 상품도 가능하다. 따라서 파생상품펀드에 대한 투자를 위해서는 투자하고자 하는 해당 상품의 위험요인에 대한 철저한 이해가 선행되어야 한다. 예를 들면 레버리지를 사용하기 위해 부가적으로 장내파생상품을 활용하게 될 경우에는 베이시스 위험, 변동성 위험 등에 대한 고려가 필요하다. 또한 장외파생상품이 편입된 펀드의 경우, 거래 상대방의 신용위험도 고려해야 한다. 한편 펀드판매자는 고객과의 분쟁을 최소화하기 위해, 해당 파생상품펀드에 대한 정확한 이해를 토대로 투자자에게 원금손실 위험 및 수익구조 등에 대하여 설명하는 것이 필요하다.

국내 파생상품펀드 시장의 역사가 길지 않고, 그동안 크고 작은 파생상품펀드와 관련된 분쟁들이 있었다. 이러한 분쟁사례를 통해 향후에는 동일한 일들이 재발되지 않도록, 시장 참여자, 업계, 감독기관 모두 노력해야 할 것이다.

section 03 | 금융시장의 발전과 파생상품의 역할

파생상품의 등장은 금융시장의 거래 규모를 증대시켰다. 현물에 더하여 헤지수단을 활용할 수 있게 되면서 연기금, 기관투자자 등이 거래 규모를 확대시킬 수 있는 기회가 되었다. 결과적으로 시장의 거래량이 늘고 유동성이 확대되었다.

파생상품의 등장으로 새로운 상품이 생겨나고, 투자전략이 만들어지고, 금융서비스업이 확대되었다. 투자자만 늘어난 것이 아니라, 거래소가 생기고 중개회사가 생겼다. 파생상품 투자와 관련하여 새로운 일자리가 많이 만들어졌다.

다양한 매매전략, 특히 차익거래의 등장으로 시장의 효율성, 가격의 효율성 및 안정성이 확대되었다. 파생상품이 없으면 비정상적 가격에 머물거나 과매수, 과매도가 가능하나 차익거래 등 다양한 전략이 등장하면서 가격의 안정성이 크게 제고되었다.

새로운 금융지표의 등장으로 시장의 불확실성도 축소되었다. 파생상품의 거래량 및 거래량의 변동, 미결제약정과 미결제약정의 변화, 베이시스의 추이 등은 시장 가격의 투명성을 제고시키고 가격의 효율화를 이끌고 있다.

section 04 파생상품펀드 현황

파생상품펀드에는 주식, 채권, 상품, 외환 등의 기초자산과 관련한 다양한 파생상품이 활용되는데, 파생상품을 펀드의 일부만 활용하여 운용하는 경우도 있고 자산의 대부분을 파생상품을 활용하여 투자하는 경우도 있다. 예를 들면 인덱스(index)형 펀드에서는 시장의 움직임을 추종하기 위하여 장내 주가지수 선물을 매매하기도 하고, 주식형 펀드에서는 헤지 목적으로 장내 주가지수 선물과 장내 주가지수 옵션을 활용하기도 한다. 신종금융상품인 ETF(Exchange Traded Funds, 상장지수펀드) 역시 지수 추종을 위해 자산의 일부분 또는 대부분을 장내 혹은 장외파생상품에 투자하기도 한다. 또한 사전에 정한 운용기법에 의하여 운용하는 포트폴리오 보험(portfolio insurance)형, 델타헤징(delta hedging)기법을 활용한 구조화형 펀드 역시 파생상품을 활용하여 운용하는 것이 대부분이다.

한편 목표수익을 사전에 정하고 시장의 방향성 위험을 최소화하여 절대수익을 추구하는 시장중립형(market neutral) 펀드, 사전에 정한 규칙에 따라 주로 선물을 활용하여 방향성(directional) 투자 기법 혹은 모멘텀(momentum) 투자기법 등을 활용하여 시스템 매매를 하는 시스템운용형 펀드도 파생상품을 이용한다. 그리고 옵션매수 전략만을 이용하여 펀드의 최대 손실을 이자 수준 이내에서 제한함으로써 원금보존을 추구하는 펀드도 있다. 또한 파생상품의 레버리지(leverage)를 이용하여 지수 수익률의 정배수(1.5배, 2배 등)의 수익률을 추구하는 레버리지형 펀드도 도입되었다.

chapter 03

파생상품펀드 활용전략

파생상품펀드 활용전략

일반적으로 투자자들은 파생상품펀드라 하면 위험하고 어려우며 높은 레버리지를 이용하는 고위험 고수익 상품으로 생각하는 경우가 많다. 그러나 파생상품은 투자자의 시장 전망이나 위험과 수익에 대한 성향을 감안한다면, 다른 펀드보다 훨씬 보수적이고 안정적으로 운용할 수도 있다. 왜냐하면 파생상품펀드가 비선형적인 수익 구조를 가지고 있어서, 선형 수익구조만을 가진 상품에 투자하는 경우보다 위험을 경감할 수 있기 때문이다.

또한 파생상품펀드는 헤지펀드와 유사하게 다양한 거래 기법을 내재하고 있어 효율적인 투자를 가능하게 해준다.

또한 파생상품펀드는 투자자가 기초자산의 가격뿐만 아니라, 변동성 및 상관관계 등 다른 시장 변수에 대해서 보상받게 한다. 예를 들어, 주식이나 채권을 사는 것이라면 투자자는 가격 변동 리스크에 대한 보상으로 수익을 돌려받는다. 그런데 투자자는 주식이나 채권을 매입하는 경우에도 변동성이나 상관관계 등 다른 시장 변수에 노출된다. 만약 변동성과 상관관계에 가치가 연동되는 파생상품펀드에 투자한다면 투자자는 또 다른 수익 추구 기회를 얻을 수 있다. 따라서, 파생상품의 등장으로 투자자는 투자자산이 노출된 위험에서 그에 따르는 적절한 보상을 받을 수 있는 것이다.

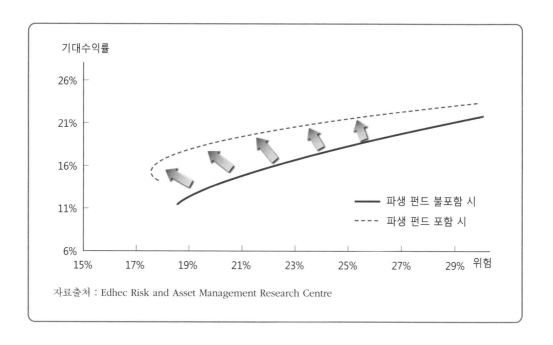

자료출처 : Edhec Risk and Asset Management Research Centre

section 02 포트폴리오 구성 시 고려사항(파생상품펀드 포함)

1 파생상품펀드의 비중

파생상품이 갖는 중요한 특징은 첫째, 시장 상승을 예상하는 일방향 투자(long only)만 아니라 다양한 투자가 가능하다는 것이다. 원금보존 혹은 옵션(권리)의 매매를 통해 투자자가 예상하는 시장 상황의 변화에 대한 부분적인 투자 조정이 가능하다.

둘째, 파생상품을 이해하면 투자자가 부담할 수 있는 위험과 수익의 관계에 가장 적합한 상품을 제공할 수 있다. 즉 고객맞춤형 상품이 가능하다.

파생상품펀드에 대해 어느 정도의 비중으로 투자하는 것이 적절한가에 대한 의견은 투자자마다 다를 수 있다. 투자자가 원금보존 구조 등 특정 유형을 선호하는 경우는 원금보존 추구형 파생상품펀드의 비중을 확대하는 것이 좋다.

2 기초자산의 선택

기초자산은 투자자의 이해도와 예측 가능성을 중심으로 선택한다. 특히 주식 이외의 자산군에 대한 투자자의 이해도를 고려해야 하고, 구조화 펀드의 경우 수익 구조가 어렵다고 느끼는 투자자가 많기 때문에, 수익 구조와 기초자산이 모두 낯선 것은 피해야 한다.

3 투자기간

투자기간은 고객의 자금흐름을 우선하여 판단하여야 한다. 우선 중도상환이 가능한지 여부와 중도상환 시 수수료 구조에 대한 확인이 필요하다. 베이비붐 세대의 고령화, 외국의 장기상품 성공 사례 등을 감안할 때 장기투자문화가 보편화될 가능성도 고려되어야 할 것이다.

4 원금보존 여부

우리나라 투자자들은 원금보존 추구 성향이 강한데, 원금보존이란 '예금 등 안전자산에 투자하면 받을 수 있는 이자'를 포기하는 것이므로 투자자들이 이러한 기회비용을 감안하고 의사결정을 내릴 수 있도록 해야 한다. 예를 들어, 예금을 대체하는 것이거나 연금생활자 등 원금 손실에 대한 부담이 큰 투자자의 경우에는 더 낮은 수익률을 준다 할 지라도 원금보존 추구형을 추천하는 것이 보다 바람직할 것이다. 따라서 투자권유에 있어 사전적으로 투자자의 성향을 분석하고 위험 선호 정도 특히 원금보존에 대한 요구 정도를 감안하여 비중을 결정하는 것이 필요하다.

5 수익구조의 선택

파생상품의 장점 중 하나는 다양한 수익 구조를 가진 펀드가 존재하며, 이를 조합하여 투자자 성향과 목적에 맞는 펀드 설계가 가능하다는 것이다. 펀드를 판매할 때는 이러한 다양성을 감안하되, 투자자와의 의사소통 및 투자자의 이해 등을 감안하여 가급적 단순한 구조로 투자자 입장에서 결정하는 것이 좋다.

투자는 기본적으로 기초자산의 시장 전망에 기초하기 때문에 '투자자, 판매자의 시장 전망은 어떠한가?', '시장에서의 시장 전망은 어떠한가?', '수익 달성의 가능성(확률)은 어떠한가?', '투자자의 투자 성향은 어떠한가' 등을 감안하여 수익구조를 선택하여야 한다.

6 기타 고려 요인

판매사가 어디인가 하는 문제도 중요하다. 예를 들어 은행과 증권사의 고객 성향은 많이 다르다. 은행 고객은 대부분 예금에 익숙하고 보수적인 경향을 보이고, 증권사 고객은 상대적으로 증권투자에 익숙하여 손실 위험에 대한 수용이 용이하므로, 동일한 구조의 상품이라 하더라도 투자자의 성향을 감안할 필요가 있다.

그리고, 파생결합증권의 발행사, 장외파생상품의 거래상대방도 확인하고 투자자에게 정확히 고지하여야 하며 수익구조에 따른 위험과 함께 발행사 파산이 원금손실 위험을 가져온다는 사실도 정확히 고지하여야 한다.

chapter 04

펀드 고객상담관리

section 01 수익구조

1 주가연계 파생결합증권

최근 출시되는 구조의 경우 대체로 두 가지의 기본적인 옵션이 필수적으로 내재되어 있다. 첫 번째는 제시수익률에 내재된 디지털 옵션이다. 즉, 특정 조건이 충족되면 일정 수익률, 충족되지 못하면 0의 수익률을 올리는 구조이다. 파생결합증권에서는 이 옵션이 중도상환일마다 계속 발생하도록 상품을 구성하고 있으므로 투자자로서는 이 옵션을 매입하는 것과 동일한 효과를 가진다. 두 번째로는 낙인(knock in)옵션이다. 특정 수준에 다다르면 풋옵션이 생성되어 손실이 발생할 수 있는 구조이다. 파생결합증권에서는 이 옵션이 만기까지 한번이라도 특정 수준에 도달하면 발생할 수 있도록 구조화되어 있고 투자자로서는 이 옵션을 매도한 것으로 볼 수 있다.

 예시

▶ 주가연계파생펀드(투스타형)

최근에 가장 많이 판매되는 ELF는 위의 예시와 같이 지수를 이용한 투스타형 상품으로 중도상환 조건은 차츰 낮아지는 스텝다운 방식을 가지고 있고, 투자기간 동안 어느 한 지수가 낙인이 되더라도 최종 가격 결정일에 두 지수 모두가 낙인 가격 이상이면 처음에 제시한 수익을 지급하는 구조이다.

최근의 추세는 개별 종목보다 변동성이 낮은 지수를 사용하는 ELF 위주로 판매가 되고, 수익률이 조금 낮아도 만기에 되도록 원금손실 구간을 낮추거나 손실 확률을 떨어뜨려 원금손실 가능성을 낮춘 상품이 대세이다.

또한, 해당 구조를 달러화로 표시하여 달러로 입금을 받고 출금을 해 주는 달러 기준 가격 적용 펀드도 개발되고 있다.

이러한 기본 속성을 바탕으로 파생결합증권의 제시수익률과 파생결합증권의 가격 변수와의 상관관계에 대해서 살펴보자.

표 4-1 장외파생결합증권 개요

발행회사	××증권 [신용등급 : AA⁺]					
기초자산	HSCEI & EuroStoxx50					

| 상품개요 | ■ 매 6개월 중간 가격 결정일 또는 최종 가격 결정일에 두 기초자산의 종가 모두가 최초 기준 가격의 [6개월] 90% 이상, [12개월] 85% 이상, [18개월] 85% 이상, [24개월] 85% 이상, [30개월] 80% 이상, [36개월] 65% 이상인 경우, 연 8.20%의 수익을 지급하고 자동상환 | | | | | |

기간	6개월	12개월	18개월	24개월	30개월	36개월
행사 가격	최초 기준 가격 90% 이상	최초 기준 가격 85% 이상	최초 기준 가격 85% 이상	최초 기준 가격 85% 이상	최초 기준 가격 80% 이상	최초 기준 가격 65% 이상
수익률	4%	8%	12%	16%	20%	24%

■ 최종 가격 결정일에 두 기초자산 중 어느 한 종목이라도 최종 가격 결정일의 종가가 최초 기준 가격의 65% 미만인 경우, 두 기초자산 중 더 많이 하락한 종목의 하락률만큼 원금손실 발생

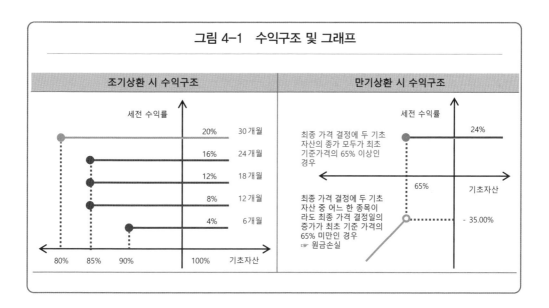

그림 4-1 수익구조 및 그래프

(1) 기초자산의 변동성

제시수익률에 영향을 주는 요인으로는 먼저 기초자산의 변동성을 들 수 있다. 변동성이 크면 제시수익률이 상승한다. 변동성이 20% 수준인 주가지수와 변동성이 45% 수준인 개별 종목으로 기초자산을 각각 구성할 때 제시수익률의 차이는 매우 크다. 변동성이 클 경우 투자자가 매도하게 되는 Knock In Option의 가격은 변동성이 작을 경우보다 비싸다. 왜냐하면, 변동성이 클 경우 특정 수준에 도달할 가능성도 커진다는 말이고 따라서 기대수익도 커져서 옵션 프리미엄이 상승하는 것이다. 결론적으로 기초자산의 변동성이 높은 경우, 제시하는 상품의 수익률과 상환조건이 투자자에게는 유리하게 작용하는 것으로 보이나, 그만큼 손실 발생 가능성도 높은 상품이므로 이러한 상호관계를 투자자에게 정확하게 설명해야 한다.

(2) 기초자산 간의 상관관계

다음으로 제시수익률에 영향을 많이 주는 요소는 기초자산 간의 상관관계이다. 대부분의 상품이 투스타구조(두 개의 기초자산)로 이뤄지고 있듯이 복수자산이 편입된 경우가 많다. 두 종목의 상관관계가 낮은 경우에는 기초자산 하나가 상환조건을 만족하더라도 다른 하나가 만족하지 못할 가능성이 크다. 상관관계가 높은 경우는 두 기초자산이 동시에 상승하거나 하락할 가능성이 크므로 상관관계가 낮은 경우보다 상환 가능성이 높다. 기초자산 간의 상관관계가 낮다면 제시하는 상품의 수익률과 상환조건이 투자자에게는 유리하게 작용하는 것으로 보이나, 그만큼 손실 발생 가능성도 높은 상품이므로 이러한 상호관계를 투자자에게 정확하게 설명해야 한다.

(3) 상환조건

상환조건이 낮을수록 쿠폰이 낮아진다. 상환조건, 즉 행사 가격이 낮으면 상환 가능성이 상승하므로 투자자에게 유리하다. 상환조건이 낮을수록 상환 가능성은 높아지나 투자자에게 제시할 수 있는 수익률은 낮아지므로, 그만큼 수익 발생 가능성과 수익률의 크기에 대한 상호관계를 투자자에게 정확하게 설명해야 한다.

(4) 원금손실 가능 수준

원금손실 가능 수준(knock-in barrier, 이하 KI)이 낮을수록 투자자에게는 안정성이 높고 손실 위험이 감소한다. 따라서 KI가 낮은 구조는 제시수익률이 낮다. 반대로 원금손실 가능 수준이 높을수록 제시수익률이 높아지거나 상환조건이 낮아질 수 있다. 따라서 손실 가능성과 제시수익률·상환 가능성과의 상호관계를 투자자에게 정확하게 설명해야 한다.

구조에 KO(knock out)조건이 있는 경우에는 KO가 낮을수록 쿠폰이 낮다. KO조건을 만족시키면 구조화상품은 상환수익률이 확정된다. 예를 들어 투자기간 중 기초자산 두 개가 일별 종가 기준으로 110%를 상회하면 직후 평가일에 상환조건 만족으로 보고 상환하는 것이다. KO가 110%인 구조가 KO가 115%인 구조보다 제시수익률이 낮다.

2 　이자율연계 파생결합증권

이자율연계 파생결합증권의 경우 일반인을 대상으로 펀드로 만들어 공모하기가 어렵고, 판매사 입장에서도 투자자에게 매력적인 구조를 제시하면서 최소 보수를 확보하기가 어렵다. 공급자 측면에서는 관련 기초자산의 변동성이 낮을뿐더러 기초자산 및 파생상품(IRS, cap, floor, swaption 등)의 유동성이 떨어져 매력적인 수익률을 제시할 수 있는 수익구조를 창출하기 어렵고, 제시된 수익구조의 가격도 오래 유지하기가 힘들어 일반인 대상의 공모 펀드에 편입할 수 있는 파생결합증권을 발행하기 어렵다. 일반적으로 금리연계 파생상품펀드는 만기가 길고 승수(multiplier)를 이용하거나 발행자의 중도상환 권리가 내재되어 있는 등 투자자의 범위를 제한하는 요소가 첨가되어 있다. 한편, 저금리 환경에서는 일부 사모펀드의 경우 만기가 짧은 상품이 출시되기도 한다.

section 02 | 기초자산

1 상품(Commodity) 및 멀티에셋(Multi-Asset)

파생결합증권 중 원자재 등의 상품(commodity)을 기초자산으로 하는 유형과 자산배분 유형의 경우에는 특정한 수익구조에 대한 설명에 앞서, 해당 기초자산에 대해 구체적이고 정확한 설명이 가능해야 한다.

상품(commodity)은 크게 에너지(석유, 천연가스 등), 금속(귀금속, 산업용 금속 등) 및 농축산물(옥수수, 콩 등) 등으로 나뉘며, 이들을 모아 지수화시킨 상품 관련 섹터인덱스나 상품시장 인덱스도 있다.

상품시장의 고유한 특성 중의 하나는 현물이 아닌 선물을 기준으로 거래되는 경우가 많고, 경우에 따라서는 상품 관련 펀드는 파생상품펀드로 분류되면서도 기초자산의 가격에 대한 투자가 될 수도 있다는 사실을 반드시 설명하여야 한다. 또한 선물거래를 이용하면서 기일물의 만기에 따른 만기이월과정에서 비용이 발생할 수 있으며, 이 경우 투자수익률이 현물 가격(또는 최근월 선물 가격)으로 계산한 수익률과 차이를 보일 수 있다는 것도 주지하여야 한다. 한편 상품 관련 지수들은 저마다 고유한 특성을 갖고 있다. 예를 들어서, 편입되어 있는 품목의 종류, 편입 비중, 만기이월 방식 등이 다양하다.

자산배분 유형의 경우 주식, 채권, 상품은 물론 부동산 지수(REITs 등)에 대한 투자도 가능하므로 부동산 지수 등의 가격 결정요인에 대한 이해는 물론, 각 지수의 메커니즘을 설명할 수 있어야 할 것이다. 예를 들어 상품지수의 경우 품목별 비중, 개별 선물의 롤오버 방식 등에 대한 이해가 필요할 것이다. 또한 주식·채권지수 등의 경우 환율이 조정된 지수인지에 대한 정보도 필요하다. 따라서 상품 및 자산배분형 펀드의 경우 다른 무엇보다 이러한 기초자산에 대한 필수적인 정보가 투자설명서에 제대로 기술되어 있는지를 잘 살펴보아야 한다.

2 신용파생상품

CDS 시장을 필두로 규모가 커진 신용파생상품은 기존의 하이일드 펀드류보다 더욱 다양한 수익원과 높은 수익률을 제시할 수 있는 다양한 종류의 구조화채권으로 진화하고 있다. 아래에서는 앞으로 특히 주목해야 할 두 가지 유형의 상품에 대해 간단히 살펴보고자 한다.

(1) First to Default CLN

신용연계채권(Credit Linked Notes)의 경우 기초자산을 선정함에 있어서 하나의 기업을 대상으로 하지 않고 여러 개의 기업을 선정한 후 이중 하나라도 파산하면 책임을 지는 구조로 만들어서 1개 기업을 기초자산으로 한 경우보다 높은 프리미엄을 받을 수 있도록 하는 상품(first to default)으로 진화하였다. 따라서, 발행사의 신용 리스크가 아닌 다른 여러 회사들의 신용 리스크 및 그 상관관계에 대한 이해와 설명이 필요한 부분이다.

(2) 합성 CDO(Collateralized Debt Obligation)

CDO의 기초자산인 다양한 채권들을 CDS(Credit Default Swap)로 대체한 것이다. 아직까지 이 채권의 성격이 CDO로서 투자가능한 증권인지 CDS를 바탕으로 한 파생결합증권인지에 대해서 의견이 분분하다. CLN과 마찬가지로 발행사가 아닌 각 CDS의 리스크 및 그 CDS 간의 상관관계에 대한 이해와 설명이 필요하다.

section 03 　운용전략

효율적인 펀드 운용을 위해 파생상품을 활용하는 펀드이거나 파생상품을 활용한 시스템 펀드의 경우에는 해당 운용전략에 대한 설명이 중요한 사항이다(즉, '파생상품펀드 운용 및 투자기법' 부분에 대해서 숙지하고 있어야 한다).

1 　효율적 포트폴리오 관리

인덱스 유형과 채권형 펀드에서 운용목표는 벤치마크＋알파(초과수익)일 것이다. 여기에서 알파를 제고하기 위한 방법은 기본적으로는 효율적인 포트폴리오를 구성하는 것이며, 펀드 매니저들의 주된 업무영역이기도 하다. 또 다른 방법으로는 현물 간, 현물과 파생상품 간 그리고 파생상품 간의 상대 가격을 활용하는 매매기법이 있다. 이 경우 파생상품을 활용하게 되어 파생상품펀드라는 명칭이 붙을 수 있으나, 주 수익원은 역시 포트폴리오에 있고 이러한 상대 가격의 차이에 따른 매매는 초과수익을 추구하기 위한 추가 전략이라는 점을 주지시켜야 할 것이다. 그리고 이러한 추가 수익을 올리기 위해 매매비용이 발생하며 때로는 비용이 수익을 초과할 수도 있다는 점도 주지시켜야 한다.

2 　시스템 펀드

시장중립형 펀드를 위시한 제반 시스템 펀드(이 교재의 구조화형 펀드, 시스템 운용형 펀드 등을 말함)의 경우에는 절대수익률을 추구하면서 파생상품의 활용이 펀드의 주요 수익원이 된다.

이러한 유형의 펀드는 헤지 펀드의 다양한 투자기법을 활용한다는 점에서 유사성을 가질 수 있으나, 레버리지의 제약 등으로 인해 목표수익률을 달성하기 어려운 단점이 있다. 차익거래를 통해 시장 방향성과 무관한 수익률을 추구하기 위해서는 기회가 주어졌을 때 무제한적인 매매활동이 가능해야 한다. 또 하나 주지해야 할 것은 이러한 운용전략은 헤지 펀드가 주장하듯이 장기간에 걸쳐 투자했을 경우 평균적으로 월등한 수익률을 올릴 수 있다는 것이다(2008년의 경우처럼 헤지 펀드가 뮤추얼 펀드보다 열악한 상황에 처할 수도 있다). 따라서 투자자에게는 일반 증권 펀드에 비해 보유기간을 길게 잡도록 조언할 수 있어야 할 것이다.

3 **Unfunded Swap 유형**

원금보존 추구형이라면 대부분 펀드 만기에 가까운 잔존만기를 지닌 국고채, 통안채 등에 투자하며, 이를 통해 투자에 따른 신용 리스크와 펀드만기와 채권만기의 불일치에 따른 이자율 리스크를 없앤다. 그러나 장외파생상품의 경우 거래 상대방이 파산하는 경우에는 수익을 전액 혹은 부분적으로 회수하지 못할 신용 리스크는 여전히 존재한다. 원금보존 추구형이 아니라면 일단은 편입채권 등의 시장, 신용 리스크를 감수하게 되며, 채권형 펀드와 비슷한 리스크 관리전략을 구사하게 된다.

워런트 유형(옵션 매입 구조에 따른 추가 손실부담 해소)과 달리 스왑거래는 본질적으로 거래 이후 주기적으로 주어진 조건에 따라 거래상대방과 현금흐름을 주고받는 교환 거래이다. 이때 거래상대방 상호 간의 신용 리스크가 발생한다. 즉, 시가평가액이 0이 아니라면 특정 시점에서 늘 손실이 발생하는 측과 이익이 발생하는 측으로 구분이 되고 시간이 지나면서 입장이 바뀌기도 한다. 따라서 스왑거래에 따른 신용 리스크 경감방안이 필요하게 되고 보증 혹은 담보부거래의 형식을 취하게 되는 것이다.

section 04 **환리스크 헤지**

특정 수익구조를 가진 파생결합증권의 발행에서 이자율 연계상품보다 더 수요가 적은 것이 통화 관련 상품일 것이다. 외환 리스크에 노출되는 것은 투자의 주 목적에서 발생하는 것이 아니라 종속적인 성격이 강하다. 외화표시 금융상품에 투자하는 경우 투자 초기에 환전거래를 하면서 외환 리스크에 노출되게 된다. 통상적으로 투자자는 이 외화표시 금융상품의 수익률을 보고 투자결정을 하는 것이지, 환율에 대한 투자를 감안하고 있지는 않다. 따라서 대부분 통화 관련 파생상품을 통해 환리스크를 헤지하고자 한다. 즉, 환율에 대한 투자 수요는 근본적이지 않은 것으로 더욱이 환율을 기초자산으로 특정한 수익구조를 내는 파생결합증권에 투자할 만한 동인이 많지 않다고 볼 수 있다. 그리하여 이 장에서는 전술한 수익구조에 대한 설명에서 환율 관련 파생결합증권은 생략하였다.

1 헤지비율

운용사의 리스크 관리에서 보듯 의도하지 않더라도 과다헤지를 했을 경우의 피해는 심각하다. 따라서 과다헤지가 되지 않는 범위 내에서 헤지비율을 정하는 경우가 많다.

규칙으로 정해진 것은 아니지만 대체로 채권이나 채권형 펀드에 투자했을 경우에는 투자원금(실질적으로는 환전금액)에 대해서 전액 헤지하는 경우가 많다. 우량등급채권 등에 투자하였다면 그리 나쁜 방법은 아니다.

주식이나 상품 등과 같은 기초자산이라면 투자원금의 50~70% 수준을 많이 선택한다. 가격의 등락폭이 채권보다는 훨씬 크므로 전통적으로 과소헤지(underhedge) 방법을 활용한다.

다음으로 전 세계적으로 분산투자된 펀드 등에 투자할 경우에는 헤지를 하지 않을 수도 있다. 편입 자산의 통화가 모두 미달러화가 아니고 전 세계 통화로 분산되어 있을 경우에는 환율 간의 상관관계가 1이 아닌 이상 일정한 외환 리스크 헤지 기능을 가지기 때문이다. 2008년의 경우처럼 거의 모든 주요국 통화가 미달러화에 강세를 보였으나 원화는 미달러화에 오히려 약세를 보이는 상황이 종종 발생한다.

2 헤지방법

가장 많이 쓰는 방법은 현물환 매입·선물환 매도의 FX Swap이다. 이 경우에 펀드 만기와 선물환 만기가 일치하지 않는다면, 선물환 만기이월 시에 추가 자금이 필요한 상황이 발생할 수 있다. 선물환 계약은 옵션과 달리 선택사항이 아닌 의무사항(obligation)이기 때문에 초기비용(옵션의 경우 프리미엄)이 발생하지 않는다는 장점은 있으나, 만기에는 불리한 상황이라도 현물인도 혹은 차액결제를 해야 한다.

다음으로 많이 쓰이는 방법은 현물환매입/선물매도의 Block Deal이다. 선물의 경우 만기 시마다 만기이월을 해야 하고 일일정산을 통해 수시로 추가 자금이 필요한 상황이 발생할 수 있다. 장내거래이므로 신용 리스크 부담 없이 환리스크 헤지가 가능하나 통화선물의 유동성이 선물환의 경우보다 현저히 떨어지는 단점이 있다. 우리나라의 한국거래소(KRX)에서는(2022년 현재) 미달러선물, 엔선물, 유로선물, 위안선물이 거래되고 있어 상장 품목 이외의 통화를 헤지하고자 할 때에는 통화선물거래를 두 번 해야 하는 번거로움도 있다. 만일 파운드화에 대한 환리스크를 선물거래로 헤지한다면, 달러 매도/원화 매입 통화선물과 달러 매입/파운드화 매도 통화선물 두 거래를 합성해서 파운드화 매도/원화 매입 포지션을 만들어야 한다.

통화옵션도 활용 가능한 상품이다. USD Put/KRW Call Option을 매입한다면 원달러환율이 폭락하더라도 기회이익을 누릴 수 있을 것이다. 반면에 초기에 프리미엄을 지급해야 하므로 행사 가격에 따라서는 투자원금의 상당 부분을 차지하게 되는 단점이 있다. 무비용전략(옵션의 매입+매도)을 활용해 다양한 합성선물 포지션을 만들어 초기 자금부담을 경감하는 방법도 있으나 앞서 KIKO의 예처럼 불필요한 포지션 발생에 따른 과도한 손실 발생이 우려되기도 한다.

section 05 | 파생상품 투자권유 시 유의사항

아래와 같은 파생상품등을 투자권유할 때에는 일반펀드보다 강화된 투자권유준칙을 적용하고 있다. 특히, 장외파생상품을 투자권유할 때에는 별도의 적합성 기준과 위험도 분류를 하여 더욱 강하게 투자권유준칙을 적용한다.

투자자는 파생상품등을 거래하고자 하는 경우 반드시 투자자 정보를 제공하여야 하며, 판매사 임직원은 투자자에게 파생상품등을 판매하려는 경우에는 투자권유를 하지 아니하더라도 면담·질문 등을 통하여 그 투자자의 투자목적·재산상황 및 투자경험 등의 정보(이하 '투자자 정보'라 함)를 파악하여야 한다.

또한, 판매사 임직원은 파악한 투자자 정보에 비추어 해당 파생상품등이 그 투자자

'파생상품등'에 해당하는 상품 예시

① 파생상품 : 장내파생상품 및 장외파생상품
② 파생결합증권
③ 파생상품 집합투자증권 : 파생상품의 매매에 따른 위험평가액이 집합투자기구 자산총액의 100분의 10을 초과하여 투자할 수 있는 집합투자기구의 집합투자증권 (단, 「금융투자업규정 제4-7조의2에 따른 인덱스 펀드는 제외)
④ 집합투자재산의 50%를 초과하여 ②의 파생결합증권에 운용하는 집합투자기구의 집합투자증권 등

에게 적정하지 아니 하다고 판단되는 경우에는, 해당 파생상품등의 내용, 해당 투자에 따르는 위험 및 해당 투자가 투자자 정보에 비추어 적정하지 아니하다는 사실을 투자자에게 알리고 투자자로부터 서명(「전자서명법」 제2조 제2호에 따른 전자서명 포함), 기명날인, 녹취, 전자우편, 전자우편과 유사한 전자통신, 우편 또는 전화자동응답시스템의 방법으로 확인받아야 한다.

□ 투자자에게 적합하지 않은 것으로 판단되는 금융투자상품에 투자자가 투자하고자 하는 경우
  – 투자자로부터 아래의 내용이 포함된 확인서를 받고 판매하거나, 회사가 정하는 기준에 따라 해당 거래를 중단할 수 있음

부적합(부적정) 금융투자상품 거래내용 확인

투자자 성향	( )
금융투자상품의 위험 등급	( )

☞ 괄호안 부분은 자필기재(하단 표를 참조하여 해당하는 명칭 기재)

□ 투자자 성향별 적합한 금융투자상품

투자자 성향	공격형		···		안정형
금융투자상품의 위험 등급	초고위험 이하 상품		···		초저위험

☞ 명칭 등 분류기준은 회사별 기준으로 수정하여 사용 가능

□ 투자자 성향 대비 위험도가 높은 금융투자상품은 회사가 투자권유를 할 수 없으므로 본인 판단하에 투자 여부를 결정하시기 바랍니다.
□ 투자 시 원금손실이 발생할 수 있으며, 투자 손익에 대한 책임은 모두 고객에게 귀속됩니다.

□ 특히, 투자자의 성향에 비해 고위험 상품에 투자하는 경우에는 예상보다 큰 폭의 손실이 발생할 수 있습니다.

※ 임직원은 투자자가 '부적정 금융투자상품 거래내용 확인'을 기재하는 경우에도 관련 법령에 따라 해당 파생상품 등의 내용, 투자에 따르는 위험 및 해당 거래가 투자자에게 적정하지 아니하다는 사실을 반드시 고지하여야 합니다.

특히 장외파생상품 거래 시에는 더욱 세분화되고 강화된 투자경험이나 연령 등의 요소를 고려하고 있으며 장외파생상품의 위험도를 '주의', '경고', '위험' 등 3단계로 분류하여 투자에 적합하지 아니하다고 인정되는 투자자에게는 투자 권유를 하지 못하도록 하고 있다.

파생상품펀드는 일반펀드에 비해 투자구조가 복잡하고, 일정 지수나 구간 이상으로 기초자산의 가격이 하락하면 손실이 확대되는 상품 등이 많아 일반인들이 투자 시 더욱 주의하여 상품 내용을 파악하여야 하며, 펀드 판매사나 운용사도 투자자 보호를 위하여 여러 가지 보호장치를 마련하고 있다.

01 워런트 투자구조 중 '기초자산 가격이 일정 수준(barrier)에 도달하면 새로운 수익구
    조가 생기는 구조'에 대한 설명으로 옳은 것은?

    ① 스프레드(spread)   ② 낙인(knock in)
    ③ 낙아웃(knock out)   ④ 디지털(digital)

02 투자자 김 모 씨는 향후 국내 주식시장의 움직임에 대해 불확실한 전망을 하고 있다.
    하지만, A기업 주가의 예상수익률이 시장지수(KOSPI200)보다 더 좋을 것으로 예상하
    고 있다. 투자자 김 모 씨의 전망에 근거한 가장 바람직한 투자전략은?

    ① KOSPI200 선물 매수, A기업 주식 매수
    ② KOSPI200 선물 매수, A기업 주식 매도
    ③ KOSPI200 선물 매도, A기업 주식 매수
    ④ KOSPI200 선물 매도, A기업 주식 매도

03 다음 중 기초자산 범위의 확대와 관련된 파생상품의 활용이 아닌 것은?
    ① 상품(commodity) 및 기타 자산을 활용한 파생상품펀드
    ② 주가지수선물을 활용한 Index Fund
    ③ Synthetic CDO를 활용한 파생상품펀드
    ④ 자산배분기능이 내재된 Multi-Asset형 펀드

해설

01 ① 스프레드(spread):기초자산이 특정구간에 있을때 지속적으로 수익이 상승하지만 특정 구간을 넘어
    서면 일정한 수익만을 받는 구조이다. ② 낙인(knock in):기초자산 가격이 일정 수준(barrier)에 도달하
    면 새로운 수익구조가 생기는 구조이다. ③ 낙아웃(knock out):기초자산 가격이 일정 수준(barrier)에
    도달하면 기존의 수익구조 사라지는 구조이다. ④ 디지털(digital):일정한 쿠폰을 받거나 받지 못하는
    구조이다.
02 ③ 시장 중립적인 투자로서, 김 모 씨는 KOSPI200 지수(시장)의 움직임과 무관하게, A기업이 주가가
    시장지수보다 높은 수익률을 보이게 되면 수익이 발생하게 된다.
03 ② 효율적인 펀드 운용의 사례이다.

04 다음 중 시장중립형 전략에 대한 설명으로 적절하지 않은 것은?

① 채권(fixed income) 차익거래형 : 기간구조(term structure) 혹은 신용스프레드(credit spread)에 대한 기대를 전제로 저평가된 채권을 매수하고 고평가된 채권을 매도하는 거래를 통해 수익을 추구

② 주식 롱숏(long/short) : 저평가된 주식을 매수하고, 주가지수선물을 매도하는 전략을 취한다.

③ 인덱스(index) 차익거래형 : 현물 포트폴리오, 선물, 옵션 간의 가격차이를 이용하여 수익을 추구한다.

④ 합병(merger) 차익거래 : 일반적으로 피인수 기업을 매수하고 인수기업을 매도(공매)하여, 인수 성사 시 가격괴리율만큼의 수익이 발생하는 구조이다.

05 다음 중 파생상품펀드의 투자기법과 관련된 설명으로 적절하지 않은 것은?

① 인덱스 펀드는 초보 펀드투자자나 펀드투자를 손쉽게 하고자 하는 투자자에게 활용될 수 있는 펀드이다.

② ETF의 거래량이 많지 않은 경우 원하는 시기에 원하는 가격대로 사거나 팔기가 어려워 제때 현금화하기가 어렵다는 점도 위험요인으로 볼 수 있다.

③ 포트폴리오 보험형의 경우 주식시장이 오름세를 보이면 주식형 펀드보다 수익률이 상대적으로 높게 나타난다.

④ 시장중립형의 경우 경우에 따라서는 차익거래 기회가 상당기간 동안 발생하지 않을 수 있으므로, 목표로 하는 수익률을 달성하는 것이 어려울 수 있다.

해설

04 ④ 일반적으로 인수합병 발표 후 인수하는 기업이 상대적으로 저평가되는 경향이 있으며, 인수 당하는 기업은 고평가되어 인수하는 기업을 매수하고 피인수기업을 매도(공매)하여, 인수 성사 시 가격괴리율만큼의 수익이 발생하는 구조이다.

05 ③ 포트폴리오 보험형의 경우 주식시장이 오름세를 보이면 수익은 발생하나 손실제한을 위해 100% 주식 포지션을 유지하고 있지 않기 때문에 일반적인 주식형 펀드보다 수익률은 상대적으로 낮다.

06 다음 중 시스템 운용형 파생상품펀드에 대한 설명으로 적절하지 않은 것은?

① 시스템 운용형 펀드는 펀드매니저의 주관을 배제한 채 시스템에서 보내주는 매매 신호에 따라 기계적으로 파생상품을 거래한다.

② 일반적으로 시장이 추세를 보이는 구간에서는 성과가 부진할 수 있으나, 시장이 등락을 반복하거나, 하락구간에서는 일반적으로 성과가 양호하다.

③ 전통적인 자산에 투자하는 일반적인 펀드와는 상관관계가 매우 낮은 것으로 보고되고 있다.

④ 자산의 대부분을 파생상품시장만을 대상으로 활용하므로, 고유의 수익 구조를 가지고 있다.

07 다음 중 이자율연계 파생결합증권에 대한 설명으로 적절하지 않은 것은?

① 발행사의 중도상환 권리가 내재된 경우 시장 가격이 투자자에게 유리하게 진행되면 발행사는 중도상환을 하지 않을 가능성이 크다.

② 일반적으로 이자율연계 파생결합증권은 만기가 길고 승수(multiplier)를 이용하거나 발행자의 중도상환 권리가 내재되어 있는 등 투자유인 효과가 낮다.

③ 발행사가 제시하는 수익구조의 가격 유지가 오래갈 수 없어 일반인 대상의 공모펀드에 편입할 수 있는 파생결합증권을 발행하기 어렵다.

④ 공급자 측면에서는 관련 기초자산의 변동성이 낮을뿐더러 기초자산 및 파생상품의 유동성이 떨어져 매력적인 수익률을 제시할 수 있는 수익구조를 창출하기 어렵다.

해설

06 ② 대부분의 전략이 모멘텀 전략에 기반하기 때문에, 시장이 추세를 보이는 구간에서는 성과가 양호할 수 있으나, 시장이 등락을 반복하거나, 하락구간에서는 일반적으로 성과가 부진할 가능성이 있다.

07 ① 가장 가까운 이자지급 시기에 중도상환을 할 가능성이 크다.

08 다음 중 신용파생상품에 대한 설명으로 옳은 것은?

① CLN(Credit Linked Notes)의 경우 기초자산이 여러 개의 기업으로 이루어지고 이 중 하나라도 파산하면 책임을 지는 상품(first to default)으로 진화하였다.

② 펀드에서 Protection Buyer로서 CDS(Credit Default Swap)를 거래한다면 신용 리스크를 제거하면서 고수익을 올릴 수 있는 기회가 된다.

③ CDO(Collateralized Debt Obligation)는 기초자산이 다양한 CDS(Credit Default Swap)를 활용하여 투자대상을 확대시킨다.

④ First to Default 형태의 CLN은 1개 종목을 기초자산으로 한 CLN보다 조금 낮은 프리미엄을 받을 수 있다.

09 다음 중 환리스크 헤지에 대한 설명으로 적절하지 않은 것은?

① 주식이나 원자재 등의 기초자산에 관련된 펀드에 투자했다면 투자원금의 50~70% 수준에서 환헤지를 하는 것이 통상적이다.

② Globally Diversified Fund류에 투자한 경우 환헤지를 하지 않아도 자연적인 리스크 헤지효과가 발생할 수도 있다.

③ 가장 많이 쓰이는 방법은 현물환 매입·선물환 매도의 FX Swap이지만 펀드의 경우 선물환 대신 통화선물의 활용도도 크다.

④ 옵션의 Zero Cost Strategy를 활용하면 초기 자금부담 없이 합성선물을 만들 수 있어 가장 효율적인 환리스크 헤지방법으로 활용한다.

해설

08 ② Buyer이므로 Protection fee를 지급해야 한다. ③ Synthetic CDO가 기초자산으로 CDS를 활용한다. ④ 1개 종목을 기초자산으로 한 경우보다 훨씬 높은 프리미엄을 받는다.

09 ④ KIKO의 예처럼 불필요한 포지션 발생에 따른 과도한 손실발생이 우려된다.

정답 01 ② | 02 ③ | 03 ② | 04 ④ | 05 ③ | 06 ② | 07 ① | 08 ① | 09 ④

chapter 01

선물

section 01 **선물거래의 경제적 기능**

1 가격발견

선물거래는 미래의 일정한 시점을 정하고 그 시점의 자산 혹은 상품 가격에 대한 예상을 토대로 경제주체들이 매수 혹은 매도계약을 하는 형태의 거래이다. 따라서 경제주체들의 미래 자산 가격에 대한 예상이 반영되어 가격이 결정되므로 경제주체들에게 미래의 자산 혹은 상품 가격에 대한 귀중한 정보를 제공하게 된다. 한달 만기 옥수수 선물의 가격은 한달 후의 실제 옥수수 가격에 대한 귀중한 정보를 제공하는 것이다. 물론 현재 시점의 현물 가격도 미래에 대한 예상을 반영하기도 하므로 가격발견 기능은 선물만이 수행하는 것은 아니다. 그러나 경제주체들의 미래에 대한 예상을 반영할 수 있는 명시적인 시장이 존재한다는 것 자체가 보다 정확한 가격 형성에 도움을 주게 된다는 사실을 고려한다면 선물시장에서 형성되는 가격은 미래 가격에 대해 매우 중요한 정보를 수행한다고 볼 수 있다.

2 리스크 전가

선물시장을 포함한 파생상품시장은 기본적으로 위험을 거래하는 시장이다. 예를 들어 정부가 은의 가격을 일정하게 고정시켜 놓고 있다고 하자. 이 경우에도 은의 현물거래는 일어난다.

그러나 선물거래는 일어나지 않게 된다. 왜냐하면 은의 가격이 변동되지 않고 있으므로 미래의 일정 시점의 은의 가격도 현재와 동일할 것이고 이에 따라 경제주체들은 미래 가격을 미리 고정시킬 필요가 없어지게 되는 것이다. 바꿔 말하면, 미래의 일정 시점에서의 은의 가격에 대한 예상이 모두 동일한 상태이므로 선물거래의 필요성이 없어진 상태라고 볼 수 있다. 이처럼 선물거래는 가격의 변동성이 존재하고 그 변동폭이 상당히 큰 종목일수록 활발하게 일어나게 되는데, 이는 변동성이 클수록 경제주체의 미래에 대한 예상에 차이가 나게 되고 이러한 예상의 차이는 결국 위험의 크기가 커지게 됨을 의미하므로 이를 회피하고자 하는 위험회피 수요와 이를 토대로 수익을 올리려는 투기적 거래가 결합이 되어 활발한 선물거래가 진행되는 것이다. 이렇게 보면 선물시장은 미래의 자산 가격의 불확실성을 토대로 서로 예상이 다른 다수의 투자자 사이에서 위험이 거래되는 시장이라고 볼 수 있다.

3 효율성 증대

선물시장의 존재는 경제주체들에게 동일한 자산이나 상품에 대해 투자할 수 있는 기회를 두 가지로 증가시킨다. 즉 동일한 자산에 대한 현물시장과 선물시장이 동시에 존재할 경우 투자자들은 어느 한쪽 시장에만 투자할 수도 있고 두 시장에 모두 투자할 수도 있다. 이 과정에서 두 시장에서 형성된 가격에 불균형이 존재할 경우 투자자들은 고평가된 쪽을 매도하고 저평가된 쪽을 매수하는 차익거래(arbitrage transaction)를 통해 이익을 창출할 수 있고 이에 따라 불균형은 해소되게 된다. 따라서 선물시장의 존재는 현물시장만이 존재하는 경우에 비해 양 시장을 모두 효율적으로 만든다.

4 거래비용 절감

주가지수선물의 경우 선물거래의 대상이 개별 주식이 아니라 주가지수이므로 현물시장에서의 개별 종목투자와는 달리 시장 전체에 대한 투자를 아주 쉽게 할 수 있다. 현물시장에서 전체 시장 움직임에 대한 투자를 수행하기 위해서는 지수를 구성하는 모든 종목을 매입해야 하므로 거래비용이 상당히 많이 들게 되는데 이에 비해 주가지수 선물시장에의 투자는 적은 비용으로 주가지수를 구성하는 모든 종목에 투자한 것과 동일한 효과를 낼 수 있으므로 투자자들에게 매력적인 투자기회를 제공하게 된다.

또한 선물시장에서는 미래 일정 시점의 자산 가격 하락을 예상한 투자자가 매도 포지션을 취함으로써 자신의 예상을 쉽게 실현시킬 수가 있다는 장점이 있다.

section 02 선물거래

선물거래는 기본적으로 계약의 만기 시점을 정해 놓고 만기 시점에서 기초자산을 미리 정한 가격에 매도 혹은 매수하기로 지금 계약을 하는 거래를 의미한다. 이를 만기 시점의 기초자산 가격에 대한 현재 시점의 베팅성 거래로 이해를 해도 된다. 선물거래의 묘미는 신용위험을 없애고 반대매매를 자유롭게 할 수 있다는 데에 있다. 신용위험을 없앤다는 것은 이익을 볼 경우 상대방을 걱정할 필요 없이 확실하게 이익을 챙길 수 있도록 제도적 장치를 마련해 놓았다는 것이고 반대매매가 자유롭다는 것은 만기가 동일한 선물계약에 매수와 매도가 자유롭게 취해지므로 한번 계약한 부분을 얼마든지 반대매매를 통해 중간에 청산할 수 있도록 해놓았다는 뜻이다.

신용위험을 없애기 위해서 ① 증거금, ② 일일정산 제도가 도입되어 있다. 증거금제도는 충분한 현금 혹은 유가증권을 가진 투자자만이 보유액수에 비례하여 선물 포지션을 보유할 수 있도록 해놓은 것이다. 일일정산제도는 만기 전 임의의 거래일에 매수나 매도 포지션을 취하고 나서 반대매매를 안하고 포지션을 다음날로 넘길 경우 당일 선물종가까지 정산을 해야 하는 제도이다.

이제 예를 들어 선물거래 메커니즘을 설명해 보자.

한국거래소에 상장된 미국 달러선물은 1계약이 1만 달러이다. 만기일은 해당 월 셋째 수요일(최종 거래일인 월요일에서 3일째 되는 날)이다. 수많은 거래자가 거래에 참여하였지만 그 중에서도 A, B, C, D의 네 거래자에게 초점을 맞추어 논의를 진행해 보자.

1   증거금

우선 투자자들은 개시증거금 이상의 자금이 계좌에 들어 있어야 자신이 원하는 주문을 접수시킬 수 있다. 물론 주문은 자신이 계좌를 개설한 선물회사 또는 증권회사의 계좌 담당 직원에게 전화를 걸어도 되고 홈트레이딩 시스템을 통해 직접 주문을 입력해도 된다.

A의 경우를 보자.

❶ 액면금액＝1,200원/달러×1만 달러(1계약)＝1,200만 원
❷ 개시증거금＝1,200만×4.5%＝54만 원
❸ 유지증거금＝1,200만×3%＝36만 원

여기서 유지증거금은 일종의 임계점(trigger point)의 역할을 하는데 이 수준 이하로 증거금 수준이 하락 시 추가 조치가 발동하게 된다. 추가 조치라 함은 증거금 수준을 원래 수준으로 회복시켜야 하는 의무가 부과되는 것을 의미한다. 증거금 수준이 유지증거금 이하로 하락하는 상황이 발생한다면 증거금 수준을 처음 주문을 낼 때 수준, 곧 개시증거금 수준으로 회복시켜야 한다(건드린 것은 유지증거금이지만 회복은 개시증거금까지 회복시켜야 한다). 개시증거금 수준이 100, 유지증거금 수준이 75라 하고 일일정산 후 증거금 수준이 60까지 내려갔다고 하자.

이때 증거금 수준을 100으로 회복시키려면 40이 필요한데, 이를 추가 증거금이라 한다. 이를 그림으로 나타내면 〈그림 1-1〉과 같다.

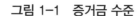

그림 1-1 증거금 수준

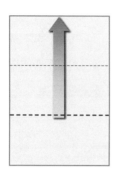

개시증거금 = 100

유지증거금 = 75

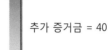

추가 증거금 = 40

일일정산 후 증거금 수준 = 60

---

2   거래 시나리오 분석

이제 거래 시나리오를 분석해 보자.

(1) 10시 : 선물 가격 1,200원/$

❶ 투자자 A : '만기까지 혹은 그 이전에 달러의 가치가 1,200원보다 올라갈 것이다'
라는 예상을 토대로 '매수' 주문을 낸다.

❷ 투자자 B : '만기까지 혹은 그 이전에 달러의 가치가 1,200원보다 떨어질 것이다'
라는 예상을 토대로 '매도' 주문을 낸다.

이제 이들 주문이 거래소의 매매체결 전산시스템에 접수되어 체결되면 투자자 A는
'1,200원/$ 매수 포지션'을, 투자자 B는 '1,200원/$ 매도 포지션'을 1계약씩 보유하게
된다.

(2) 10시 10분 : 선물 가격 1,300원/$

투자자 A는 이익을 충분히 보았다고 판단하고 10분 만에 포지션을 정리하기로 하였
는데 구체적으로는 원래 취한 매수 포지션의 반대포지션인 '매도주문'을 낸다. 한편 이
시점에서 투자자 C는 선물 가격이 만기 이전에 1,300원/$ 보다 더 오른다는 예상을 토
대로 매수주문을 낸다. 이 두 주문이 접수되어 체결되면 다음의 결과가 나온다.

❶ 투자자 A : 원래 1,200원/$ 매수 포지션이 있었는데 다시 1,300원 매도주문을 내서 이 주문이 체결되면 두 번째 매도주문은 매수 포지션을 청산하기 위한 매도가 된다. 이 경우 A는 1,200원 매수 대비 1,300원 매도 포지션을 취하였으므로 이익이 나는데, 그 규모는 (1,300 − 1,200)원/달러 × 1만 달러 = 100만 원이 된다(이 이익금은 당일 저녁 계좌로 이체된다).

❷ 투자자 C : 1,300원/$ 이상으로 상승 시 이익을 보는 신규 매수 포지션을 취한다.

(3) 10시 20분 : 선물 가격 1,350원/$

포지션을 취한 지 10분 후부터 시장이 자신의 예상과는 반대방향으로 가면서 손실이 나고 있던 B가 가격이 더 오를 경우 계속 손해가 눈덩이처럼 불어날 것을 우려하여 청산하기로 결정하였다. B의 청산방법은 앞서 취한 매도 포지션의 반대인 매수 포지션을 취하는 것인데, 구체적으로는 1,350원/달러의 가격에 선물 매수주문을 내면 된다. 한편 투자자 D는 향후 1,350원/달러보다는 하락할 것으로 예상하고 매도주문을 낸다. 이 두 주문이 접수되어 체결될 경우 다음의 결과가 나온다.

❶ 투자자 B : 매도 포지션을 가진 상태에서 매수주문을 내고 이 주문이 체결될 경우 이 매수 포지션은 원래의 매도 포지션을 청산하는 매수가 된다. 이때 투자자 B의 손해는 가격이 오른 만큼, 즉 (1,350 − 1,200)원/달러 × 1만 달러 = 150만 원으로 확정된다.

❷ 투자자 D : 1,350원보다는 떨어질 것이라는 예상을 토대로 매도주문을 내고 이 주문이 체결되면 신규 매도 포지션을 보유하게 된다.

❸ 3시 45분 : 당일 선물 종가 1,250원/$

이렇게 하루 종일 거래가 이루어진 후 마지막 종가(=정산 가격)가 1,250원으로 끝났다고 하자. A와 B는 이미 포지션을 정리하였다. 그러나 C와 D는 포지션을 정리하지 않고 포지션을 다음날로 넘기기로 하여 반대매매를 하지 않았다. 이때 거래소는 아직 포지션을 정리하지 않은 C와 D에 대해서는 종가까지 정산을 한다. 즉 포지션은 살아있지만 종가인 1,250원까지 '일일정산'을 실시하는 것이다.

C의 경우 '1,300원/$ 매수 포지션'이 있는데 종가가 1,250원이므로 50원이 하락하여 손해를 보았으므로 50원 × 1만 달러 = 50만 원을 지급하게 된다. 또한 D의 경우 1,350원 매도 포지션이 있는데 1,250원까지 100원 하락하였으므로 100원의 이익을 본 것으로

처리하여 100×1만 달러＝100만 원을 수취한다.

3 **총정리**

❶ 투자자 A : 1,200원/달러 매수 → 1,300원/달러 매도, 100원/달러 이익
  총손익 : ＋100원/달러×1만 달러＝100만 원 이익
❷ 투자자 B : 1,200원/달러 매도 → 1,350원/달러 매수, 150원/달러 손실
  총손익 : －150원/달러×1만 달러＝150만 원 손실
❸ 투자자 C : 1,300원/달러 매수 → 1,250원/달러까지 일일정산, 50원/달러 손실
  총손익 : －50원/달러×1만 달러＝50만 원 손실
❹ 투자자 D : 1,350원/달러 매도 → 1,250원/달러까지 일일정산, 100원/달러 이익
  총손익 : ＋100원/달러×1만 달러＝100만 원 이익
❺ 이익의 합 : 100원(A)＋100원(D)＝200원/달러
  ＋200원/달러×1만 달러＝200만 원 이익
❻ 손실의 합 : 150원(B)＋50원(C)＝200원/달러
  －200원/달러×1만 달러＝200만 원 손실

결국 거래소는 B의 계좌에서 150만 원 손해 본 액수만큼 출금을 하고 C의 계좌에서 50만 원을 출금하여 A에게 100만 원, D에게 100만 원을 입금하고 그날의 결제를 끝낸다. 이처럼 선물 포지션에는 평가손익이 없다. 모든 손익은 그날로 실현되고 실제로 다음날까지 입금이 된다. 단 투자자 A와 B는 반대매매에 의한 청산손익이고 투자자 C와 D는 일일정산에 의한 손익임은 분명히 해야 한다.

4 **거래량**

거래량은 두 투자자, 즉 매수와 매도가 연결될 때마다 하나씩 증가한다. 따라서 10시에 A와 B 간에 거래가 체결되면서 누적 거래량은 1개, 10시 10분에 A와 C 간에 한 계약 체결되면서 누적 거래량은 2개, 10시 20분에 다시 한 계약이 체결되면서 누적 거래량은 3개로 늘어난다. 이처럼 거래량은 체결될 때마다 하나씩 증가하는 속성을 가지고 있고 주로 일정 시점까지의 누적 거래량이 발표된다.

미결제약정은 일정 시점 기준으로 반대매매를 하지 않고 대기 중인 계약 혹은 신규로 계약을 체결한 숫자가 몇 계약인가를 계산한 개념이다. 위의 예에서 보면 10시 정각 기준으로 A와 B 간에 거래가 체결되면서 미결제약정은 A와 B 간에 1계약이 된다. 10시 10분 기준으로 A가 포지션을 정리하면서 C가 매수를 취하면서 진입하였다. 이제 시장에는 'B매도+C매수'의 한 쌍이 있다. 따라서 10시 10분 기준 미결제약정은 1계약이다. 10시 20분에 B가 포지션을 정리하고 D가 진입하면서 이제 'C매수+D매도'의 구도가 되었다. 10시 20분 기준 미결제약정은 1계약이다. 이처럼 미결제약정은 일정 시점을 기준으로 정의되며 거래량과는 달리 누적이 되지 않는다. 즉, 10시까지 몇 계약인가라는 질문은 성립되지 않고 10시 기준 몇 계약인가라는 질문은 성립한다.

6   KOSPI200 주가지수선물거래의 예

❶ 거래소 : 한국거래소
❷ 만기 : 3, 6, 9, 12월의 둘째 목요일
❸ 기초자산 : KOSPI200 주가지수
❹ 계약의 크기 : 가격 1point당 25만 원

(1) 증거금

투자자 A는 90p의 가격에 한 계약 매수주문을 낸다. KOSPI200 주가지수선물거래에서 1point는 25만 원이므로 90p×25만 원=2,250만 원이 되어 이 주문의 액면금액은 4,500만 원 짜리가 된다. 이때 투자자 A는 2,250만 원의 15%에 해당하는 금액, 즉 337만 5천 원의 개시증거금이 있으면 주문을 내고 계약을 체결시킬 수 있다. 유지증거금은 개시증거금 337만 5천 원의 75%, 즉 253.12만 원이 된다. 만일 일일정산을 실시했는데 계좌잔고가 유지증거금보다 아래로 떨어질 경우 투자자는 원래 개시증거금 수준으로 계좌잔고 수준을 회복시켜야 될 의무가 있다.

(2) 거래체결 시나리오 분석

❶ 10시

    ㄱ. 투자자 A : 90p 매수주문(90p보다 오를 것 같다)

    ㄴ. 투자자 B : 90p 매도주문(90p보다 떨어질 것 같다)

    이 두 주문이 체결이 되면, 투자자 A는 90p 매수 포지션, 투자자 B는 90p 매도 포지션을 취하게 된다. 10시 현재 미결제약정은 1계약이고 10시까지 거래량도 1계약이다.

❷ 10시 10분 : 엄청난 악재가 터지면서 주가지수선물 가격이 폭락하고 있다.

    ㄱ. 투자자 A : 82p 매도주문(못버티고 정리하겠다는 의도)

    ㄴ. 투자자 C : 82p 매수주문(82p보다는 오를 것이다)

    이 주문이 체결되면 투자자 A는 90p 매수 포지션을 82p에 매도하면서 8point 손실을 보고 포지션을 정리하고 투자자 C는 82p 매수 포지션을 취하게 된다. 10시 10분 현재 미결제약정은 1계약(A는 떠나고 B와 C가 남아 있음)이고 10시 10분까지 누적 거래량은 2계약이다.

❸ 10시 20분

    ㄱ. 투자자 B : 80p 매수주문(이익을 많이 보았으니 정리하자)

    ㄴ. 투자자 D : 80p 매도주문(80p보다 더 떨어질 것이다)

    이 주문이 체결되면 투자자 B는 90p 매도 포지션을 80p에 매수하면서 10point 이익을 보고 포지션을 정리하고 투자자 D는 80p 매도 포지션을 취하게 된다.

    10시 20분 현재 미결제약정은 1계약(B가 떠나고 C와 D가 남아 있음)이고 10시 20분까지의 누적 거래량 3계약이다.

❹ 3시 45분 장 마감 시점 : 선물 종가인 81p까지 일일정산이 실시된다.

    ㄱ. 투자자 C : 82p 매수 포지션에 대해 81p까지 −1p가 정산된다.

    ㄴ. 투자자 D : 80p 매도 포지션에 대해 81p까지 −1p가 정산된다.

❺ 총정리 : 투자자 A는 8p의 손실을 보며 포지션을 정리하였고 투자자 B는 10p의 이익을 보며 포지션을 정리하였다. 이제 이를 돈으로 환산하면 다음과 같다.

    ㄱ. A : −200만 원

ㄴ. B : +250만 원

ㄷ. C : -25만 원

ㄹ. D : -25만 원

표 1-1 **가상의 KOSPI 200 가격 시나리오**

	10 : 00	10 : 10	10 : 20	············	3 : 45	손익	결제액수
선물 가격	90	82	80		81		
A	매수 ⟹	매도			중간청산	-8	-200만 원
B	매도═══	⟹	매수		중간청산	+10	+250만 원
C		매수 ══	══	══	일일정산	-1	-25만 원
D			매도 ══	══	일일정산	-1	-25만 원
누적 거래량	1	2	3				
미결제약정	10시 현재 1	10 : 10 현재 1	10 : 20 현재 1		장마감 현재 1		

만일 투자자 C와 D가 자신의 포지션을 선물 만기 시점까지 청산하지 않고 계속 보유한다면 그들은 만기일 전일까지 계속 일일정산을 해나가게 된다. 그리고 최종 거래일, 즉 3, 6, 9, 12월의 두 번째 목요일 3시 20분에 당일 장 마감 KOSPI200 주가지수가 발표되면 이 지수를 최종 정산가로 하여 마지막 일일정산을 실시한다. 이제 이들의 포지션은 정리가 되어 없어진다. 실물 인수도방식이 아닌 현금결제방식에 따른 최종 결제가 이루어지는 것이다.

1 선도거래

우리가 '물건'을 거래할 경우 대부분 현물방식으로 거래된다. 물건과 돈이 거래시점에서 즉시 교환되는 것이다. 물건과 돈이 교환되는 것을 실물 인수도(physical delivery)라 한다. 하지만 아파트를 사고팔 때 우리는 가격을 미리 정한 후 일정한 계약금을 내고 계약을 확정시킨 후 일정기간 동안 중도금과 잔금을 지급 또는 수취한 후 드디어 최종 실물 인수도가 일어난다. 따라서 잔금을 치르는 시점(만기시점)에 이미 아파트 값이 미리 계약한 가격과 달라져 있는 경우도 꽤 있다. 이처럼 부동산 거래에는 선도거래적인 요소, 다시 말해 계약 시점과 실물 인수도 시점에 차이가 나는 요소가 포함되어 있다.

선도거래에는 현재 시점(t)과 만기 시점(T)이 있다. 현재 시점은 계약 시점이고, 만기 시점은 계약의 집행 시점이 된다. 현재 시점에서는 당사자 간에 다음 사항이 모두 결정되고 계약이 이루어진다. 만기에서는 계약한대로 집행이 된다. 즉, 현재 시점에서 ① 거래대상, ② 만기, ③ 수량, ④ 가격, ⑤ 매수자, ⑥ 매도자가 모두 정해지고 만기에는 이를 그대로 집행하게 된다.

2 선물환 거래(Forward Exchange)

선물환 거래는 과거부터 고객과 은행 사이의 일대일 계약으로서 선도거래의 일종이면서 환위험 관리에 유용하게 쓰이는 계약이다. 이 계약은 계약 시점과 집행 시점의 두 시점에 걸쳐 거래가 이루어지는 전통적인 선도거래이다. 예를 들어보자.

예시

▶ A기업은 수출기업이다. 그런데 90일 후에 수출대금 100만 달러가 유입될 예정이다. A기업의 CFO는 90일 후에 환율시세가 걱정되어 선물환 거래를 통해 리스크를 제거하기로 결정하였다. 그는 B은행 선물환 담당자와 연락을 취하여 다음과 같은 조건으로 선물환거래를 하기로 결정

하였다.

① 현재 시점 : 계약 시점
- 거래대상＝달러
- 만기＝90일 후
- 거래수량＝100만 달러
- 거래 가격＝1,200원/달러
- 매수자＝B은행
- 매도자＝A기업(수출기업)

이제 계약은 되었고 집행 시점까지 기다리면 된다.

② 만기 시점 : 계약집행 시점(실물 인수도가 이루어짐)

만기에 가면 A는 100만 달러를 주고 12억 원을 받으며, B는 100만 달러를 받고 12억 원을 주게 된다.

③ 선도거래의 사후적 가치평가(계약 가격＝선물환 가격＝1,200원/$)

이제 두 가지 경우를 가정해 보자. 90일 후 현물환 시세가 1,000원/$에 형성된 경우와 1,250원/$에 형성된 경우 두 가지이다. 전자의 경우 매도계약을 한 A기업이 200원/$의 이익을 보게 되고 후자의 경우 매수계약을 한 B은행이 사후적으로 50원의 이익을 보게 된다(〈표 1−2〉).

표 1−2 사후적 평가

	$S_T = 1,000$	$S_T = 1,250$
A기업＝매도자	+200	−50
B은행＝매수자	−200	+50

이제 이를 자세히 살펴보자. 먼저 만기 시점 현물환 시세가 1,250원이 된 경우를 가정해 보자.

❶ 선물환 계약 가격이 1,200원/$인 상황에서 사후적으로 현물환 시세가 1,250원/$가 될 경우 : 이 경우 '시세가 1,250원/$임에도 불구하고 1,200원/$의 가격에 100만 달러를 거래'해야 하는 상황이 A기업과 B은행에게 발생한다. 즉, '시세보다 싸게' 매수, 매도가 이루어지게 된다. 이 경우, '싸게 매수'는 사후적 이익(+50원/$), '싸게 매도'는 사후적 손실(−50원/$)이 발생한다. 매수자는 B은행이고 매도자는 A기업이므로, B은행 5,000만 원 이익, A기업 5,000만 원 손실의 상황이 발생한다.

❷ 선물환 계약 가격이 1,200원/$인 상황에서 사후적으로 1,000원/$가 될 경우 : 이 경우는 시세가 1,000원/$임에도 불구하고 1,200원/$의 가격에 100만 달러를 거래해야 하는 상황이 발생한다. 즉 시세보다 비싸게 매수, 매도가 이루어지는 셈이므로 비싸게 매수는 사후적 손실(-200원/$), 비싸게 매도는 사후적 이익($+200$원/$)이 발생한다. 매수자는 B은행이고 매도자는 A기업이므로, B은행 2억 원 손실, A기업 2억 원 이익의 상황이 발생한다.

3	두 개의 선도계약이 발생한 경우

이제 두 개의 선도계약이 반대방향으로 발생한 경우를 예시를 통해 설명해 보자.

! 예시

A기업이 원금 100만 달러, 만기 90일, 선물환 가격 1,200원/$의 선물환 매수계약을 B은행과 체결한 후 한 달이 지났다고 하자. 그런데 외환시장에 충격이 오면서 달러 선물환 시세가 1,300원/$로 상승하였다. 이는 한 달만에 시장 상황이 급변하여 향후 달러 가치가 상승할 것이라는 기대가 형성된 결과이다. 이를 관찰하던 A기업은 한 달이 지난 상황에서 원금 100만 달러, 만기 60일, 선물환 가격 1,300원/$의 선물환 매도계약을 C은행과 체결하였다고 하자. A기업의 포지션은 어떻게 되는가?

A기업은 만기에 가서
① B에게 12억 원을 지급하고 100만 달러를 사들인 후,
② C에게 100만 달러를 지급하고 13억 원을 받을 수 있다.
   즉, 만기 시점 달러시세와 상관없이 무조건 1억 원의 이익을 확보하게 되는 것이다.
   만기 시점이 동일한 선물환에 대해 한번은 매수, 한번은 매도계약을 체결할 경우 이는 매수계약과 매도계약의 차이에 해당하는 이익 혹은 손해를 확정하는 일이 된다. 앞에서처럼 매수계약 가격은 1,200원/$, 매도계약 가격은 1,300원일 경우 이 기업은 $(1,300-1,200)$원/달러$\times$100만 달러$=$1억 원의 이익을 보게 된다. 매수계약 가격이 매도계약 가격보다 낮기 때문이다.
   따라서, 매수나 매도계약의 순서와 관계없이 높은 가격에 매도하고 가격이 떨어졌을 때 낮은 가격에서 매수를 할 경우 이익을 본다. 단, 만기 시점이 동일한 계약이어야 한다.

4 선도거래의 일반적인 특징

이상에서 살펴본 선도거래의 특징은 다음과 같이 요약될 수 있다.

❶ 앞으로 얼마가 될지 모르는 가격을 미리 정해 놓음으로써 위험회피효과를 거둘 수 있다.

❷ 특히 가격이 폭락할 경우 기업의 파산위험이 존재하므로 이러한 거래는 기업의 파산위험을 줄여주는 효과가 있다.

❸ 사후적으로 현물시세가 나온 후 이 거래를 평가하는 경우 사후적 제로섬 게임이 되어 거래의 한쪽 당사자가 손실을 볼 가능성이 있다는 점에서 주의해야 한다.

❹ 사후적 제로섬 게임의 특징은 곧 손해를 본 당사자가 계약을 제대로 이행하지 않을 가능성, 즉 계약불이행 위험(default risk)이 존재한다.

section 04 선물의 균형 가격

현물환시장	선물환시장	
매수	매도	매수차익거래(cash and carry)
매도	매수	매도차익거래(reverse cash and carry)

'선물환 매도＋현물환 매수'를 하는 경우를 매수차익거래라고 하고, '선물환 매수＋현물환 매도'를 하는 경우를 매도차익거래라고 한다. 이에 대해 구체적인 예시로 자세히 살펴보자.

1 매수차익거래의 예

매수차익거래의 경우를 예로 들어보기 위해 다음의 조건이 성립한다고 하자. '현물환

시세 1,200원/$, 원화이자율 4%/년, 달러이자율 2%/년'이 주어져 있다고 하자. 이때 균형 선물환율은 1,224원/$이 된다. 그런데 1년 만기 선물환 시세는 1,230원/$로서 균형 대비 고평가되어 있다고 하자. 이 경우 차익거래는 다음과 같이 네 개의 시장에 걸쳐서 진행된다.

❶ 원화자금시장 : 원화자금을 1,200원 빌려 온다(조달금리 4%). 이 경우 1년 후에 1,248원(1,200원×(1+4%))을 상환해야 한다(미리 알고 있는 확실한 값).

❷ 원-달러 현물환시장 : 조달한 자금 1,200원으로 현물환시장에서 1달러를 매입한다(현물환율 1,200원/$).

❸ 달러자금시장 : 사들인 1달러를 달러자금시장에서 운용한다(금리 2%). 이를 운용시 1년 후에 1.02$를 수취하게 된다(미리 알고 있는 확실한 값).

❹ 원-달러 선물환시장 : 1년 후 수취하게 될 1.02달러를 선물환 시장에서 매도한다(선물환율 1,230원/$). 그런데 선물환시장에서 달러를 매도한다는 것은 곧 1년 후에 가서 1.02달러를 인도하고 1,254.6원(1.02달러×1,230원)을 받기로 지금 계약하는 것이다.

  이제 1년이 지나서 만기가 되면 미리 정해놓은 대로 집행하면 되는데 구체적인 수취와 지급액수는 다음과 같다.

ㄱ. 수취 액수 : 선물환 계약대로 1.02달러를 넘기고 1,254.6원 수취

ㄴ. 지급 액수 : 원화조달 부분에 대한 원리금 1,248원 상환

   → 6.6원 무위험차익 발생

결국 여기서 이익의 크기는 현물환시장과 선물환시장의 가격 차이이다. 즉,

$$1,230 \times 1.02 - 1,200 \times 1.04 = 1,254.6 - 1,248 = 6.6$$

이 되는 것이다.

2	매도차익거래의 예

  매도차익거래를 예로 들기 위해 다음 조건이 성립한다고 하자. '현물환 시세 1,200원/$, 원화이자율 4%/년, 달러이자율 2%/년'이 주어져 있다고 하면 균형 선물환율은 1,224원/$이 된다. 그런데 1년 만기 선물환 시세는 1,230원/$로서 균형 대비 고평가되어 있다고 하자. 이 경우의 차익거래도 위와 같이 네 개의 시장에 걸쳐서 진행된다.

❶ 달러자금시장 : 달러자금을 1달러 빌려 온다(조달금리 2%).

이 경우 1년 후 1.02달러를 상환해야 한다(미리 알고 있는 확실한 값).

❷ 원－달러 현물환시장 : 조달한 달러 1달러를 현물환시장에서 매각하여 1,200원을 챙긴다(현물환율 1,200원/$).

❸ 원화자금시장 : 1달러를 팔아서 마련한 1,200원을 원화자금시장에서 운용한다(금리 4%). 이 경우 1년 후 1,248원(1,200원×(1+4%))원을 원리금으로 수취하게 된다(이는 미리 알고 있는 확실한 값).

❹ 원－달러 선물환시장 : 1년 후 상환해야 할 1.02달러 만큼을 선물환시장에서 매수한다(선물환율 1,220원/$). 여기서 선물환시장에서 달러를 매수한다는 것은 곧 1년 후에 가서 1,244.46(1.02달러×1,220원)원을 지급하고 1.02달러를 받기로 지금 계약하는 것이다.

위와 마찬가지로 1년 후에는 미리 정해진 계약대로 다음과 같이 돈을 주고받는다.

ㄱ. 수취 액수 : 1,200원 원화 운용에 대한 원리금 1,248원 수취

ㄴ. 지급 액수 : 선물환시장에서 1,244.4원을 넘기고 1.02달러 수취하여 상환

→ 3.6원 무위험차익 발생

이를 보면 차익거래와 균형 선물 가격의 관계를 알 수 있다. 선물 가격이 현물 대비 비싸면 돈을 빌려다가 현물시장 매수＋선물시장 매도를 실시한다. 반대의 경우 '기초자산'을 빌려다가 현물시장 매도＋선물시장 매수를 실시한다. 결국 이 과정에서 현물과 선물 가격이 변하게 되고 이러한 전략은 양 시장을 이용한 차익거래가 불가능해질 때까지 계속된다. 균형에서는 차익거래가 불가능하고 시장은 안정을 되찾는다.

이처럼 선물시장의 균형 선물 가격은 철저하게 차익거래 불가능조건으로부터 구해진다. 두 시장 간의 가격이 정상적인 상태를 유지하고 있다는 것은 두 시장 간의 차익거래가 불가능한 상황과 같다는 것이다.

위의 예에서 달러를 기초자산으로 보고 달러 이자율은 기초자산보유에 대한 일종의 배당으로 보면 다음 관계도 이해될 수 있다. 즉, 주가지수선물의 경우 현물지수가 S_t일 때 균형 선물 가격 $\hat{F}_{t,T}$은 다음과 같다.

$$\hat{F}_{t,T} = S_t \left(1 + (r-d) \times \frac{(T-t)}{365} \right)$$

여기서 d는 주가지수에 대한 배당률로서 주가지수 구성종목의 배당액수를 각각의 시

가로 나눈 배당률을 시가총액구성 비율대로 가중평균한 값이다.

 예시

▶ S_t = 100point, r = 4%/년, d = 2%/년, 잔여만기 = 91일이라고 하자.

이때 주가지수선물 이론 가격은?

$$\widehat{F}_{t,T} = 100 \left(1 + {}_{(0.04-0.02)} \times \frac{91}{365} \right) = 100.5$$

section 05 **선물시장의 전략 유형**

선물시장은 미래 일정 시점에서의 자산 혹은 상품 가격에 대한 예상을 토대로 참가자들이 계속 이에 대한 매수 혹은 매도 계약을 수시로 맺되 필요하면 반대매매를 통해 포지션을 정리하는 시장이다. 따라서 미래에 대한 예상을 토대로 계속 거래가 일어나고 새로운 정보가 시장에 도착할 때마다 가격이 계속 바뀌게 되며 이러한 거래는 미리 정한 만기 시점이 될 때까지 계속된다.

이와 같이 거래되는 선물계약을 토대로 여러 가지 형태의 전략이 가능한데, 가장 기본적인 유형으로는 투기거래, 헤지거래, 차익거래 및 스프레드 거래가 있다.

1 투기적 거래

일반적인 현물자산의 경우 투자자가 이익을 창출하는 방법은 주로 '저가매수 후 고가매도 전략(buy low and sell high strategy)'이 된다. 즉, 자산 가격이 미래에 상승할 것이라는 기대를 토대로 먼저 일정한 자금을 투입하여 자산을 매수한 후 자산 가격이 예상대로 상승하면 이를 매도하는 전략을 통해서 이익을 획득하는 것이다.

이러한 행위를 우리는 투자라고 부르기도 하고 투기라고 부르기도 하는데, 선물거래도 이처럼 투자 내지는 투기의 목적으로 이용될 수 있다. 원리는 간단하다. 선물계약의 만기 이전에 선물 가격이 현재보다 상승할 것으로 예상하는 투자자는 개시증거금을 납부하고 선물계약에 매수 포지션을 취하면 된다. 일정기간 후 선물 가격이 예상대로 상승하면 포지션 청산을 위해 매도 포지션을 실행하여 이익을 실현할 수 있다. 여기서 주의할 것은 선물계약에는 만기가 있다는 점이다. 따라서 만기 이전에 가격이 오르지 않을 경우에는 원하는 이익을 실현할 수가 없다. 현물자산의 경우에는 오를 때까지 얼마든지 원하는 만큼 기다릴 수가 있으나, 선물에서는 이러한 기다림이 허용되지 않는다.

이처럼 선물계약에 만기가 있다는 점은 선물거래를 실행하는 투자자들이 필히 명심해야 할 기본적이고 중요한 사실이다.

2 헤징

선물시장의 존재 이유 중에 중요한 것이 위험의 전가(risk transfer)가 가능해진다는 점이다. 즉, 선물거래를 통해 투자자는 자신이 노출되어 있는 자산 가격 변동 위험을 회피할 수 있게 되는 것이다.

(1) 매도헤지

어느 수출기업이 90일 후에 유입될 100만 달러에 대해 환위험을 헤지하고 싶어한다고 하자. 물론 90일이 지나서 달러가 유입되면 유입 시점의 현물환율시세대로 달러를 매각하면 되지만 이 경우 얼마가 될지 모른다는 면에서 리스크가 존재한다. 이 기업은 미리 100만 달러에 대해 선물환 매도계약을 체결함으로써 환율 변동에 따른 리스크를 헤지할 수 있다. 이처럼 선물환 매도계약을 통해 환위험을 헤지하는 경우 이를 매도헤지라고 한다.

(2) 매수헤지

수입기업이 원하는 물품을 수입하려면 우선 달러가 있어야 한다. 수입결제 시점이 90일 후라 할 때 환율의 변동으로 인해 미리 달러시세를 고정시키고 싶은 경우 이 기업은 달러를 미리 사들이기로 계약을 할 수 있다. 바로 선물환 매수계약을 미리 체결하면 현재 선물환율로 원하는 달러를 확보해 놓을 수 있다. 이처럼 매수계약을 통해 리스크를 회피하는 행위를 매수헤지라 한다.

(3) 베이시스(Basis) 및 보유비용

베이시스란 임의의 거래일에 있어서 현물 가격과 선물 가격의 차이를 의미하는 용어이다. 즉, 시장 베이시스 $b_{t, T}$는 $F_{t, T} - S_t$로 표시가 된다. 또한 보유비용의 개념도 중요하다. 보유비용은 현물을 보유한 채 지금 즉시 매각하지 않고 선물 매도계약을 체결한 후 계약 만기일까지 보유하였다가 매도계약을 이행할 경우 만기일까지 부담해야 하는 비용을 의미한다. 이론적 보유비용은 이론선물 가격과 현물 가격의 차이와 같아진다.

(4) 랜덤 베이시스 헤지와 제로 베이시스 헤지

헤지를 할 경우 보유현물과 선물 포지션을 선물 만기 시점까지 가서 청산하는 경우가 있고 선물 만기 시점 이전에 보유현물과 선물 포지션을 청산하는 경우가 있다. 첫 번째의 경우 선물 만기 시점까지 가서 청산을 하는데 선물 만기 시점의 베이시스는 0이 되므로 베이시스 위험이 사라지는 효과가 생긴다. 이를 제로 베이시스 헤지(zero basis hedge)라 한다.

두 번째는 선물을 이용한 헤지를 하는 과정에서 만기 시점까지 보유하지 않고 선물 만기 이전에 포지션을 청산하는 경우인데, 이를 랜덤 베이시스 헤지(random basis hedge)라 한다.

(5) 헤지비율

헤지비율 문제는 선물을 이용한 헤지를 시행함에 있어서 매우 중요한 개념이다. 이는 대부분 현물 포지션을 선물로 헤지하는 과정에서 둘 사이에 약간의 차이가 존재할 경우 발생하는 개념이다. 즉, 랜덤 베이시스 헤지를 시도할 경우 현물 가격의 변화와 선물 가격의 변화가 일정한 폭을 가지지 않게 되고 이로 인해 현물 포지션과 선물 포지션 간에 약간의 괴리가 발생한다. 헤지비율은 이러한 상황에서 적정한 선물 포지션의 크기를 산정하는 데 사용되는 개념이다.

그렇다면 헤지비율을 어떻게 결정하는가. 이에는 두 가지 방법이 있다. 첫 번째는 주식 포트폴리오의 베타값을 이용하는 방법이다. 주식 포트폴리오의 베타값은 포트폴리오에 포함된 주식 종목들의 베타값을 가중평균한 값이다. 이는 해당 주식 및 해당 주식 포트폴리오가 시장 전체 대비 얼마나 민감하게 움직이는가를 나타내는 지표이다.

따라서 베타값이 1보다 크면 시장 전체 대비 심하게 움직인다는 얘기이고 베타값이

1보다 작으면 시장 전체 대비 약하게 움직인다는 얘기이다. 이때 주식시장 전체의 움직임과 주가지수선물은 거의 일대일로 움직이므로 결국 주식시장 전체에 대한 민감도로서의 베타값은 주가지수 선물에 대한 민감도로 볼 수 있다.

따라서 포트폴리오의 베타값을 1단계 계약수에 곱하면 헤지에 필요한 선물계약수를 얻을 수 있다. 예를 들어 베타값이 0.9라면 0.9×200＝180계약 매도를 하면 되고 베타값이 1.1이라면 1.1×200＝220계약 매도가 된다.

두 번째는 최소분산 헤지비율(MVHR : Minimum Variance Hedge Ratio)을 사용하는 방법이다. 해당 내용이 복잡하므로 여기에서는 생략하기로 한다.

3 스프레드 거래

스프레드 거래는 만기 또는 종목이 서로 다른 두 개의 선물계약을 대상으로 한쪽 계약을 매수하는 동시에 다른 쪽 계약은 매도하는 전략을 의미한다. 이 전략은 가격이 비슷하게 움직이는 두 개의 선물계약을 대상으로 행해지는데, 두 선물 가격의 움직임의 차이를 이용하여 이익을 획득하려는 투자전략이다. 즉, 두 계약의 가격차가 벌어질 것으로 보이면 가격이 비싼 쪽 계약에 매수를 취하는 동시에 가격이 싼 쪽 계약에 매도 포지션을 취한다. 이 경우 매수 포지션을 취한 선물계약의 가격이 10틱(여기서 틱이란 최소 변동 단위를 의미)이 올랐고, 매도 포지션을 취한 계약의 가격은 8틱이 올랐다면 두 계약의 가격차는 2만큼 벌어진다. 이 경우 매수 쪽에서는 10에 해당하는 이익이 발생하고 매도 쪽에서는 8에 해당하는 손해가 발생하므로 전체적으로는 2만큼의 순이익이 발생하게 된다. 결국 이익은 '두 계약의 가격차가 벌어진 만큼'이 되는 것이다. 이처럼 같은 방향으로 움직이는 두 개의 계약에 서로 다른 포지션을 취하게 되므로 스프레드 거래는 기본적으로 다른 전략에 비해 위험이 적다.

이와 같은 스프레드 거래는 크게 시간 스프레드(calendar spread)와 상품 간 스프레드(inter-commodity spread)의 두 가지 정도로 구분해 볼 수 있다. 시간 스프레드는 동일한 품목 내에서 만기가 서로 다른 두 선물계약에 대해 각각 매수와 매도 포지션을 동시에 취하는 전략으로서, 만기가 다른 선물계약의 가격들이 서로 변동폭이 다르다는 것을 전제로 하여 포지션을 구축하게 된다는 특징이 있다. 이 스프레드는 동일한 상품에 대해 사용된다는 면에서 상품 내 스프레드(intra-commodity spread)라고 불리기도 한다. 이때 투자자는 두 가지 전략을 사용할 수 있다.

첫째는 근월물매입＋원월물매도 전략이고, 둘째는 근월물매도＋원월물매입 전략이다. 첫 번째 전략은 근월물이 원월물에 비해 상대적으로 강세를 보임에 따라 두 선물계약의 가격차이가 지금보다는 더 작아지게 된다는 예상에 근거하여 구축되는 포지션인 것이다. 따라서 이 전략은 강세 스프레드(bull spread)라고도 부른다.

두 번째 전략은 근월물이 원월물에 비해 약세를 보일 것이므로 두 계약의 가격차이가 지금보다 더 벌어질 것이라는 예상에 근거하여 구축되는 포지션으로 이를 약세 스프레드(bear spread)라고도 부른다.

> **！예시**

▶ 3월물 선물 가격이 100point, 6월물 선물 가격이 102point라 하자.

그런데 이 두 선물계약의 가격차는 통상 3point 정도는 되어야 하는데 2point로 줄어든 상태라고 하자. 이 경우 어떤 투자자들은 이러한 가격의 차이 곧 스프레드의 움직임을 자신의 이익실현의 대상으로 삼아 투자를 한다. 결국 이 차이가 3point까지 벌어진다고 예상을 할 경우 이 투자자는 '3월물 100point 매도＋6월물 102point 매수 포지션'을 구축함으로써 이익의 기회를 가질 수 있게 된다(물론 차익거래와는 달리 이익 보장은 없다). 만기 시점 이전에 두 가격의 차이가 벌어질 경우 이 투자자는 이익을 본다. 예를 들어 시장 가격이 전반적으로 상승하면서 3월물은 120p, 6월물은 123p가 되었다고 하자(가격차가 3p로 벌어짐). 이때 100p에 매도한 3월물을 120p에 매수할 경우 20p의 손실이 발생한다. 그러나 102p에 매수한 6월물의 경우 123p에 매도할 경우 21p의 이익을 본다. 결국 −2＋3＝＋1p의 이익이 발생한다. 이를 정리해 보면 다음과 같다.

① 3월물 : 100매도 → 120매수 : −20

② 6월물 : 102매수 → 123매도 : ＋21

∴ 순이익 : ＋1(스프레드가 2에서 3으로 1p 상승한 만큼 이익)

만일 시장이 전반적으로 하락하여 3월물 80p, 6월물 83p가 되었다고 해도 결과는 같다(가격차가 3p로 벌어짐). 스프레드가 2에서 3으로 상승했기 때문이다. 이를 정리하면 다음과 같다.

① 3월물 : 100매도 → 80매수 : ＋20

② 6월물 : 102매수 → 83매도 : −19

∴ 순이익 : ＋1(스프레드가 2에서 3으로 1p 상승한 만큼 이익)

이처럼 스프레드 거래는 두 가지의 선물 혹은 옵션에 대해 두 가격의 차이가 '커질 것이다' 혹은 '줄어들 것이다'라는 예상을 토대로 포지션을 취하는 경우이며, 두 가지 계약에 대해 한쪽은 매수 다른 쪽은 매도 포지션을 취하게 되고 두 계약의 가격차가 예상하는 방향으로 움직일 경우 이익을 보고 반대로 움직이는 경우 손실을 보게 되므로 일종의 가격차의 움직임에 대한 방향성 거래라고 볼 수 있다.

4   차익거래

여기서는 주로 주가지수 차익거래를 중심으로 차익거래에 대해 설명해 보자. 주가지수 차익거래는 현물지수와 선물 가격의 차이가 이론적인 수준을 벗어날 경우 현물지수와 선물 가격의 차이만큼을 이익으로 취하는 거래를 의미한다. 여기에서 구체적으로는 현물 매수·선물 매도 혹은 현물 매도·선물 매수 포지션을 취하게 되는데, 전자를 매수차익거래, 후자를 매도차익거래라고 한다.

매수차익거래에서는 현물 매수·선물 매도 포지션을 취하게 된다. 만일 현물을 100point에 매수하고 선물을 104point에 매도할 경우 선물매도계약은 쉽게 체결되지만, 현물 매수는 문제가 된다. 즉, 이론적으로는 주가지수를 100point에 매입해야 하지만 주가지수는 거래되지 않고, 주가지수를 구성하는 종목만이 거래되므로 주가지수를 매입하는 행위는 곧 KOSPI200 지수를 구성하는 모든 종목을 지수 편입비율에 비례해서 일정 액수만큼 매입하는 전략으로 연결된다. 이때 주의할 것은 매입 가격이다. 100point라는 가격은 없다. 각 종목별 가격이 있을 뿐이다. 그러나 현재 시점의 주가지수가 100point라는 것은 편입대상 주식의 시가총액이 기준 시점 대비 100%라는 얘기이며 이 시가총액을 계산하는 데에는 200종목에 대한 현재 시점(비교 시점)의 개별 주식 가격이 있어야 지수가 계산 가능하다.

현물을 100point에 매입하는 것은 200종목의 주식을, 100point라는 주가지수 계산에 이용된 가격 한 세트에 각각 매입하는 것이다. 예를 들어 주가지수 차익거래 규모가 100억 원인데, 현재 ○○전자 시가총액 비중이 25%이고 ○○전자 주가가 40만 원, △△텔레콤 시가총액 비중이 15%, 주가는 20만 원이라 하자. 100억 원 중 ○○전자 매입자금은 전체의 25% 곧 25억 원이 되고 △△텔레콤 매입자금은 전체의 15% 곧 15억 원이 된다. 따라서 ○○전자 주식은 25억 원÷40만 원＝6,250주, △△텔레콤은 15억 원÷20만 원=7,500주를 매입하면 되는 것이다. 이런 식으로 200종목을 모두 편입하여 100억 원 어치를 사들이면 이것이 곧 현물을 100point에 매입한 것과 동일한 효과를 얻게 되는 것이다.

그런데 가격이 바뀌기 전에, 즉 주가지수가 100point에서 변하기 전에 빨리 200종목을 한꺼번에 매입하는 것은 상당한 기술이 필요하다. 즉 주문을 한꺼번에 체결시키는 기술이 필요한 것이다. 프로그램 매매가 바로 이 기술이다. 프로그램 매매는 미리 주문을 입력해 놓은 상태에서 시장 가격이 차익거래 혹은 기타 전략에 적절한 가격으로 형성될 경우 지체 없이 프로그램을 실행하여 미리 짜놓은 포트폴리오에 대한 주문이 실행되도록 하는 방법이다. 이렇게 보면 프로그램 매매는 차익거래라는 전략을 수행하는 데에 필요한 일종의 기술이다. 프로그램 매매 자체는 차익거래 이외에도 다른 목적으로 사용되는데 차익거래 이외의 목적을 위한 거래는 통계상으로 비차익거래라는 항목으로 편입시키고 있다.

그리고 이렇게 구성된 포트폴리오를 인덱스 포트폴리오(index portfolio)라고 부르는데, 이는 KOSPI200 지수의 변화를 그대로 100% 반영하기 위한 목적으로 구성된 포트폴리오인 것이다. 그런데 KOSPI200의 200종목 전부를 차익거래용 포트폴리오에 편입하는 것은 여러 가지 면에서 무리가 따른다. 즉 프로그램 매매를 실행하는 문제, 과연 주문을 낸 종목이 제대로 다 처리가 되느냐는 문제, 유상증자나 무상증자가 있을 경우 권리락이 발생하는 문제 등 200종목 전체를 처리하는 데에는 상당한 비용이 따르게 된다. 따라서 200종목 전체를 대상으로 한 인덱스 포트폴리오보다는 이를 50 내지 100종목 정도로 압축을 한 인덱스 포트폴리오가 구성되는 것이 보통이다.

이렇게 KOSPI200 지수의 흐름을 쫓아가기 위해 구성된 포트폴리오를 추적 포트폴리오(tracking portfolio)라고 부르는데 추적 포트폴리오에서 중요한 것은 바로 추적 오차(tracking error)의 문제이다. 즉, KOSPI200 지수가 10% 상승하였는데 50종목으로 구성된 추적 포트폴리오는 7% 상승하였다면 추적오차가 3%가 발생한 셈이고 차익거래는 실패하게 되는 것이다. 즉, 지수에는 편입되어 있으나 추적 포트폴리오 구성에서는 제외된 종목이 주로 상승함으로써 주가지수는 상승하였으나 추적 포트폴리오의 가치는 별로 상승하지 않는 경우 심각한 추적 오차가 발생하게 되고 각종 전략에 차질이 생기게 되므로 이를 위해서는 여러 가지 조심스러운 접근이 필요하다.

chapter 02

옵션

section 01 **옵션의 정의**

옵션은 조건부 상환청구권(contingent claim)의 일종으로서 다음과 같이 정의된다.

❶ 주어진 자산[기초자산(underlying asset)]을
❷ 미래의 일정 시점[만기(maturity)]에
❸ 미리 정한 가격[행사 가격(strike/exercise price)]으로
❹ 매수(매도)할 수 있는 권리[콜(풋) 옵션]

이때 이러한 권리의 사용 시점을 '만기 시점 한번'으로 제한한 경우를 유럽형 옵션(European option)이라 하고 '만기 시점 이전에 아무 때나 한 번'으로 폭넓게 지정한 경우를 미국형 옵션(American option)이라 한다. 그러면 콜옵션과 풋옵션에 대해 알아보자.

다음의 개별 주식 콜옵션을 보자.

'A주식 1주를, 9월 둘째 목요일에, 주당 30만 원에, 매수할 수 있는 권리'. 그러면 이 콜옵션을 보유한 경우 어떠한 이익이 발생하는가? 〈그림 2-1〉에서 보듯이 이 콜옵션을 만기까지 보유한 경우 보유자는 다음 두 가지 상황에 직면할 수 있다.

❶ 만기 시점에 A주식 가격이 30만 원보다 상승하는 경우
❷ 만기 시점에 A주식 가격이 30만 원 이하인 경우

❶의 경우 콜옵션은 이익을 창출한다. 예를 들어 만기 시점 주가가 35만 원인 경우 시가가 35만 원씩이나 하는 주식을 콜옵션 덕분에 30만 원에 매입할 수 있으므로 무려 5만 원의 이익을 챙길 수 있다. 그런데 〈그림 2-1〉에도 표시되어 있듯이 이익규모 5만 원은 바로 다름 아닌 '30만 원 대비 오른 만큼'에 해당하는 숫자이다. 결국 'A주식을 30만 원에 사들일 수 있는 권리'로 정의되는 콜옵션의 이익규모는 '만기 시점 주가가 행사 가격 대비 오른 만큼'으로 나타나는 것이다. 따라서 콜옵션 자체를 '행사 가격 대비 오른 만큼 이익을 볼 수 있는 권리'라고 정의해도 상관이 없다.

예를 들어 행사 가격이 100p인 KOSPI200 주가지수 콜옵션의 경우 만기 시점에서 주가지수가 '100p보다 오른 경우 오른 만큼 이익보기'의 개념으로 이해하면 된다. 따

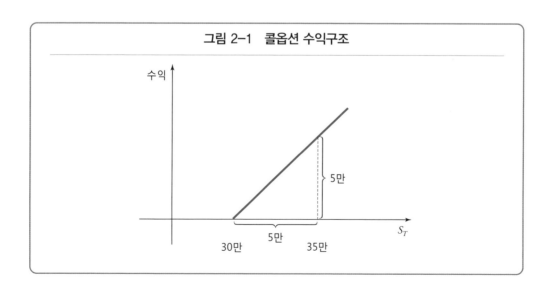

그림 2-1   콜옵션 수익구조

라서 주가지수가 105p가 되면 5point만큼 이익이고 110p가 되면 10point 만큼 이익이다. 그리고 1point당 25만 원으로 환산하게 되어 있으므로 이익규모는 5point이면 125만 원, 10point이면 250만 원이 된다.

❷의 경우 옵션은 전혀 이익을 창출하지 못한다. 그 대신 사후적으로 돈이 추가로 나갈 일은 없다. 만기 시점 주가가 30만 원에 못 미치는 경우 권리행사를 포기하기 때문이다. 예를 들어 주가가 25만 원이 된 경우 25만 원이 된 주식을 30만 원에 사들일 필요는 없다. 즉, 콜옵션은 주식을 30만 원에 사들일 수 있는 권리이지 의무는 아니므로 권리를 포기하면 되는 것이다. 물론 추가 손실은 없다. 옵션을 휴지통에 넣으면 그만이다.

이제 이를 수식을 이용하여 표현해 보자. 만기 시점의 주가를 S_T, 옵션의 행사 가격을 X라 하면 ❶ 이익을 보게 되는 경우, ❷ 이익이 없는 경우에 대해 각각 다음의 수식으로 수익구조를 표현할 수가 있다.

❶ $S_T > X(= S_T - X > 0) \rightarrow y = S_T - X$ (=행사 가격 대비 오른 만큼)
❷ $S_T < X(= S_T - X < 0) \rightarrow y = 0$ (=수익 0)

그런데 이 두 가지 경우를 포괄하여 표현하는 방법이 있다. 바로 Max (A, B)라는 연산자를 사용하는 것이다. Max(A, B)는 둘 중에서 큰 숫자가 답이 되는 연산자이다. 따라서 예를 들어 2와 3 중에서는 3이 크므로 Max (2, 3) = 3이 성립하고 −10과 0 중에서는 0이 크므로 Max (−10, 0) = 0이 성립한다. 이 연산자를 콜옵션의 수익구조의 예에 적용해보면 콜옵션의 만기수익구조는 다음과 같다.

$$y = Max (0, S_T - X)$$

이 수식을 보면

❶ 만기 주가가 X보다 상승 시 행사 가격 대비 상승분만큼 이익,
❷ 만기 주가가 X보다 하락 시 상승분이 음수가 되면서 수익은 0의 구조가 정확히 표현되고 있다.

2   풋옵션

풋옵션에 대한 논의는 위에서의 콜옵션의 정의 중에서 '사들일 수 있는 권리'를 '팔아버릴 수 있는 권리'로 바꾸고 나서 나머지 논의를 그대로 적용하면 된다.

우선 다음의 개별 주식 풋옵션을 보자.

'A주식 1주를, 9월 둘째 목요일에, 주당 30만 원에, 매도할 수 있는 권리'

투자자는 두 가지 상황에 직면할 수 있다. 물론 이익구조는 콜옵션과는 정반대이다.

❶ 만기 시점에 A주식 주가가 30만 원 미만인 경우
❷ 만기 시점에 A주식 주가가 30만 원 이상인 경우

❶의 경우 풋옵션은 이익을 창출한다. 예를 들어 만기 시점 주가가 25만 원인 경우 시가가 25만 원으로 떨어진 주식을 풋옵션 덕분에 30만 원에 매도할 수 있으므로 무려 5만 원의 이익을 챙길 수 있다. 그런데 〈그림 2-2〉에 표시되어 있듯이 이익규모 5만 원은 바로 다름 아닌 '30만 원 대비 떨어진 만큼'에 해당하는 숫자이다. 결국 'A주식을 30만 원에 팔아버릴 수 있는 권리'로 정의되는 풋옵션의 이익규모는 '만기 시점 주가가 행사 가격 대비 떨어진 만큼'으로 나타나는 것이다. 따라서 풋옵션 자체를 '행사 가격 대비 떨어진 만큼 이익 볼 수 있는 권리'라고 정의해도 상관이 없다.

예를 들어 행사 가격이 100p인 KOSPI200 주가지수 풋옵션의 경우 만기 시점에 주가지수가 '100p보다 떨어진 경우 떨어진 만큼 이익보기'의 개념으로 이해하면 된다. 따라서 주가지수가 95p가 되면 5point만큼 이익이고, 90p가 되면 10point만큼 이익이다. 그리고 콜옵션의 경우와 마찬가지로 1point당 25만 원으로 환산하게 되어 있으므로 이익규모는 5point이면 125만 원, 10point이면 250만 원이 된다.

❷의 경우 풋옵션은 전혀 이익을 창출하지 못한다. 동시에 사후적으로 돈이 추가로

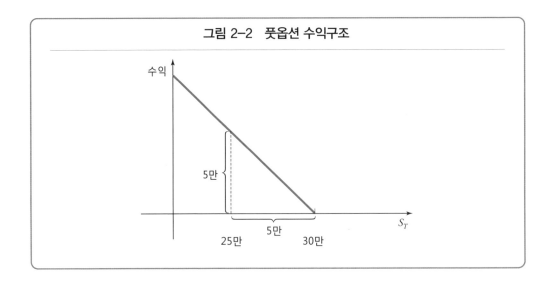

그림 2-2 풋옵션 수익구조

나갈 일은 없다. 만기 시점 주가가 30만 원보다 상승한 경우 권리행사를 포기하기 때문이다. 예를 들어 주가가 35만 원이 된 경우 35만 원이 된 주식을 30만 원에 팔 필요는 없다. 즉, 풋옵션은 주식을 30만 원에 팔아버릴 수 있는 '권리'이지 '의무'는 아니므로 권리를 포기하면 되는 것이다.

이제 이를 수식을 이용하여 표현해 보자. 만기 시점의 주가를 S_T, 옵션의 행사 가격을 X라 하면 ❶ 이익을 보게 되는 경우, ❷ 이익이 없는 경우에 대해 각각 다음의 수식으로 수익구조를 표현할 수가 있다.

❶ $S_T < X(=X-S_T>0) \rightarrow y=X-S_T$ (＝행사 가격 대비 떨어진 만큼)
❷ $S_T > X(=X-S_T<0) \rightarrow y=0$ (＝수익 0)

위에서와 같은 연산자를 쓰면 풋옵션의 만기수익구조는 다음과 같다.

$$y=Max\,(0,\ X-S_T)$$

이 수식을 보면 ❶ 만기 주가가 X보다 하락 시 행사 가격 대비 하락분만큼 이익 ❷ 만기 주가가 X보다 상승 시 하락분이 음수가 되면서 수익은 0이 되는 구조가 정확히 표현되고 있다.

section 02 옵션의 발행과 매수

옵션의 매수자 곧 '돈내고 사들이기' 포지션을 취한 투자자들에게는 기본적으로 다음의 두 가지 가능성이 주어져 있다.

❶ 옵션이 당첨될 경우 → 당첨금에 해당하는 액수를 수취할 수 있는 권리 발생
❷ 옵션이 낙첨이 될 경우 → 당첨금 0

이는 돈을 내고 보험에 가입한 가입자와 비슷하다.

반대로 옵션을 '돈 받고 발행'한 투자자는 어떤가. 그는 두 가지 상황에 대해 다른 결

과를 보인다.

❶ 옵션이 당첨될 경우 → 당첨금에 해당하는 액수를 지급해야 할 의무 발생
❷ 옵션이 낙첨이 될 경우 → 받은 돈 다 챙기기

이는 돈을 받고 보험상품을 제공하는 보험회사와 비슷하다.

따라서 옵션 매수자는 처음에 옵션 매수대금을 지급함과 동시에 자신의 '의무'를 다하게 되고 만기에 가서 권리가 발생하느냐 안하느냐의 상황에 처하게 된다. 반대로 옵션 발행자는 처음에 옵션 발행대금을 지급 받으면서 '권리'를 누리게 되고 이제 만기에 가서 당첨금을 지급해야 할 '의무'가 발생하느냐 안하느냐를 가려야 할 상황에 처하게 된다. 여기서 가장 큰 문제는 당첨금 액수이다. 한마디로 이는 사전적으로 알 수가 없다. 만기에 가서야 알 수가 있다. 따라서 투자자를 믿고 옵션 발행을 완전 자유화하면 아마 옵션 매수자로부터 돈을 일단 받은 후 이를 빼돌리고 당첨이 돼도 당첨금을 지급하지 못하는 사태가 나타날지도 모른다. 이와 같은 문제점을 해결하기 위해 거래소는 옵션 발행자에 한해 증거금제도를 운영하고 있다. 즉, 옵션을 발행하려면 옵션 프리미엄보다 훨씬 많은 규모의 증거금을 계좌에서 징구하게 된다. 따라서 계좌에 자금이 별로 없는 투자자는 옵션을 발행하기 힘들다. 물론 얼마 안 되는 자금으로도 매수는 얼마든지 할 수가 있다. 이처럼 발행자에게 부과하는 증거금의무로 인해 옵션의 공급은 무한대로 증가할 수는 없고 증거금 범위 내에서 발행자=공급, 매수자=수요 측면을 형성하면서 옵션시장이 형성되는 것이다.

section 03 콜옵션 매수·매도와 풋옵션 매수·매도의 기본적 구조

콜옵션 매수와 매도에 대해서 만기 수익구조를 분석해 보면 다음과 같이 나타난다.

1 콜옵션 매수(C(100) 매수, 매수 가격 1.06)

(1) 만기 총수익구조

콜매수 투자자 A는 만기까지 갈 경우 당첨금이 발생하거나 영이 되는 두 가지 상황에 처하게 된다. 따라서 투자금액을 무시한 만기 총수익구조는 〈그림 2-3〉과 같다.

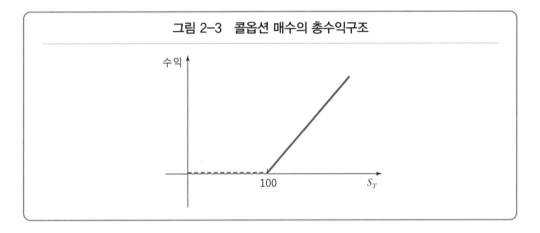

그림 2-3　콜옵션 매수의 총수익구조

(2) 콜옵션 매수의 만기 순수익구조

위에서 본 총수익구조는 만기에 가서 받게 될 수익의 구조를 정리한 것인데, 문제는 이 구조에는 초기 투자액수 부분이 포함되어 있지 않다는 점이다. 즉, A는 초기에 1.06만큼을 투자한 후에야 위와 같은 만기 총수익구조를 얻을 수 있었으므로 초기 투자액수를 감안할 경우 순수익구조는 〈그림 2-4〉와 같이 된다.

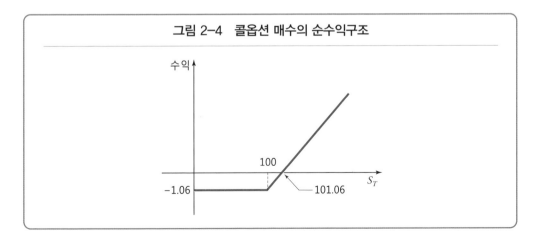

그림 2-4　콜옵션 매수의 순수익구조

(1) 만기 총수익구조

콜옵션 매도 투자자 B가 만기까지 포지션을 보유할 경우 당첨금을 지급하거나 영이 되거나 하는 두 가지 상황에 처하게 된다. 따라서 투자금액을 무시한 만기 총수익구조는 〈그림 2−5〉와 같다.

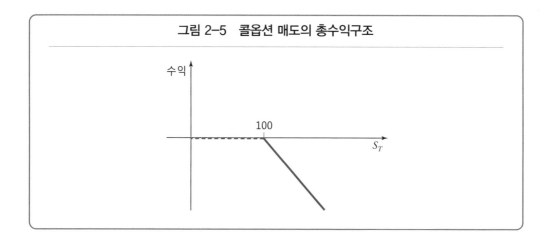

그림 2−5   콜옵션 매도의 총수익구조

(2) 콜옵션 매도의 만기 순수익구조

위에서 본 총수익구조는 만기에 가서 발생할 수익구조를 정리한 것인데 문제는 이 구조에는 옵션 발행에 따른 초기 수입 부분이 포함되어 있지 않다는 점이다. 즉, B는 초기에 1.05만큼 발행대금을 받았고 이에 따라 위에서와 같은 음의 만기 총수익구조를 가지게 되었다. 만일 만기에 이 옵션이 낙첨되어 아무런 지출이 발생하지 않을 경우 옵션발행대금을 모두 챙길 수 있게 되므로 순익이 발행하게 된다. 이를 감안할 경우 순수익구조는 〈그림 2−6〉과 같이 된다.

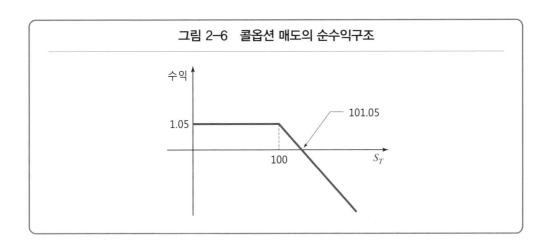

그림 2-6 콜옵션 매도의 순수익구조

3   풋옵션 매수

풋옵션에 대해서도 콜옵션과 동일한 논리가 적용되므로 풋옵션 매수 및 매도에 대한 순수익구조를 정리하면 다음과 같다. 단 예에서 풋옵션의 행사 가격은 콜옵션과 동일하게 100, 매수의 예에서는 1.2에 매수, 매도한 경우 1.19에 매도하였다고 가정하자.

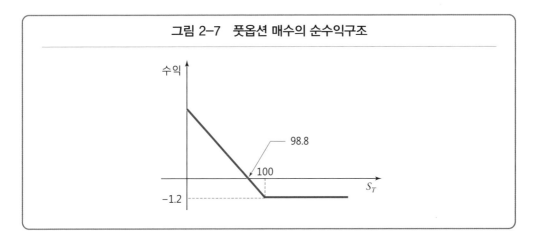

그림 2-7 풋옵션 매수의 순수익구조

4   풋옵션 매도

풋옵션 매도도 콜옵션 매도와 동일한 논리가 적용된다.

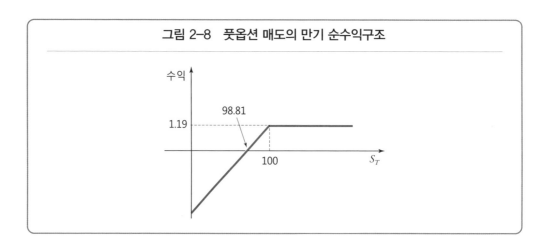

그림 2-8 풋옵션 매도의 만기 순수익구조

section 04 만기일 이전의 옵션거래

옵션은 복권과 유사한 특성이 있다. 당첨금이 행사 가격 대비 오른 만큼 혹은 떨어진 만큼 사후적으로 결정된다. 앞에서 본 주식옵션의 경우 만기일이 추첨일이고 만기일에 주식 가격이 30만 원을 초과하면 당첨, 못미치면 낙첨이 되는 구조를 가지고 있다. 따라서 만기일 이전의 불확실한 상황에서 옵션가치는 상황에 따라 수시로 변동한다. 예를 들어 만기일이 하루 남았는데 주식 가격이 25만 원이라면 행사 가격이 30만 원인 개별 주식 콜옵션은 거의 확실하게 낙첨이 된 상태이므로 가치가 거의 없다. 거래되어 보았자 1,000원이나 2,000원 정도의 낮은 가격을 형성할 것이다.

그러나 만기일이 3일 남은 상태에서 이미 주식 가격이 35만 원이고 시장이 계속 상승추세라면 이 복권은 당첨확률도 높고 당첨금도 상당한 수준이 될 것이라고 예측할 수 있다. 이 옵션의 유통 가격은 높아질 것이고, 이 옵션을 비싼 값에라도 매입하고자 하는 투자자가 나서게 되어 이 경우 꽤 비싼 가격에 팔아넘길 수 있게 된다.

결국 옵션 자체의 가격은 당첨 여부와 당첨금 예상 수준에 따라, 즉 기초자산인 주식의 움직임에 따라 같이 장단을 맞추면서 변하게 된다. 이때 옵션 자체의 가격을 옵션 프리미엄이라고 부르는데, 옵션 프리미엄의 변화율은 기초자산의 변화율보다 상당히 크게 된다. 이처럼 만기일 이전에 거래가 활발하게 일어나는 옵션의 경우 그때그때의 상태를 반영하여 프리미엄이 계속 변하게 되므로 현재 상태, 즉 만기일 이전 임의의 거래일에 기초자산 가격을 기준으로 내가격, 등가격, 외가격으로 구분하는 분류가 가능해진다. 이는 만기 시점 이전의 임의의 거래일에 옵션의 상태를 평가함에 있어서 현재 시점 기준으로 당첨 상태인가 낙첨 상태인가가 중요한 판단기준이 된다.

예를 들어보자. 〈그림 2-9〉에서 보듯이 $c(80)$, 즉 행사 가격이 80point인 콜옵션이 있다고 하자. 이 콜옵션의 프리미엄은 상황에 따라 급변하는데 이 변화하는 궤적이 곡선으로 나타나 있는 프리미엄의 궤적이다. 만일 현재 주가지수가 83point라면 $c(80)$은 기초자산의 현재가를 기준으로 당첨 상태이고 현재가 기준 당첨액은 3point이다(물론 이는 실제당첨금은 아니지만 옵션의 가치를 결정하는 데에 중요한 정보이다). 이때 $c(80)$이 내가격 상태(ITM : in-the-money)라고 표현하고 현재가 기준 당첨금 액수를 본질가치(IV : Intrinsic Value)라고 표현한다.

$c(80)$의 현재 시점 프리미엄이 3.5point라 하자. 이중에서 3point는 본질가치이다. 그렇다면 나머지 '0.5point'는 무엇인가? 이는 시간가치(time value)라고 부르는 요소이다. 앞으로 기초자산 가격이 더 오르면 더 이익을 볼 수 있다는 희망을 반영한 요소이다.

이제 현재 시점의 주가지수가 75point라 하자. 이 옵션은 현재가를 기준으로 낙첨인 상태이다. 이를 외가격 상태(OTM : out-of-the-money)라 한다. 이 경우 옵션의 현재 시점

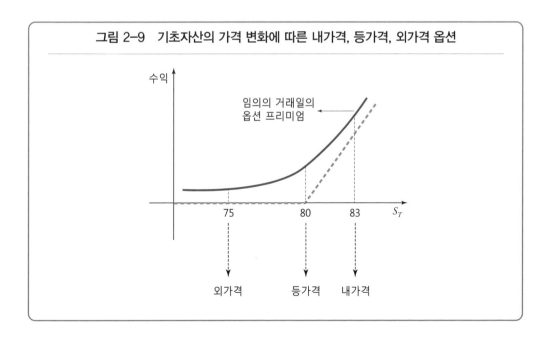

그림 2-9 기초자산의 가격 변화에 따른 내가격, 등가격, 외가격 옵션

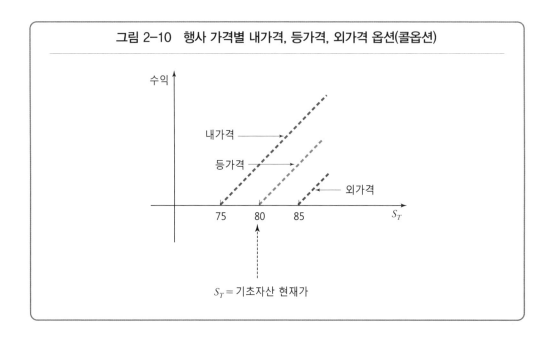

그림 2-10   행사 가격별 내가격, 등가격, 외가격 옵션(콜옵션)

S_T = 기초자산 현재가

프리미엄이 0.3point라면 본질가치는 0이고 시간가치가 0.3point로서 옵션가치 전체가 시간가치로 형성되어 있는 것이다.

이제 현재 시점 주가지수가 80point라고 하자. 이 옵션의 본질가치는 여전히 영이고 이에 따라 옵션의 현재 시점 프리미엄이 옵션의 시간가치에 의해서 형성되어 있는 부분은 외가격 옵션과 동일하지만 특별히 행사 가격과 기초자산의 현재 가격이 동일하다는 성격을 강조하여 이를 등가격(ATM : at-the-money) 옵션이라 한다.

행사 가격이 다른 여러 개의 옵션이 있는 경우는 어떤가? 〈그림 2-10〉에서 보듯이 기초자산의 현재가는 80p인데 행사 가격이 75p, 80p, 85p인 세 가지 옵션이 존재하는 경우 이들은 각각 내가격, 등가격, 외가격 옵션이 된다.

❶ $c(75)$는 현재가를 기준으로 5point만큼 당첨금이 발생한 상태이므로 내가격 옵션이다.

❷ $c(80)$은 현재가와 행사 가격이 동일하므로 등가격옵션이다.

❸ $c(85)$는 현재가 80point를 기준으로 아직도 낙첨 상태이므로 외가격옵션이다.

만기 시점 이전의 풋옵션 프리미엄 구조는 콜옵션과 거의 동일하다. 이는 〈그림 2-11〉에 표시되어 있다.

앞에서 본대로 콜옵션의 프리미엄은 기초자산 가격 증가 시 가치가 급하게 상승하는

구조를 가지고 풋옵션은 반대로 기초자산 가격 하락 시 가치가 급격하게 상승하는 구
조를 가진다.

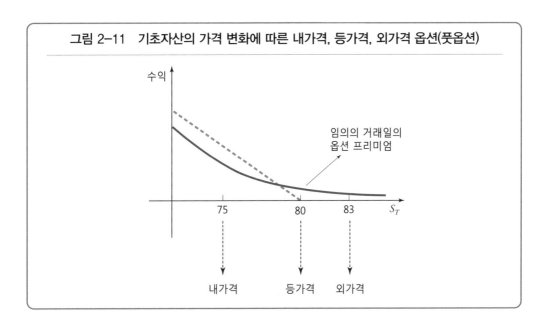

그림 2-11 기초자산의 가격 변화에 따른 내가격, 등가격, 외가격 옵션(풋옵션)

---

section 05 | 옵션 스프레드 전략

옵션 스프레드는 선물 스프레드처럼 만기, 행사 가격 등이 서로 다른 두 종류 이상의
옵션에 대해 각각 매도와 매수 포지션을 동시에 취하는 전략이다.

1 수평 스프레드와 수직 스프레드

미국의 월스트리트저널 등에서 옵션 프리미엄의 종가를 한꺼번에 나타내는 표를 보
면 세로방향으로는 서로 다른 행사 가격이 배열되고 가로방향으로는 서로 다른 만기구
조가 배열된다. 이러한 관행에 의거해서 수평 스프레드(horizontal spread)는 만기가 서로

다른 두 개의 옵션에 대해 매수 및 매도가 동시에 취해지는 경우를 의미하고, 수직 스프레드(vertical spread)는 행사 가격이 서로 다른 두 개 이상의 옵션에 대해 매수 및 매도를 동시에 취하는 경우를 의미한다. 빈도는 적지만 대각 스프레드(diagonal spread)는 만기도 다르고 행사 가격도 다른 두 개 이상의 옵션을 가지고 스프레드 포지션을 구축한 경우를 의미한다.

2 강세 스프레드

강세 스프레드(bull spread)는 대표적인 수직 스프레드이다. 이는 기초자산 가격이 상승 시 이익을 보는 포지션으로서 콜옵션과 풋옵션을 사용한 두 가지가 있다.

(1) 콜 강세 스프레드

행사 가격이 80인 콜옵션과 85인 콜옵션을 각각 $c(80)$과 $c(85)$라고 표시하자. 콜 강세 스프레드는 $c(80)$ 매수, $c(85)$ 매도 전략을 통해 포지션 구성을 하게 된다. 우선 옵션 프리미엄 부분은 잠시 보류하고 만기 시점의 총이익과 총손실을 그래프로 그려보자. 〈그림 2−12〉의 좌측은 $c(80)$의 매수 포지션이 만기 시점에서 창출한 이익구조를 그린 것이고 가운데는 $c(85)$의 매도 포지션이 만기 시점에서 창출한 총손실을 나타낸 것이다. 이제 두 그래프의 만기 시점 총손익을 합성하여 그래프를 그리면 우측과 같이 된다.

현실에서 이 포지션을 구축하는 데에는 초기 순지출(초기 비용)이 발생한다. 왜냐하면

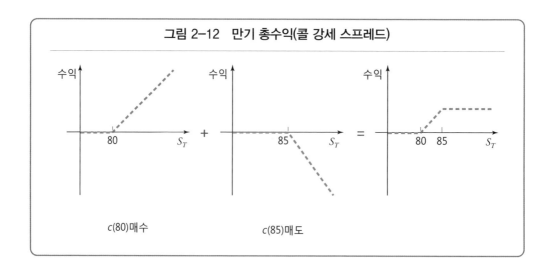

그림 2−12 만기 총수익(콜 강세 스프레드)

매수 대상인 $c(80)$이 매도 대상인 $c(85)$보다 값이 비싸기 때문이다. 초기 비용의 크기는 $c(80)$의 프리미엄과 $c(85)$의 프리미엄의 차이만큼이 된다. 즉, $c(80) - c(85)$가 되는 것이다. 이때 $c(80) > c(85)$이므로 $c(80) - c(85)$는 양수가 되어 초기 비용이 양수가 된다.

따라서 마지막으로 초기 순지출을 감안하여 만기 시점 순수익구조를 나타내면 〈그림 2−13〉과 같다.

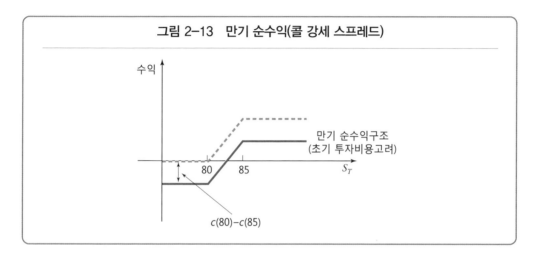

그림 2−13   만기 순수익(콜 강세 스프레드)

(2) 풋 강세 스프레드

풋옵션을 합성하여 강세 스프레드를 구성하는 방법은 이렇다. 행사 가격이 80인 풋옵션과 85인 풋옵션을 각각 $p(80)$과 $p(85)$라고 표시하자. 이때 풋 강세 스프레드는 $p(80)$ 매수, $p(85)$ 매도 전략을 시행하는 것을 의미한다. 이 전략을 시행할 경우 우선 만기 시점에서 총수익 구조는 〈그림 2−14〉와 같이 된다.

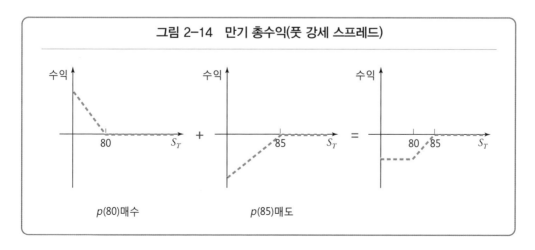

그림 2−14   만기 총수익(풋 강세 스프레드)

현실에서 이 포지션을 구축하는 데에는 초기 순수입(=초기 수익)이 발생한다. 왜냐하면 매수 대상인 $p(80)$이 매도 대상인 $p(85)$보다 값이 싸기 때문이다. 초기 수익의 크기는 $p(80)$의 프리미엄과 $p(85)$의 프리미엄의 차이 만큼이 된다. 즉, $p(85)-p(80)$이 되는 것이다. 이때 $p(80)<p(85)$가 성립하므로 $p(85)-p(80)$은 양수가 되어 초기 수익이 양수가 된다. 따라서, 초기 순수입을 감안하여 만기 시점 순수익구조를 나타내면 〈그림 2-15〉와 같다.

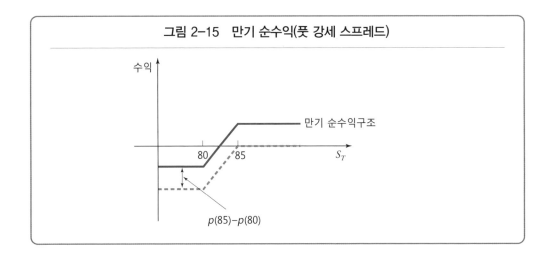

그림 2-15   만기 순수익(풋 강세 스프레드)

콜이나 풋 옵션으로 합성한 강세 스프레드의 특징은 그림에서 보는 대로 제한된 손실과 이익으로 요약될 수 있다. 기초자산 가격이 80 이상 상승할 가능성이 크기는 하지만 그 상승폭이 제한적일 것 같다고 예상을 할 경우 강세 스프레드가 유용하다. 이익의 규모는 제한되어 있더라도 기초자산 가격이 상승 시에 이익을 본다는 점에서 강세 스프레드라는 이름이 붙어 있다.

콜 강세 스프레드의 경우 80 이상 상승 시 이익을 보는 $c(80)$ 옵션을 매수하되 85 이상 상승 시 손실을 보도록 하는 $c(85)$를 매도함으로써 초기 투자비용을 줄이고 시장이 85 정도까지 제한적으로 상승 시 $c(85)$가 무효화되는 경우를 전제로 투자를 하되 혹시라도 기초자산 시장가가 85 이상으로 상승할 경우에도 5만큼의 수익이 보장된다는 점에서 이 포지션은 투자비용과 수익을 제한하는 방법을 통해 내재된 위험관리 장치가 작동하도록 하는 포지션이라는 특징이 있다. 풋 강세 스프레드도 마찬가지 특징을 가진다.

또 하나 실제 거래를 해볼 경우 강세 스프레드가 가진 장점은 시간가치 감소로부터 상당 부분 자유롭다는 점이다. 옵션만을 보유하는 경우 빨리 상승해야 이익이지 시간이 지체되면 프리미엄이 떨어져 버리는데 이를 시간가치 감소라 한다. 이에 비해 강세 스프레드 포지션을 보유할 경우 시장 가격 상승이 늦어져도 느긋해진다. 왜냐하면 매수한 옵션은 시간가치 감소로 인해 손해를 보지만 매도 대상 옵션도 시간가치 감소가 일어나기 때문에 매도 대상 옵션의 시간가치 감소는 투자자에게 유리하게 작용하므로 전체적으로 유리한 부분과 불리한 부분이 상쇄가 되는 특징이 있다. 결국 시간가치 감소 현상의 영향이 매우 작아지게 되므로 상승이 더디어지더라도 포지션을 계속 보유해도 된다는 장점이 있다.

3 약세 스프레드

약세 스프레드(bear spread)는 강세 스프레드와 정반대의 수익구조를 가진다. 기초자산 가격이 오를 경우 손실을 보게 되고 떨어질 경우 이익을 보게 된다. 이 전략도 강세 스프레드처럼 콜옵션과 풋옵션을 사용한 경우가 다 가능하다.

(1) 콜 약세 스프레드

콜옵션을 이용한 약세 스프레드의 경우 행사 가격이 낮은 콜옵션을 매도하고 행사 가격이 상대적으로 높은 콜옵션을 매수하는 포지션을 구성하게 된다.

그러면 우선 옵션 프리미엄 부분은 잠시 보류하고 만기 시점의 총수익구조만을 그래프로 그려보자. 〈그림 2-16〉의 좌측은 $c(80)$의 매도 포지션이 만기 시점에서 창출한 손실구조를 그린 것이고 가운데는 $c(85)$의 매수 포지션이 만기 시점에서 창출할 총이익을 나타낸 것이다. 이 두 가지 그림은 프리미엄 부분을 일단 보류하고 그래프로 나타낸 것이다. 즉, 두 그래프의 만기 시점 총수익을 합성하여 그래프로 그리면 우측과 같이 된다.

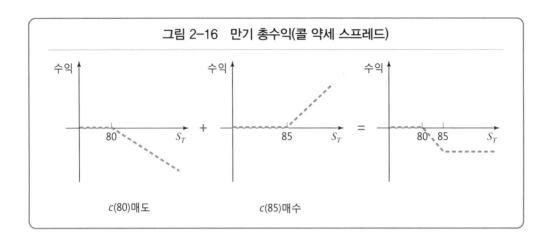

그림 2-16 만기 총수익(콜 약세 스프레드)

현실에서 이 포지션을 구축하는 데에는 초기 순수입(=초기 수익)이 발생한다. 왜냐하면 매수대상인 $c(85)$가 매도대상인 $c(80)$보다 값이 싸기 때문이다. 초기 수익의 크기는 $c(80)$의 프리미엄과 $c(85)$의 프리미엄 차이 만큼이다. 즉, $c(80) - c(85)$가 되는 것이다. 이때 $c(80) > c(85)$가 성립하므로 $c(80) - c(85)$은 양수가 되어 초기 수익이 양수가 된다. 따라서 이를 감안한 최종적인 순수익구조는 〈그림 2 − 17〉과 같다.

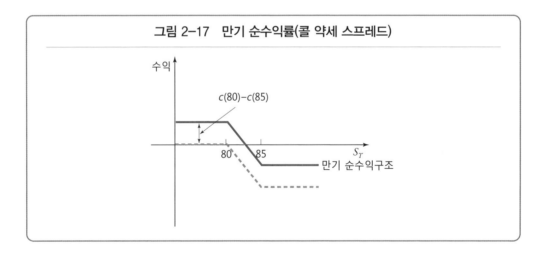

그림 2-17 만기 순수익률(콜 약세 스프레드)

(2) 풋 약세 스프레드

풋옵션을 이용한 약세 스프레드는 '$p(80)$ 매도, $p(85)$ 매수'의 방법으로 구성한다. 즉, 낮은 행사 가격을 가진 풋옵션을 매도하고 높은 행사 가격을 가진 풋옵션은 매수하는 방법을 통해 합성이 된다. 이 포지션의 특성은 위에서 본 것과 크게 다르지 않으며 만기 총수익구조에서 알 수 있듯이 이 포지션 구축을 위해서는 초기 비용이 발생하므로 이 비용을 감안 시 최종적인 만기 순수익구조는 〈그림 2-18〉과 같이 된다.

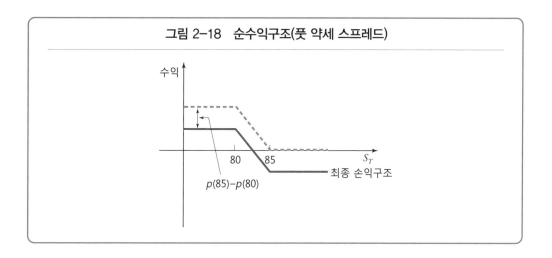

그림 2-18 순수익구조(풋 약세 스프레드)

4 레이쇼 버티컬 스프레드(Ratio Vertical Spread)와 백 스프레드(Back Spread)

이 두 가지 스프레드는 행사 가격이 낮은 콜옵션과 높은 콜옵션을 매입하고 매도함에 있어서 그 비율을 다르게 할 경우에 나타나는 포지션이다. 앞에서 본 콜 강세 스프레드의 경우 행사 가격이 $c(80)$ 매수, $c(85)$ 매도를 하였는데 이때 매수대상 옵션과 매도대상 옵션 계약의 비율은 1 : 1로 동일하였다. 이때 이 비율을 1 : 1이 아니라 1 : 2로 가져갈 경우 레이쇼 버티컬 스프레드와 백 스프레드 포지션이 취해지게 된다. 단 여기서 1 : 2의 비율은 하나의 예시라고 보면 된다. 1 : 1이 아닌 1 : 3도 될 수 있고 1 : 1.5도 될 수 있다.

(1) 콜 레이쇼 버티컬 스프레드

예를 들어 비싼 옵션 한 계약과 싼 옵션 두 계약이라는 비율을 생각해 볼 수 있는데 이를 그림으로 나타내면 〈그림 2-19〉와 같다. 그리고 〈그림 2-20〉처럼 초기 순수입의 경우라면 순수익구조가 약간 위로 이동할 것이고, 초기 순지출이 발생할 경우라면 〈그림 2-21〉처럼 순손익구조는 약간 아래로 이동할 것이다.

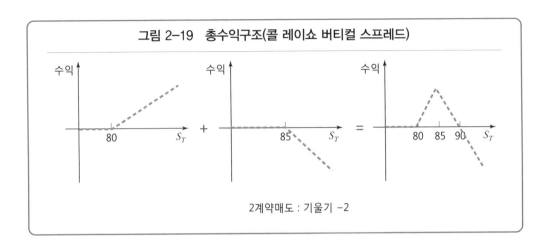

그림 2-19 총수익구조(콜 레이쇼 버티컬 스프레드)

2계약매도 : 기울기 -2

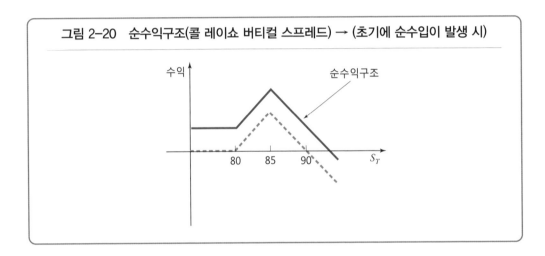

그림 2-20 순수익구조(콜 레이쇼 버티컬 스프레드) → (초기에 순수입이 발생 시)

순수익구조

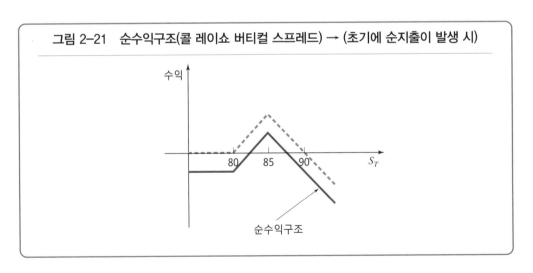

그림 2-21 순수익구조(콜 레이쇼 버티컬 스프레드) → (초기에 순지출이 발생 시)

순수익구조

〈그림 2-20〉과 〈그림 2-21〉을 보면 레이쇼 버티컬 스프레드의 특성이 잘 보인다. 이 포지션을 취한 투자는 기본적으로 기초자산 가격이 85 근처에서 머물 때 가장 큰 이익을 본다. 그러나 상승이나 하락할 경우에는 비대칭적인 수익구조가 창출된다. 따　라서 이 포지션을 취하는 투자자의 사전적인 시장 움직임 예상은 다음과 같이 요약될 수 있다.

확률이 가장 높은 경우는 시장이 85 근처에서 횡보하는 상황이다. 따라서 횡보 시 가장 큰 이익을 보도록 포지션이 구성되어 있기 때문이다.

다음으로 가격이 상승 혹은 하락을 하는 경우 80 이하로 하락 가능성이 더 크고 90 이상으로 상승할 가능성이 더 작다. 따라서 하락 시에는 순손실이 거의 없도록 막아놓고 상승 시에는 손실을 봐도 되도록 포지션이 구성되어 있다.

결국 '85 근처에서 횡보 가능성>80보다 하락할 가능성>90보다 상승할 가능성'의 순서대로 가능성이 진단될 경우 이 포지션은 이 예상 구조를 토대로 한 가지 가능성을 취할 수 있게 해준다는 면에서 의미가 있다.

(2) 풋 레이쇼 버티컬 스프레드

풋옵션을 이용한 레이쇼 버티컬 스프레드는 '$p(90)$ 한 계약 매수, $p(85)$ 두 계약 매도'에 의해 구성된다. 이 포지션의 만기 수익구조는 〈그림 2-22〉에서 보는 것처럼 콜옵션을 이용한 경우와 다르게 된다. 즉, 85근처 횡보 시에 가장 큰 이익을 보지만 상승과 하락 부분에 있어서 콜옵션을 이용한 경우와는 반대의 상황을 창출한다. 즉, 다음과 같은 시장 가격 예상을 토대로 이 포지션을 취하면 의미가 있게 되는 것이다.

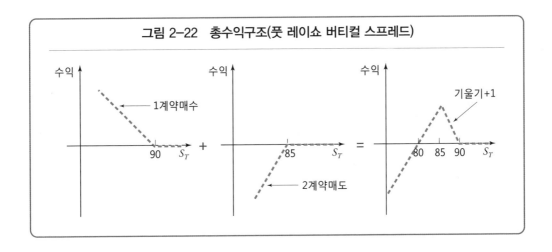

그림 2-22 총수익구조(풋 레이쇼 버티컬 스프레드)

❶ 85 근처에서 횡보할 가능성이 가장 크다.

❷ 횡보가 아닌 경우 90 이상 상승 가능성이 더 크고 80 이하 하락 가능성은 작다.

(3) 콜 백 스프레드

레이쇼 버티컬 스프레드와 정반대로 매수와 매도를 바꿔서 포지션을 취할 경우 백 스프레드 포지션이 구성이 된다. 우선 콜옵션으로 구성한 콜 백 스프레드는 〈그림 2-23〉과 같이 구성된다. 이 포지션은 레이쇼 버티컬과는 정반대로 횡보 시 손실을 보게 되고 상승 시 이익, 하락 시 손익제로의 구조를 가지고 있다.

즉, ① 90 이상 상승, ② 80 이하 하락, ③ 85 근처에서 횡보의 순서로 시장에 대한 예상이 형성될 경우 이 예상 구조를 토대로 포지션을 구성하여 ①의 예상이 맞을 경우 이익을 낼 수 있게 된다.

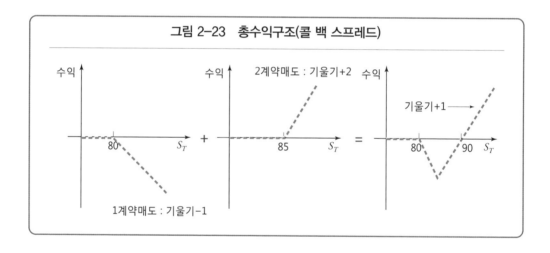

그림 2-23   총수익구조(콜 백 스프레드)

(4) 풋 백 스프레드

풋옵션을 이용한 백 스프레드 역시 풋옵션을 이용한 레이쇼 버티컬 스프레드와 매수, 매도를 정반대로 취하면 된다. 이 포지션의 특징은 〈그림 2-24〉에 나타나 있다. 이 포지션은 85 근처에서 횡보 시 손실을 보게 되고 80 이하로 하락 시 이익을 보게 되며 90 이상 상승 시에는 손익이 영에 가까워지는 특징이 있다.

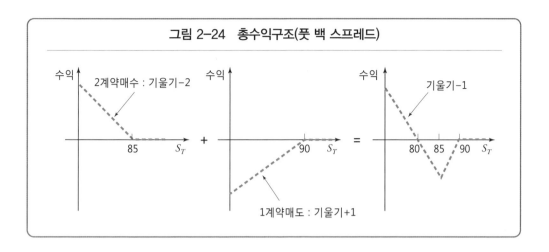

그림 2-24　총수익구조(풋 백 스프레드)

5　스트래들(Straddle)

　스트래들 포지션은 동일한 만기와 동일한 행사 가격을 가지는 두 개의 옵션, 즉 콜과 풋옵션을 동시에 매수함으로써 구성되는 포지션이다. 이는 기초자산 가격이 현재 시점에 비해 크게 상승하거나 하락할 경우 이익을 보게 되고 횡보할 경우 손실을 보게 되는 포지션이다. 이처럼 스트래들 포지션은 기초자산 가격의 방향성은 상관없이 변동성이 클 것이다 혹은 작을 것이다에 대해 배팅을 할 수 있도록 한다. 이는 옵션 이외의 자산

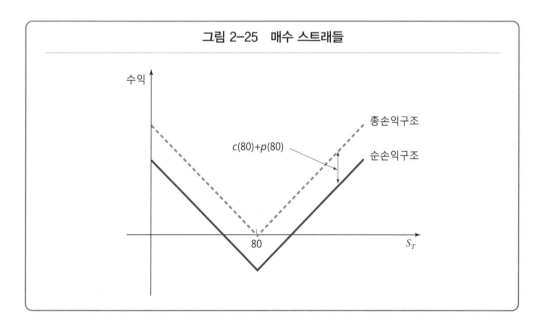

그림 2-25　매수 스트래들

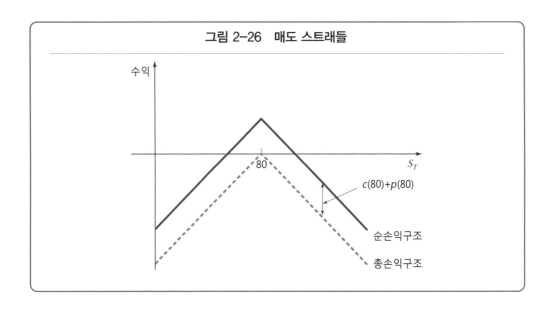

그림 2-26   매도 스트래들

으로는 구성이 거의 불가능한 독특한 전략이라고 볼 수 있다.

　동일한 행사 가격을 가진 풋옵션과 콜옵션을 동시에 매도하는 경우 이를 매도 스트래들이라 하는데, 이는 변동성이 작을 것이라는 예상을 토대로 취하게 되는 포지션이다.

　매수 스트래들과 매도 스트래들의 두 포지션을 그림으로 나타내면 〈그림 2 − 25〉와 〈그림 2 − 26〉과 같다.

6   스트랭글(Strangle)

　스트랭글은 기본적으로 스트래들과 거의 동일한 포지션으로서 콜옵션과 풋옵션을 동시에 매수하는 전략이다. 이때 스트래들과 다른 점은 매수대상이 되는 콜과 풋옵션의 행사 가격이 서로 다르다는 점이다. 즉, 스트래들이 $c(80)$과 $p(80)$을 동시에 매수하는 전략이라면 스트랭글은 행사 가격이 $c(85)$와 $p(75)$를 동시에 매수하는 전략이다. $c(85)$의 프리미엄은 $c(80)$보다 싸고 $p(75)$의 프리미엄 역시 $p(80)$보다 작다. 결국 스트랭글은 행사 가격이 다른 풋옵션과 콜옵션을 매수함으로써 기초자산 가격 변동이 클 것이라는 예상을 토대로 투자를 하되 스트래들보다 초기 투자비용이 절약되는 투자라고 볼 수 있다. 〈그림 2 − 27〉과 〈그림 2 − 28〉에는 매수 스트랭글과 매도 스트랭글 포지션이 표시되어 있다.

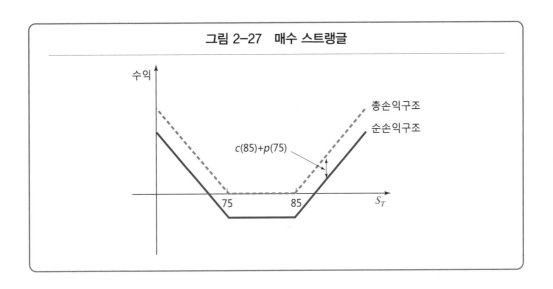

그림 2-27   매수 스트랭글

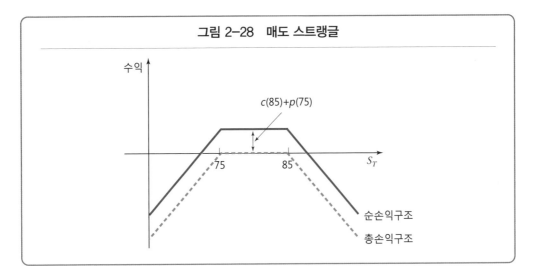

그림 2-28   매도 스트랭글

section 06 옵션 민감도 분석

옵션의 프리미엄을 함수로 볼 때, 이 함수는 기초자산의 현재가, 행사 가격, 이자율, 변동성, 잔여만기의 영향을 받는 함수로 표시할 수 있다. 이처럼 가격 결정 공식이 구해지

chapter 2 옵션   **139**

고 나면 당연히 따라오는 수순은 이 공식에 근거해 볼 때 주어졌다고 본 독립변수들의 변화에 대해 옵션 프리미엄이 어떻게 반응하는가 하는 민감도를 따져보는 과제이다. 이들 민감도는 각각 델타, 감마, 쎄타, 베가, 로라고 이름이 붙어서 지표화되어 있다. 이들은 옵션을 이해함에 있어서 매우 중요한 지표이다. 먼저 옵션 민감도 지표를 살펴본다.

1　델타(△)

델타는 기초자산의 가격이 변화할 때 옵션 프리미엄이 얼마나 변하는가 민감도를 보여 주는 지표이다.

예를 들어 〈그림 2-29〉에서 보듯이 행사 가격이 100인 콜옵션의 경우 현재가가 100이라면 등가격 상태(ATM)가 되는데, 이 경우 델타값은 약 0.5가 된다. 또한 ITM 옵션의 경우 기울기가 0.5보다 커지면서 심내 가격(deep in-the-money)의 경우 1까지 증가한다. 또한 반대로 심외 가격(deep out-of-the-money)의 경우 기울기는 0까지 감소한다. 따라서 콜옵션의 델타는 0에서 1사이의 값을 가지게 된다.

반대로 풋옵션의 경우 −1에서 0까지의 값을 가지게 된다. 옵션의 델타값을 해석함에 있어서 이를 옵션의 프리미엄이 기초자산의 변화를 반영하는 속도(speed)로 해석할 수도 있다. 속도라는 개념은 거리를 시간으로 미분한 일차 미분치로 해석이 가능하므로 민감도의 또다른 해석으로 받아들이면 된다.

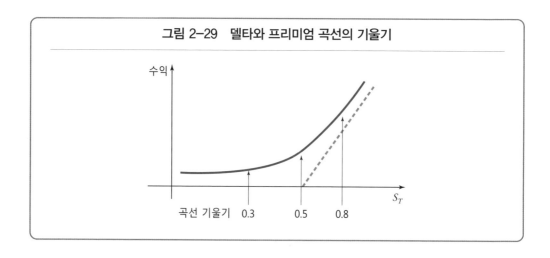

그림 2-29　델타와 프리미엄 곡선의 기울기

2 감마(Γ)

감마는 기초자산의 변화에 따른 델타값의 변화비율을 나타내는 값이다.

또한 감마는 델타가 변하는 속도인데 델타는 속도라고 볼 수 있으므로 속도가 변하는 속도는 곧 가속도가 된다. 따라서 기초자산의 변화에 따른 옵션 프리미엄 변화의 가속도로 해석할 수 있다.

〈그림 2-29〉에서 보듯이 콜옵션의 프리미엄 구조를 그래프로 나타내면 그래프의 기울기 변화가 가장 큰 지점, 곧 가장 볼록한 지점은 바로 기초자산 가격이 행사 가격과 비슷한 지점이 된다. 즉, 옵션이 ATM인 경우가 가장 옵션의 볼록도가 커지는 점이 된다. 반면에 기초자산 가격이 행사 가격으로부터 멀어질수록 옵션의 프리미엄 구조의 기울기 변화가 거의 없다. 즉, 프리미엄 구조가 거의 직선에 가깝게 되고 따라서 옵션의 감마값은 기초자산의 현재가가 X 근처에 있을 때 가장 커지게 된다.

3 쎄타(θ)

쎄타값은 시간의 경과에 따른 옵션 가치의 변화분을 나타내는 지표이다. 이 값은 옵션의 시간가치 감소(time decay)를 나타내는데, 일반적으로 콜옵션이나 풋옵션을 보유한 투자자는 큰 변화가 없이 시간만 경과할 경우 두 옵션의 시간가치가 감소함에 따라 손실을 보게 된다.

4 베가(Λ)

변동성 계수의 증가에 따른 옵션 프리미엄의 증가분을 나타내는 지표가 베가이다. 일반적으로 변동성 계수는 시장의 급등락 가능성이 커질 경우 증가하게 된다. 옵션은 만기 수익구조가 비대칭인 자산이다. 콜옵션의 경우 가격 상승 시 당첨, 떨어지면 낙첨이 되므로 기초자산 가격이 부드럽게 변하는 경우보다는 급변하는 경우를 선호하게 된다. 떨어지면 어차피 낙첨이지만 오를 경우 크게 오르는 경우를 선호하게 되기 때문이다. 결국 기초자산의 변동성이 증가하면 콜옵션과 풋옵션 모두 가치가 상승하게 된다.

5 로(ρ)

로는 금리의 변화에 따른 옵션 프리미엄의 민감도를 나타내는 지표이다.

이때 콜옵션의 로값은 양수이고 풋옵션의 로값은 음수이다. 콜옵션은 자신에게 유리할 경우 행사 가격을 지불하고 기초자산을 매입할 수 있는 권리를 의미하는 바 여기서 미리 정해진 값은 '지불할 액수'이다. 반대로 풋옵션은 자신에게 유리할 경우 기초자산을 넘기고 행사 가격만큼을 받을 수 있는 권리이므로 미리 정해진 것은 '수취할 액수'이다.

따라서 만기 전에 금리가 상승할 경우 콜옵션의 경우 '지불할 돈'의 현재가치가 감소하고 풋옵션의 경우 '받을 돈'의 현재가치가 감소한다. 결국 금리 상승은 콜옵션에게는 호재이고 풋옵션에게는 악재이다.

또한 여기서 한가지 더 언급될 부분은 금리 상승이 기초자산의 가격을 상승 시키거나 하락 시키는 부분은 로값과 상관이 없다는 점이다. 즉, 모든 다른 조건이 일정한 상태에서 금리만 상승할 경우를 전제로 로값이 정의되므로 금리의 상승이 가져오는 기타의 변화는 해당 지표에서 파악되어야 한다.

이제 옵션 자체의 민감도 부호를 정리해 보면 다음과 같다.

	콜옵션	풋옵션
델타	+	−
감마	+	+
쎄타	−	−
베가	+	+
로	+	−

* 매수 포지션을 나타낸 것이며, 매도 포지션인 경우 부호는 반대임.

section 07 | 금리선도계약(FRA : Forward Rate Agreement)

금리선도계약은 미래의 일정 시점에서 필요한 자금을 조달이나 운용을 함에 있어서 자금조달 금리 내지는 자금운용 금리를 미리 고정시켜 놓는 계약을 의미한다. 이때 주의할 것은 FRA계약이 NDF(현금결제선물환 : Non−Deliverable Forward)결제방식을 채택하고 있다는 점이다. 즉, 만기에 가서 양 당사자 간에 자금의 인수도가 일어나지 않고 만기 시점의 실현금리와 미리 계약한 계약금리 간의 차액만 결제하는 방식으로 결제가 이루어지게 된다는 점이 중요한 특징이다. 우선 이에 대해 자세히 설명해보자.

우선 현재 시점(계약 시점)에서 다음 사항이 계약을 통해 확정된다.

❶ 거래대상 : 달러자금
❷ 만기 : 3개월 후
❸ 수량 : 100만 달러
❹ 가격 : 5%(90일 금리)
❺ 매수자 : A
❻ 매도자 : B
❼ 변동금리지표 : 90일 LIBOR

이처럼 3개월 후에 발표되는 3개월 금리에 대한 FRA계약을 3×6 FRA라 한다. 금리 발표시점은 3개월 후 그리고 발표되는 금리의 만기는 지금부터 6개월 후라는 얘기이다. 따라서 3개월 후에 발표되는 6개월 금리에 대한 FRA는 3×9 FRA가 되고 1달 후에 발표되는 3개월 금리에 대한 FRA는 1×4 FRA가 된다.

FRA매수자는 자금의 조달자, 즉 자금차입자로 보면 된다. 금리비용(자금 사용 비용)을 지불하고 자금을 일정 기간 빌려다가 사용하고 만기에 가서 원금을 상환하는 것으로 파악하면 된다. 마찬가지로 FRA매도자는 자금의 운용자 내지는 대여자로서 금리를 받고 일정기간 자금의 사용권을 내주었다가(빌려주었다가) 만기에 가서 원금을 되돌려 받는 경우와 연결시키면 된다. 금리라는 비용을 지불하고 자금을 가져다가 쓰는 매수자와 금리를 받고 자금을 공여한 후 나중에 원금을 돌려받는 상황을 가정하면 된다.

이제 만기 시점에서 LIBOR금리가 6%가 되었다고 하자. 이 경우 FRA매수가 이익을 보고 FRA매도가 손해를 보게 된다. 이때 결제금액은 다음과 같다.

$$결제금액 = \frac{100만\ 달러 \times |6-5|\% \times \dfrac{90}{360}}{1 + 6\% \times \dfrac{90}{360}}$$

이에 대해 자세히 보자. 우선 3개월 후에 확정되는 3개월 금리는 지금부터 6개월 후, 즉 금리가 확정된 후 3개월이 지나서 결제해야 정상이다. 그런데 FRA계약에서는 이를 금리확정 시점인 3개월 후에 미리 결제하게 되므로 이 경우 조기결제 부분을 감안하여 결제액수를 할인하게 된다. 이것이 A의 계산식에서 분모에 나타나는 부분이다.

〈그림 2−30〉은 FRA매수 및 매도를 NDF계약으로 파악 시 이 포지션이 왜 '자금조달비용 고정시키기'와 '자금운용수익 고정시키기'로 연결되는지 보여주고 있다. 이 그림에서 보면 FRA매수자는 3개월이 지난 후 금리가 6%가 되어 자금시장에서 자금조달금리를 6% 지급하고 자금을 조달하지만 FRA계약을 통해 결제금액의 1%에 상당하는 액수를 수취하므로 결론적으로 조달금리를 5%로 고정시키는 효과를 보고 있다.

또한 FRA매도자는 자금시장에서 자금을 운용하면서 금리를 6% 수취하지만 FRA매도 포지션으로 인해 결제금액 1%를 지급하게 되므로 운용금리를 5%로 고정시키는 효과가 있다. 이때 고정금리 수준은 해당 기간에 해당하는 내재선도금리가 된다.

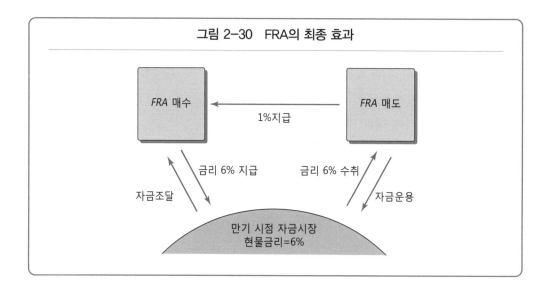

그림 2−30 FRA의 최종 효과

chapter 03

스왑

금리스왑의 기초

    두 개의 서로 다른 자금흐름(cash flow)을 일정기간 동안 서로 교환하기로 계약하는 거래인 스왑은 장외상품이라는 특성으로 인해 두 개의 서로 다른 현금흐름을 계약자들이 얼마든지 자유롭게 정할 수 있고 크기나 결제조건 등을 자유롭게 결정할 수 있으므로 스왑거래자들은 자신이 당면한 위험구조에 따라 새로운 현금흐름 구조를 창출해 낼 수 있다. 스왑은 이처럼 융통성 있는 장외계약이라는 점으로 인해 그 규모는 날로 성장하고 있으며, 파생상품 계약 자체에서 가장 많은 계약고를 기록하고 있다.

    금리스왑의 정의를 예를 들어 설명해보자.

❶ 원금 : 1,000만 달러
❷ 기간 : 5년

❸ 결제주기 : 6개월

❹ 변동금리지표 : 6개월 LIBOR

❺ 고정금리 : 4%

❻ 지불자 : A

❼ 수취자 : B

1 **금리스왑의 결제**

이제 〈그림 3-1〉을 보자. 우선 그림에 나타난 시점에 대해 살펴보자. 스왑계약의 시작 시점을 0시점으로 보고 6개월 후를 1시점, 1년 후를 2시점으로 보면, 스왑계약의 만기 시점은 10시점으로 표시된다. 즉 결제주기인 6개월 단위로 10회의 결제가 이루어지는 것으로써 10시점까지 시점을 정의하고 있다.

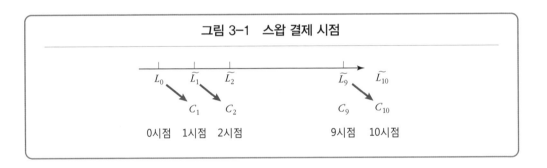

그림 3-1   스왑 결제 시점

여기서 t시점에서 실제 실현된 LIBOR(6개월) 금리가 $\widetilde{L_t}$로 정의되고 있다. 이 경우 우리는 정의된 시점에서 실현되는 금리들을 다음과 같이 나열해 볼 수 있다.

L_0, $\widetilde{L_1}$, $\widetilde{L_2}$, $\widetilde{L_3}$, …… $\widetilde{L_9}$, $\widetilde{L_{10}}$(단, L_0는 현재 이 값을 알고 있으므로 $\widetilde{L_0}$로 표시하지 않았다).

이제 금리스왑계약의 시작 시점인 0시점에서 L_0가 5%라 하자.

이를 토대로 결제액수를 산정해보자.

❶ A는 4% 주고 5% 받기 → 1% 수취

❷ B는 4% 받고 5% 주기 → 1% 지급

결국 B가 A에게 1%를 지급하면 된다. 지급액수가 확정되는 것이다. 그러면 이 1%에 대한 결제액수는 얼마인가? 결제주기가 6개월이므로 실제 결제액수를 C_1이라 하면 $C_1 = 1,000$만 $\times 1\% \times \dfrac{6}{12} = 5$만 달러가 된다.

여기서 중요한 것은 이렇게 계약 시작 시점인 0시점에서 그 시점의 금리에 의해 정의된 결제액수 C_1은 1시점, 즉 6개월 후에 결제된다는 것이다. 이제 이를 확장해보면 다음과 같다.

C_2, 즉 2시점＝1년 후 결제액수는 6개월 후, 즉 1시점에서 결정된 후 6개월 후에 결제된다. 만일 1시점＝6개월 후 LIBOR 금리도 5%였다면 C_2 역시 5만 달러가 되고 1년 후 B가 A에게 5만 달러를 지급하면 된다.

위의 내용을 정리하면,

❶ 1시점에서 결제되는 금액은 0시점에서 정해진 금액이고
❷ 2시점 결제금액은 1시점에서 이미 결정된 금액이다.

그렇다면 5년 후 결제되는 금액 C_{10}은 4년 반 후 시점에서 정해진 금액이므로 해당 스왑계약에서 $\widetilde{L}_{10}$은 어느 곳에도 적용되지 않는 금리가 된다. 따라서 일반적인 스왑계약에서 t시점의 결제액수는 다음과 같이 표시된다.

$$C_t = A \times |L_{t-1} - k| \times \dfrac{\mathrm{D}}{12}$$

단, A : 스왑의 계약원금

　k : 미리 정한 고정금리

　D : 결제시점 간의 간격(개월 수)

　L_{t-1} : $t-1$ 시점에서 실현된 LIBOR 금리

여기서 C_t에 대해 L_{t-1}이 나타나고 있음을 유의하자.

2 　스왑시장의 특징

일반적으로 임의의 기업이 국제금융시장에서 실제로 스왑을 할 경우 이 기업은 거래 상대방을 직접 찾을 필요가 없다. 즉 앞의 예에서처럼 A는 B를, 또 B는 A를 직접 찾아나설 필요가 없다는 것이다. 국제금융시장에는 많은 은행 혹은 투자은행이 있고 이들은

스왑거래에 있어 중개역할 내지는 시장조성자(market maker) 역할을 하고 있다. 여기서 시장조성자 역할이란 단순하게 스왑계약의 상대방을 찾아주는 역할(brokerage)만이 아니라 자신이 직접 스왑거래의 상대방이 되는 역할(warehousing)까지를 포함한 개념이다.

즉 구체적인 거래대상, 예를 들어 외환이나 채권같이 눈에 보이는 자산을 대상으로 한 것이 아니라 스왑같은 계약에서 고객과 정확하게 반대되는 포지션을 언제든지 취할 준비가 되어 있다는 개념으로 해석이 가능한 것이다. 따라서 이를 웨어하우징이라는 단어로 나타내기 시작하였고 지금은 일반적으로 많이 쓰이는 말이 되었다.

시장조성자로서의 스왑 전문기관들은 고정금리 수취/변동금리 지급 포지션을 원하는 A기업에 대해서는 B기업의 역할, 즉 고정금리 지불/변동금리 수취의 역할을 감당하고 반대로 B기업이 상대방을 찾을 경우 A기업의 역할을 대신해 주는 것이다. 따라서 스왑 계약을 체결하고자 하는 기업들은 이러한 스왑 전문기관을 찾아서 언제든지 자신이 원하는 형태의 스왑을 체결할 수 있다.

section 02 | 통화스왑

금리스왑만큼 빈번하지는 않지만 금리스왑 다음으로 자주 쓰이는 스왑거래가 통화스왑이다. 통화스왑의 가장 큰 특징은 금리스왑과는 달리 실제 원금이 교환된다는 점이다. 따라서 통화스왑의 구조는 비교적 간단하게 이해될 수 있다. 투자자 A와 B가 각각 자신이 가장 유리한 조건으로 조달할 수 있는 통화표시의 자금을 차입한 후 이렇게 조달한 자금을 서로 교환하여 운용한다. 물론 운용하는 동안에는 자기가 운용하는 자금에 대한 이자를 상대방 대신 내주게 된다.

예를 들어보자. A는 엔자금을 아주 유리한 조건으로 차입할 수 있고 B는 달러자금을 유리한 조건으로 차입할 수 있다고 하자. 그런데 A는 달러자금이 필요하지만 B만큼 유리한 조건으로는 조달할 수 없고 B는 엔자금이 필요하지만 A만큼 유리한 조건으로는 조달할 수가 없다. 이때 〈그림 3-2〉에서처럼 A는 엔자금을, B는 달러자금을 좋은 조건으로 차입한 후 서로 교환할 경우 각자는 자기가 직접 조달하는 경우보다 훨씬 유리한 조건으로 필요자금을 조달할 수 있게 된다.

서로 상대방을 이용하여 유리한 조건의 자금을 차입하여 교환함으로써 최상의 조건으로 필요자금을 운용하는 것이다. 일정기간 운용하면서 자신이 운용하는 자금(상대방에게 빌린 자금)에 대한 이자는 상대방 대신 지불한다. 만기가 되면 각자 운용하던 자금을 회수하여 상대방에게 반환하면 통화스왑계약은 끝나게 된다. 즉, 가장 간단한 형태의 통화스왑은 ① 자금의 최초 교환, ② 운용과 이자지급, 그리고 마지막으로 ③ 재교환을 통한 원상복귀의 과정을 거치게 되는 것이다.

이때 통화스왑의 형태에 따라서는 최초의 원금 교환이 없는 상태에서 이자만 서로 지급해주고 만기에 가서야 비로소 원금을 교환하는 경우도 있게 되는데 이는 각자 이미 필요한 통화표시 부채를 조달하여 운용하다가 뒤늦게 통화스왑을 실행하는 경우에 이용되는 스왑형태이다. 이렇게 보면 통화스왑 거래도 국제금융시장에 존재하는 이상

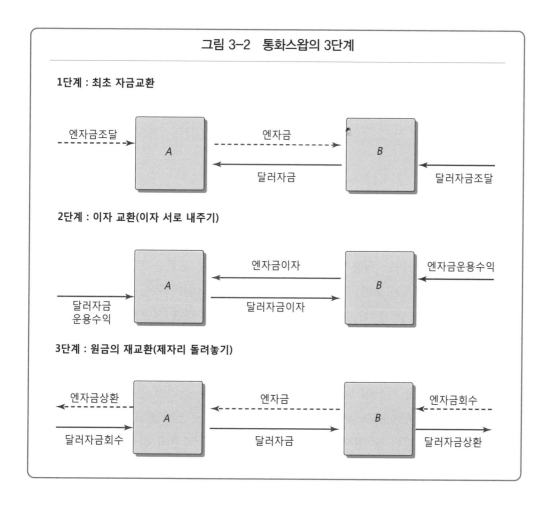

그림 3-2 통화스왑의 3단계

1단계 : 최초 자금교환

2단계 : 이자 교환(이자 서로 내주기)

3단계 : 원금의 재교환(제자리 돌려놓기)

현상(market anomaly)을 이용하여 이로부터 차익을 챙기기 위한 차익거래가 그 발생요인이 되는 것을 알 수 있다.

신용부도스왑과 기타 신용파생상품

신용사건이란 신용파생상품 계약에서 계약당사자 간에 현금지불과 관련된 계약이행을 촉발시키는 기준이 되는 신용위험 관련 사건을 의미한다. 신용파생상품 특히 신용부도스왑(credit default swap)의 경우에는 특정한 신용위험 관련 사건에 의거하여 당사자 간에 현금흐름과 계약이행이 결정되기 때문에 어떠한 사건을 신용위험 관련 사건 또는 채무불이행 사건으로 규정하느냐가 가장 핵심적인 문제이다. 신용파생상품 계약체결 시 어떠한 사건이 신용사건으로 규정되든지 간에 계약사항이 촉발되기 위해서는 관련 증권의 가격이 일정 수준 이상으로 변화하여야 한다. 이를 '중요성' 조항(materiality clause)이라고 하는데 본의 아닌 실수로 신용사건이 촉발되는 것을 방지하기 위한 조치이다.

1 신용부도스왑(Credit Default Swap)

〈그림 3-3〉에 나타난 신용부도스왑은 특정 기업(B)의 채권을 보유한 투자자(A), 즉 자금을 공여한 대주(lender)가 차주(borrower : B)의 신용을 염려하여, 일정한 프리미엄(일종의 보증료)을 지급하고 제3자(C)로부터 B의 발행 채권에 대해 원금보장을 받는 거래이다. 이때 A는 보장 매입자(protection buyer)가 되고 C는 보장 매도자(protection seller)가 된다. 또한 계약에 있어서 대부분 B발행 채권 중 특정 종목이 기준채권(reference bond)으로 지정이 되며 실제 파산이 발생할 경우 이 기준채권과 조건이 동일한 임의의 B발행 채권을 A가 C에게 양도하고 채권의 원금을 받게 된다. 물론 B의 파산 후 파산채권의 잔여회수가치가 산정이 될 경우 산정된 채권의 가치, 즉 채권의 잔여 회수가치와 액면의 차이를 지불하는 현금결제가 행해지기도 한다.

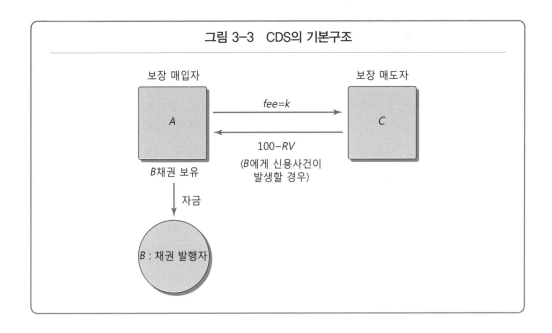

그림 3-3 CDS의 기본구조

보장 매입자

A

B채권 보유

fee=k

100−RV
(B에게 신용사건이
발생할 경우)

보장 매도자

C

자금

B : 채권 발행자

이제 이에 대해 자세히 살펴보자. B회사가 채권을 발행하고 A가 이를 매입하였다고 하자. B가 발행한 채권을 보유하고 있는 A는 당연히 B의 신용위험에 노출이 된다. 이 때 A는 대주(lender)가 되고 B는 차주(borrower)가 된다. 그런데 어느 날 A가 B채권에 대해 걱정을 하기 시작하고 이를 처분할 것을 검토하기 시작하였다고 하자. 대출의 경우는 몰라도 채권 매수의 경우 B에 직접 신용보강 조치를 요구하는 것은 어렵다. 이때 A, 즉 대주가 스스로 보증을 조달하는 방법이 신용부도스왑(credit default swap : 이하 CDS)이다. 즉, 제3자인 C와의 일대일 계약을 통해 보증을 조달하는 것이다.

구체적인 방법은 C에게 일정한 프리미엄을 지급하고 보증을 사들이는 것이다. C는 이 프리미엄을 받고 보증을 제공하게 된다. 이때 A는 보장 매입자(protection buyer), C는 보장매도자(protection seller)가 된다. 이 경우 대주가 나서서 보증조달을 하므로 A가 손해 볼 확률은 CDS 계약 이전에는 B가 파산할 확률이었으나 CDS 계약 이후에는 B와 C가 동시에 부도날 확률로 바뀐다.

따라서 A는 보장을 매입 시 C와 B의 관계에 신경을 써야 한다. 만일 B와 C가 동시에 파산할 확률이 클 경우 CDS 계약을 체결하는 의미가 없어진다. 이처럼 B와 C의 파산에 있어서 상관계수가 매우 중요한 것이다. 이때 궁극적으로 C가 책임지는 액수는 100−RV(recovery value)가 된다(여기서 RV는 부도채권에 대해 지급되는 일부의 돈, 즉 회수가치를 의미).

CDS 계약 체결 시에 매우 중요한 것이 C의 신용도이다. A는 신용도가 높은 C를 골라서 보장을 매입하고 프리미엄을 지급한다. 따라서 C는 신용도가 높은 우수한 금융기관이라야 할 것이다. 그러면 C는 어떤 이유로 보장을 매도하는가? C는 우수한 금융기관으로서 원래 B에 대해 설정된 신용한도(credit line)가 있는 경우가 대부분이다. 그런데 여러가지 이유로 신용한도가 꽉 차지 않고 있는 경우 일종의 유휴 신용한도가 생기는 셈이고 이를 이용하는 차원에서 CDS 계약을 통해서 B에 대한 신용한도를 이용하는 경우가 많다.

실제로 B의 파산이 발생하면 A는 즉시 원래 계약에 명시된 B발행 채권 혹은 이와 동등한 상환조건을 가진 채권(만기는 상관없음, pari passu 조항)을 C에게 넘기고 액면가만큼을 상환받는 것이 일반적이다. 그러나 채권의 액면과 회수가치의 차이를 결제하는 현금결제방식도 존재한다. 이 부분은 당사자 사이에 계약을 하기 나름이다.

위의 예에서 본대로 투자자 A가 B발행 채권이 없는데도 일단 B에 대한 보장을 매입한 후 B의 상황이 안 좋아지면서 CDS 프리미엄이 상승하면 보장을 적당한 상대방에게 매도하여 이익을 챙기는 것도 최근에 와서 일반화 되고 있다. 소위 CDS의 딜링이 활발해졌고 이것이 금융위기의 원인 중 하나로 지목되기도 하였다.

보장에 대한 프리미엄은 다음과 같은 다양한 요인에 의해 영향을 받는다.

첫째, 거래의 만기(maturity)에 의해 영향을 받는다. 만기가 길어질수록 보장 매도자는 높은 위험을 부담해야 하고 위험을 측정하기도 어려워지기 때문이다.

둘째, 채무불이행(default)의 가능성이 높아질수록 프리미엄이 높아진다. 채무불이행 가능성을 나타내는 대표적인 지표는 Moody's나 S&P 등의 신용등급평가이다.

셋째, CDS 거래상대방(counterparty)의 신용등급이 영향을 미친다. 신용등급이 보다 높은 보장 매도자와 계약을 맺을 경우에 보다 높은 프리미엄을 지불해야 한다.

넷째, 준거자산 신용과 거래상대방 신용 간의 상관관계(correlation)가 낮을수록 프리미엄이 높아진다. 양자 간에 상관관계가 높으면 준거자산이 채무불이행에 처했을 때 거래상대방도 채무불이행에 처할 가능성이 높아진다. 거래상대방이 채무불이행에 처하면 보장 매입자의 입장에서는 CDS를 통해 신용위험을 헤지하려는 소기의 목적을 달성할 수 없게 된다. 따라서 준거자산과 거래상대방과의 상관관계가 낮을수록 보다 확실하게 보호를 받을 수 있기 때문에 프리미엄이 높아진다.

다섯째, 준거자산의 회수율(recovery rate)이 영향을 미친다. 채무불이행과 같은 신용사건 발생 시에 보장 매도자가 보장 매입자에게 지급해야 하는 금액은 보장 매입자에게 발생한 손실액에 의해 결정된다. 손실액은 준거자산의 액면에서 회수가치를 차감하여 계산된다. 따라서 준거자산의 회수율이 높아 회수가치가 높을수록 프리미엄이 작아진다.

2   신용연계증권(CLN : Credit Linked Note)

신용연계증권(CLN)은 여러 면에서 CDS 계약을 닮았다. 그러나 가장 큰 차이는 CDS 계약은 프리미엄만 오가지만 CLN에서는 원금이 최초에 지불된다는 것이다. 현재 시점에서 보장 매입자 A는 B의 신용도와 가치가 연동된 채권, 곧 CLN을 발행하여 매도하고 보장 매도자 C는 이 CLN을 매수하고 채권매수대금을 A에게 지불한다. 채권매수대금이 C에게서 A에게로 들어가고 A는 이를 보유하며 안전하게 운용을 한다. 이때 대부분의 경우 이 CLN의 발행주체는 A가 설립한 특수목적자회사(SPV)가 되고 이 SPV의 신용도는 AAA인 경우가 대부분이다. 한마디로 B의 신용위험 이외의 요소에 좌지우지되지 않도록 CLN 원금을 안전하게 보관하는 장치이다.

이제 CLN 발행 및 거래 시점 이후 상황은 두 가지 정도로 정리가 가능하다.

❶ 만기 시점까지 가는 동안 B가 파산하지 않고 잘 넘어간 경우 C는 만기가 된 CLN을 제시하고 (원금＋이자＋α)를 받는다.
❷ 만기 시점 이전에라도 B가 파산할 경우 A는 C가 지불한 CLN 대금을 B의 파산에 따른 손실을 메우는 데에 쓴다. 이때 현금결제구조일 경우는 B의 파산에 따른 회수가치를 제외한 나머지를 C에게 돌려주게 되고, 실물 인수도구조일 경우 C가 지불한 CLN 대금을 A가 그대로 접수하면서 파산한 B가 발행한 채권을 미리 정한 만큼 C에게 건네준다.

3   총수익스왑(TRS : Total Return Swap)

총수익스왑(TRS)은 준거자산에서 발생하는 모든 총수익(total return)을 일정한 현금흐름과 교환하는 계약이다. 예를 들어 보자. 어떤 채권의 시장가치 변화는 크게 두 가지에 의존한다. 하나는 금리의 변화이고, 두 번째는 해당 기업의 신용도 변화이다. 금리가 떨어지면 채권 가격이 오르고 기업 신용도가 상승하면 채권 가치가 상승한다. TRS의 원리는 간단하다. 이유를 불문하고 가격의 변화를 전제로 한 수익률을 미리 정한 고정수익과 교환하는 것이다. 즉, TRS 지급자(payer)는 TRS 수취자(receiver)에게 특정한 자산에서 발생하는 총수익을 지불한다. 이 총수익은 신용도 변화의 결과일 수도 있고 금리 변화의 결과일 수도 있다. 이 부분이 신용부도스왑(CDS)과 다른 점이다. CDS는 신용도 변화에 따른 채권 가치 하락 시 이 채권을 액면에 넘길 수 있는 권리를 사고파는 거래임에 비해 TRS는 채권의 가치 변화가 생길 경우 이 전부를 넘기고 고정수익을 받는 거래인 것이다.

일반적으로 TRS 수취자는 TRS 지급자에게 시장 상황을 나타내는 지표(예 : LIBOR)에 스프레드를 가감한 금액을 지불한다. 총수익에는 이자, 수수료 그리고 준거자산의 가치 변동액이 포함된다. 결국 TRS는 신용위험과 시장위험에 근거한 모든 수익을 넘긴다는 데에 그 의미가 있다.

TRS는 다음과 같은 특징이 있다. 첫째, 일종의 현금흐름 복제가 가능하다. TRS 계약을 체결하게 되면 TRS 지급자는 준거자산을 매각하지 않고도 그 자산을 사실상 매각한 것과 동일한 효과를 거둘 수 있다. 동시에 준거자산을 팔아서 단기적으로 운용하는 효과까지 거둘 수 있다.

따라서 TRS는 고객관계의 지속적인 유지를 위해 준거자산을 매각하기 곤란한 은행에게 적합한 상품이다. TRS 계약이 체결되면 일반적으로 현금흐름과 이에 따른 위험은 TRS 수취자에게 이전되지만 투표권 등의 경영권은 이전되지 않는다.

둘째, TRS 수취자도 마찬가지이다. 자금을 조달하지도 않고 기준채권을 매입하지도 않았는데 마치 자금을 조달하여 기준채권을 매입한 것과 동일한 효과를 거둘 수 있는 것이다. 이러한 현금흐름 복제 효과 덕분에 여러 가지 제약으로 인해 직접 대출채권에 투자하기 힘든 경우에도 투자할 수 있는 기회가 생긴다. 최근 미국이나 유럽의 경우를 보면 보험회사나 펀드매니저들이 대출채권시장에 투자하기 위해 TRS를 많이 이용하고 있다.

셋째, 자금조달비용이 낮은 우량한 금융기관의 입장에서는 기준채권을 매각하는 효과를 거두면서 동시에 높은 수익을 얻을 수 있다. 물론 이 경우 거래상대방 위험을 고려하여야 하지만 기준채권과 거래상대방이 동시에 채무불이행 상태에 빠진 경우에만 TRS 지급자에게 손실이 발생하므로 준거자산과 거래상대방과의 상관관계가 매우 높지 않는 이상 큰 문제가 되지 않는다.

01 KOSPI200 현물 주가지수가 100point이고 이자율은 5%(연율), 배당률은 연 1% 일
때, 3개월 만기 선물 가격의 균형이론치는?

① 100 ② 100.50
③ 101 ④ 101.5

02 행사 가격이 100인 콜옵션을 한 계약 매수하는 동시에 행사 가격이 105인 콜옵션을
한 계약 매도하였을 경우의 옵션 거래전략은?

① 강세 스프레드 ② 약세 스프레드
③ 레이쇼 버티칼 스프레드 ④ 버터플라이 스프레드

03 기초자산 현재 가격이 100인 경우 행사 가격이 105인 콜옵션을 한 계약 매수하는
동시에 행사 가격이 95인 풋옵션을 한 계약 매수할 경우 이를 (   ) 전략이라 한다.

① 스트랭글 ② 스트래들
③ 콘돌 ④ 거트

04 행사 가격이 55인 풋옵션을 5에 매수할 경우 기대할 수 있는 최대 순수익은?

① 50 ② 55
③ 60 ④ 65

해설

01 ③ $100\left(1+(0.05-0.01)\times\frac{3}{12}\right)$

02 ① 행사 가격이 낮은 콜옵션을 매수하고, 높은 콜옵션을 매도하는 콜 강세 스프레드 전략에 해당한다.

03 ① call+put이며 행사 가격이 다르므로 스트랭글이다.

04 ① 55-5=50

05 금리스왑의 원금이 1,000만 달러 결제주기는 6개월 스왑고정금리는 5%이다. 변동 금리가 6%가 되었다면 고정금리 수취자가 수취 혹은 지급하게 되는 액수로 맞는 것은?

    ① 10만 달러 수취   ② 10만 달러 지급

    ③ 5만 달러 수취   ④ 5만 달러 지급

06 원-달러 통화스왑의 경우 실제로 자금교환이 일어난다. 환율이 800원/$일 때 두 당 사자 사이에 초기 자금교환액수가 800억 원과 1억 달러였다. 만일 통화스왑 만기에 가서 환율이 1,200원/$가 되었다면 두 당사자가 재교환하는 자금의 액수는?

    ① 1억 달러 대 1,200억 원   ② 6,666만 달러 대 800억 원

    ③ 1억 달러와 800억 원   ④ 1.5억 달러와 1,200억 원

07 현재 시장에서 A 주식의 주가는 10,000원이며, 만기 1개월, 행사 가격 10,500원인 콜옵션이 1,000원에 거래되고 있다. A 주식에 대한 콜옵션의 시간가치는?

    ① 0원   ② 500원

    ③ 1,000원   ④ 1,500원

해설

05 ④ 1,000만 $\times (0.05-0.06) \times \frac{6}{12}$: -부호이므로 지급한다.

06 ③ 원래 교환한 것을 재교환한다.

07 ③ 현재 주가가 행사 가격보다 낮으므로, 옵션의 가치는 시간가치로만 구성되어 있다.

08 다음 자료에 대한 올바른 설명으로 있는 대로 고른 것은?

> FRA는 계약만기 시점 금리를 미리 고정시키는 역할을 한다. 100만 달러를 (A)할 예
> 정인 갑은 FRA (B) 포지션을 통해 금리를 고정시킬 수가 있다.

(A)	(B)
가. 조달	매도
나. 운용	매수
다. 운용	매도
라. 조달	매수

① 가
② 가, 나
③ 다, 라
④ 가, 나, 다, 라

09 어떤 금리스왑에 대해 원금 1,000만 달러 지급주기 6개월 만기 3년 고정금리는 5%
이다(변동지표는 물론 LIBOR금리이다). 만일 스왑 시작 시점의 LIBOR 금리가 6%, 6개월
후 LIBOR 금리가 7%라면 고정금리 수취자가 금리스왑 시작 시점 후 6개월이 지난
시점에서 수취 혹은 지급해야 할 금액은?

① 5만 달러
② 10만 달러
③ 15만 달러
④ 20만 달러

해설

08 ③ 조달예정 = 매수 포지션·운용예정 = 매도 포지션
09 ① 6개월 후 교환액수는 시작 시점 금리로 결정한다(1,000만 × (0.06−0.05) × $\frac{6}{12}$).

part 04

파생상품펀드 투자 2

certified fund investment advisor

chapter 01

파생결합증권

파생결합증권 개요

　파생결합증권은 기본적으로 복합상품으로서 가장 일반적인 형태는 채권에 옵션을 부가한 구조를 가지고 있다. 이러한 증권의 특징은 기본적으로 시장의 움직임에 대해 포지션을 취하되 예측이 잘못되어 반대방향으로 움직이더라도 원금이 회복되는 구조를 기본으로 하고 있다.

　고객이 100의 자금을 증권사에 맡긴다고 하자. 투자기간은 1년이다. 이 경우 이 자금으로 95만큼 1년 만기 채권을 사들이고 나머지 5를 가지고 주가지수 콜옵션을 매입한다고 하자. 금리가 5%라면 95의 채권 포지션은 만기에 100 정도가 되어 원금이 1년 만에 회복이 된다. 한편 옵션에 투자된 5 정도의 자금은 주가지수가 상승할 경우에는 큰 이익을 내게 되어 고객들에게 커다란 수익을 안겨주게 된다. 물론 주가지수가 하락하는 경우에 옵션의 수익은 제로가 된다. 그러나 원금에 해당하는 돈 100이 채권을 통해 확보되므로 원금은 상환이 된다. 이러한 전략은 뒤에서 살펴볼 포트폴리오 보험전략의 한 형태인 이자 추출 전략인데 이것이 파생결합증권 수익구조의 기본이 되는 논리이다.

파생결합증권의 기본적인 아이디어는 원금회복과 복합상품이라는 두 가지를 기초로 하고 있다. 가장 기본적인 경우를 전제로 원금은 채권 부분을 통해 회복이 된다. 기본적으로 자금 전체의 이자 정도에 해당하는 돈이 위험한 장외 옵션으로 투입되고 전망이 맞으면 큰 이익이 나고 전망이 틀리면 원금만 회수가 된다. 원금 훼손이 없다면 다시 다른 상품에 재도전해 볼 수 있는 여지가 있다.

물론 투자자들의 성향을 감안하여 원금 훼손이 가능하도록 만든 경우도 있다. 보다 고수익 상품을 원하는 투자자들은 원금이 훼손될 가능성만큼 잠재적 수익의 크기가 커지도록 만든 파생결합증권에 가입할 수도 있다.

특히 이자율이 낮아지면 원금 회복을 위해 채권에 투입하는 부분이 더 커져야 한다. 이자가 2%라면 98 정도를 채권에 넣고 2 정도로 옵션을 사야하므로 수익이 그리 커질 수가 없다. 이런 금리하에서는 원금 훼손을 전제로 한 상품이 더 잘 팔릴 여지도 있는 것이다. 그러나 역시 파생결합증권의 묘미는 최악의 경우에도 원금이 회복되도록 하는 구조이다.

자금을 수취한 증권사는 파생결합증권에서 사전적으로 제시된 수익창출 구조를 충실하게 지키게 된다. 증권사가 채권을 발행하는 형식을 취하여 고객의 자금을 유치하고 이를 제시된 구조에 맞게 운용한 후 고객들에게 수익을 돌려주는 것이다(실적배당 상품인 펀드와 달리 증권사가 발행한 파생결합증권은 사전에 제시한 수익구조에 따라 계산된 확정금액을 지급). 이때 증권사는 미리 제시된 장외 옵션을 직접 외국증권사로부터 사들이기도 하고 직접 합성을 하기도 한다.

이제 간단한 두 개의 예를 통해 기본적인 구조를 살펴보자. 첫 번째는 옵션 매수 포지션이 첨가되는 경우이고 두 번째는 옵션 매도 포지션이 첨가되는 경우이다. 지적한 대로 옵션 매수 포지션에서 매수 대상이 되는 옵션은 장외 옵션으로서 그 구조와 숫자는 무궁무진하므로 이를 일일이 다 지적할 수는 없고 뒤에 가서 어떤 옵션이 부가 가능한지 장외 옵션의 유형을 일부 소개하기로 한다.

녹아웃 옵션을 이용한 파생결합증권

녹아웃 옵션(knock-out option)은 미리 만기 이전에 기초자산의 가격이 미리 설정된 경계 수준(barrier)을 건드리면 옵션이 무효가 되도록 짜여진 옵션이다. 채권에 녹아웃 옵션을 부가하는 경우 다음과 같은 구조가 가능해진다. 여기서 한 가지 단위를 통일해서 사용하자. 주가지수에 있어서 투자초기 주가지수를 100이라고 가정하여 계산하자. 이 경우 만기 주가지수가 100이라면 주가가 전혀 상승하지 않은 것이고 만기 주가지수가 150이라면 주가지수가 초기 대비 50만큼 상승한 것이다. 또한 투자원금의 크기도 100이라고 가정하자. 이 경우 상환액수가 100이라는 것은 투자원금과 동일한 액수, 곧 원금만큼만 돌려받는 것이고 150이라는 것은 수익이 50% 나는 경우이다.

이제 녹아웃 옵션을 부가한 경우에 가상의 만기 수익구조를 예를 들어 제시해보자. 만기 주가지수와 수익의 구조가 다음과 같다고 하자.

❶ 100 이하인 경우 투자원금 100을 지급한다.

❷ 100에서 150 사이인 경우 주가지수 상승률의 0.9배를 지급한다(여기서 0.9는 참여율이라고 부르는데 상황에 따라 얼마든지 달라질 수 있다).

❸ 6개월 내에 혹시 한번이라도 150 이상으로 오르는 경우에는 7%를 지급한다.

이제 이를 그래프로 표시하면 〈그림 1-1〉과 동일하다. 그래프에서 보듯이 투자자

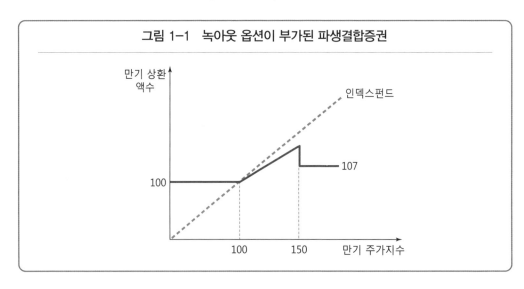

그림 1-1 녹아웃 옵션이 부가된 파생결합증권

만기 상환 액수

인덱스펀드

107

100

100   150   만기 주가지수

는 주가지수가 예를 들어 40% 상승하면 36%(0.9×40%)의 수익을 내지만 50% 상승하면 7%만의 수익이 돌아온다.

section 03	리버스 컨버터블(Reverse Convertible)

이제 두 번째 기본적 유형은 채권을 사들이는 동시에 옵션을 매도하는 경우인데 예로 들어보자. 소위 리버스 컨버터블이라 부르는 상품이 대표적인 형태인데 이 상품의 구조는 채권 매수에 풋옵션 매도 포지션이 첨가되는 경우이다. 고객이 100을 내면 100으로 채권을 매입하여 만기에 원리금 105가 제시된다고 하자. 이때 풋옵션 매도(행사 가격 85)가 첨가되면 프리미엄 수입이 생기므로(수입이 4라고 가정) 4의 수입이 더해지면서 만기 지급액수는 109가 된다. 단 주가지수가 하락하는 경우 상황이 달라진다. 주가지수 하락 시 풋옵션이 유효화되면서 수익을 지급하는 만큼 손실이 나면서 원금손실이 발생한다. 이제 이를 숫자의 예를 들어 설명해보자.

❶ 만기 주가지수가 85 이상인 경우(즉 지수 상승 시 혹은 하락하는 경우 하락률이 15% 이하인 경우) 109가 지급된다. 원금＋9%가 지급되는 것이다.

❷ 만기 주가지수가 85 이하인 경우(하락률이 15%보다 큰 경우) 수익률이 줄어들기 시작하고 만기 주가지수가 0이 되면 상환액수도 0이 된다. 이때 이를 토대로 계산을 해보면 원금손실이 일어나는 분기점은 76이다. 즉 하락률이 24% 이상이면 원금손실이 일어나는 것이다.

이제 〈그림 1－2〉에 나타난 수익구조를 간단히 표현해 보자.

앞에서 지적한 대로 이는 채권을 사들이는 동시에 행사 가격이 85인 풋옵션을 매도하는 방법으로 합성해내는 경우이다. 이 경우 원금 100기준으로 풋옵션 프리미엄이 4, 이자가 5가 된다고 가정할 때 만기지수가 85 이상이면 원금 100과 4＋5＝9를 고정적으로 지급 가능해진다. 이때 풋옵션의 행사 가격이 85이므로 만일 만기 주가지수가 85 이하가 되면 풋옵션 매도에서 손실이 발생하면서 수익이 줄어들게 되고 만기지수가 76 이하가 되면 수익이 마이너스가 되면서 원금이 훼손될 수도 있다. 이처럼 파생결합증권을

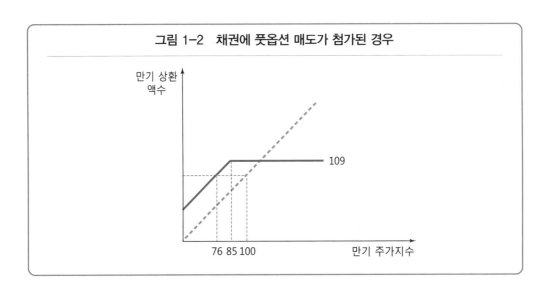

그림 1-2   채권에 풋옵션 매도가 첨가된 경우

합성할 때 옵션 매도 포지션이 포함되는 경우 원금이 훼손될 수도 있으므로 매우 주의
해야 한다(이 상품의 경우 '주가지수 상승 시 고정수익 지급, 주가지수 하락 시 손실 가능'이라는 구조가 전
환사채(convertible bond)와 반대이기 때문에 역전환(reverse convertible)이라는 단어가 사용되고 있다).

chapter 02

이색 옵션

경로 의존형(Path-Dependent Option)

파생결합증권에 사용되는 옵션은 주로 장외 옵션이고 그 중에서도 이색 옵션(exotic option)이 대부분이다. 이색 옵션은 한마디로 특이한 옵션이다. 일반적인 옵션과는 달리 다양한 구조와 투자목적에 사용할 수 있는 옵션이다. 이들은 구조의 특성상 당연히 장외에서 거래되는 장외 옵션의 형태를 가지게 된다.

이색 옵션은 기본구조를 어떤 식으로 변형했는가에 따라 다음의 6가지 정도로 분류할 수 있다. 즉, ① 경로 의존형, ② 첨점 수익구조형, ③ 시간 의존형, ④ 다중 변수 의존형, ⑤ 옵션에 대한 옵션형, ⑥ 레버리지형이 그것이다. 먼저 경로 의존형 옵션에 대해 살펴보기로 하자.

경로 의존형 옵션은 옵션의 최종 수익이 옵션 만기 시점의 기초자산 가격 수준에 의해서 결정되는 것이 아니라 현재 시점부터 만기 시점까지 가격이 어떤 경로를 거쳤느냐에 의해 의존하는 경우를 말한다.

1 경계 옵션(배리어 옵션＝녹아웃 옵션 또는 녹인 옵션)

배리어 옵션(barrier option)에는 통상적인 행사 가격 이외에 배리어 가격(barrier price) 또는 트리거 가격(trigger price)으로 불리우는 가격 수준이 하나 더 설정이 된다. 이때 기초자산 가격이 만기가 되기 전에 배리어 가격을 건드리면 옵션이 무효화(out)하거나 유효화(in)된다. 이를 표로 나타내면 아래와 같다. 이때 배리어가 행사 가격보다 위에 있으면 Up형태이고 행사 가격보다 아래 있으면 Down형태이다. 결국 기본적으로 네 가지가 가능해지는 것이다. 또한 무효화 옵션은 건드리면(knock) 무효화(out)된다는 면에서 녹아웃 옵션이라고 하고, 유효화 옵션은 건드리면(knock) 유효화(in)된다는 면에서 녹인 옵션이라고 한다.

	DOWN	UP	
OUT	down and out	up and out	→ knock-out option
IN	down and in	up and in	→ knock-in option

녹아웃 옵션은 처음에는 유효화 상태이다가 기초자산 가격이 배리어 가격을 건드리는 순간 무효가 된다. 반면에 녹인 옵션은 처음에는 무효 상태이다가 배리어 가격을 건드려야 유효화된다. 녹아웃의 경우 무효화되면 일종의 위로금같이 미리 약정한 환불금을 지급받도록 하는 경우도 있는데 이를 리베이트가 있는 녹아웃 옵션(knock-out with rebate option)이라 한다. 네 가지 기본 형태는 콜과 풋에 대해 모두 가능해진다. 콜옵션에 대해 가격 하락 시 무효 콜옵션(down-and-out call option)과 가격 하락 시 유효 콜옵션(down-and-in call option), 그리고 가격 상승 시 무효 콜옵션(up-and-out call option)과 가격 상승 시 유효 콜옵션(up-and-in call option)이 가능해지는 것이다. 풋옵션의 경우도 마찬가지이다. 예를 들어보자. 만일 옵션 만기 시점 이전에서 기초자산 가격이 배리어 가격 이하로 하락하면 이 시점에서 가격 하락 시 무효 콜옵션은 아무런 수익도 올리지 못한 채 무효가 되고 반면에 가격 하락 시 발효 콜옵션은 효력을 발생하기 시작한다.

일반적으로 배리어 옵션의 프리미엄은 표준형보다 저렴한데, 배리어 옵션을 사용하는 동기가 단순히 저렴한 프리미엄 비용 때문이라면 이는 대단히 위험한 발상이다. 왜냐하면 녹아웃 옵션은 배리어 가격이 뚫리면 무효가 되므로 보호막이 없이 위험에 노출되게 되며, 반면에 녹인 옵션은 만기일까지 발효되지 못할 수도 있기 때문이다. 따라서 배리어 옵션은 그 특성이 사용자의 전략과 잘 부합되는 경우에만 사용하는 것이 보다 바람직하다.

룩백 옵션(lookback option)은 만기 시점에서 행사 가격을 결정하는 옵션이다. 룩백 옵션은 옵션 만기일까지의 기초자산 가격 중 옵션 매입자에게 가장 유리한 가격으로 행사 가격이 결정된다. 따라서 룩백 콜옵션의 경우에는 만기까지의 최저 가격이, 룩백 풋옵션의 경우에는 최고 가격이 행사 가격이 된다.

이처럼 룩백 옵션의 행사 가격은 미리 정해져있지 않다. 해당 기간의 최소치나 최대치는 만기 시점이 되어봐야 알 수 있다. 확률은 적지만 만기 시점 가격이 해당 기간의 최대치 혹은 최소치가 될 수 있기 때문이다. 이렇게 보면 룩백 콜옵션은 '해당 기간 내 최소치'에 기초자산을 매수할 수 있는 권리, 그리고 룩백 풋옵션은 '해당 기간 내 최고치'에 기초자산을 매도할 수 있는 권리를 의미한다.

룩백 옵션은 미국식 옵션보다 훨씬 유리하다고 할 수 있는데, 그 이유는 룩백 옵션을 소지하면 옵션 행사의 최적기를 놓치지 않을까 염려할 필요가 없기 때문이다. 즉, 룩백 옵션은 항상 가능한 최선의 가격으로 행사가 이루어질 뿐만 아니라 만기일 당일에 외

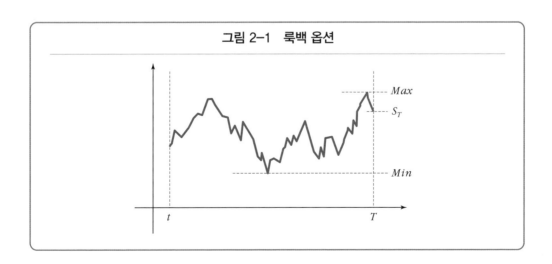

그림 2-1 룩백 옵션

가격 상태가 되는 경우도 없다. 최악의 경우는 콜옵션의 경우 시작부터 만기 시점까지의 기간 중 최저치가 하필이면 만기 시점 가격과 일치함으로써 룩백 옵션이 등가격 상태가 되는 경우이다.

3   래더 옵션

래더 옵션(ladder option)은 룩백 옵션의 응용된 형태이다. '해당 기간 내 최고 가격 혹은 해당 기간 내 최저 가격'으로 이루어진 수익구조는 대단히 부담스럽다. 그러나 미리 설정된 일련의 가격 수준(래더) 중에서 기간 내에 어디까지 도달해보았는가를 행사 가격으로 하여 수익구조를 결정하는 옵션이다.

예를 들자. 래더 콜옵션의 가격대가 105, 110, 115, 120의 네 가지로 정해져 있다고 하자. 이제 만약 해당 기간 내 최저치는 90, 해당 기간 내 최고치는 140이라 하자. 종가는 109이다. 진폭이 상당했다. 래더 옵션의 수익구조는 어떠한가? 우선 미리 정한 가격대 중에서 아래쪽에서 어디까지 건드려보았는가? 답은 105이다. 90까지 내려가기는 했으나 의미가 없다. 미리 정한 수준은 105까지이다. 반대로 올라가 본 가격 수준대 중 가장 높은 점은 어디인가? 답은 120이다. 결국 90과 140은 의미가 없다. 따라서,

❶ 래더 콜옵션의 수익구조는 $Max\,(0, 109 - 105) = 4$
❷ 래더 풋옵션의 수익구조는 $Max\,(0, 120 - 109) = 11$

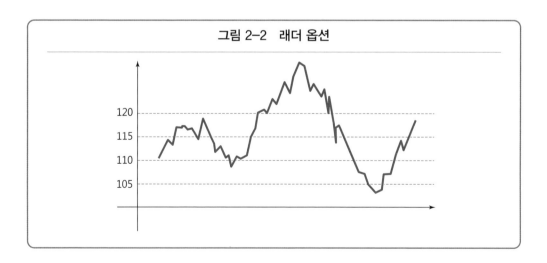

그림 2-2   래더 옵션

이 된다. 래더 옵션은 룩백 옵션의 변형으로서 룩백이 실제로 도달한 수준, 즉 140과 90에 의해 행사 가격이 결정되는 구조라면 래더 옵션은 미리 정한 수준 중 어디까지 건드리거나 통과해 보았는가에 의해 행사 가격이 결정되는 것이다. 만일 룩백 옵션이 었다면

❶ 룩백 콜옵션의 수익구조는 $= Max\,(0,\,109-90) = 19$
❷ 룩백 풋옵션의 수익구조는 $= Max\,(0,\,140-109) = 31$

이 되어 수익규모가 엄청났을 것이다.

4 평균 기초자산 옵션 및 평균 행사 가격 옵션

평균 기초자산 옵션(average rate option)은 기초자산의 만기 시점 가격이 옵션 수익구조의 기본이 되는 일반적인 옵션과는 달리 일정 기간 동안의 기초자산의 평균 가격이 옵션의 수익구조를 결정한다는 특징을 가지고 있다. 이에 비해 평균 행사 가격 옵션(average strike option)은 일정기간 동안의 기초자산 가격을 평균으로 하여 활용한다는 측면에서 평균과 유사하지만 이 평균 가격이 행사 가격으로 설정되어서 옵션의 수익이 만기 시점의 기초자산 가격과 평균 가격의 차액으로 결정된다는 특징을 지닌다.

section 02 첨점 수익구조형(Singular Payoff)

첨점 수익구조란 옵션의 수익구조가 일정의 점프, 즉 불연속점(singular point)을 가지는 경우를 의미한다. 여기서 singular point라는 용어는 원래 수학에서 미분 불능점을 의미하는 용어로서 예를 들어 점프가 있을 경우 그 점 주위에서는 미분이 불가능하다는 의미로 쓰인다.

조건부 프리미엄 옵션(contingent premium option)은 옵션이 내가격이어야 프리미엄을 지불하는 옵션이다. 또한, 만기일 당일에 옵션이 내가격 상태에 있으면 비록 옵션의 내재가치가 프리미엄보다 작더라도 반드시 행사를 하도록 되어 있다. 이 옵션을 매입하는 사람이 누릴 수 있는 이점은 옵션만기에 가서 외가격 상태가 되면 프리미엄을 전혀 지불하지 않을 수도 있다는 것이다.

이처럼 조건부 후불 옵션을 매입하는 것은 〈그림 2-3〉에서 점선과 같은 구조를 가진다. 즉, 만기 시점의 기초자산 가격이 행사 가격 X보다 작을 경우 외가격 상태가 되므로 프리미엄까지 고려한 수익구조가 외가격 상태에 대해서는 영을 기록한다. 그러나 내가격 상태가 되는 경우, 즉 만기 시점 행사 가격이 X보다 큰 경우 프리미엄을 고려한 옵션의 수익구조는 점프를 하게 된다. 조건부 프리미엄 옵션을 매수하는 동시에 조건부 프리미엄 옵션의 프리미엄과 동일한 크기의 수익을 내가격이 되면 수취하는 디지털 옵션(정액 수수 옵션)을 같이 매수할 경우 이는 일반적인 옵션을 매수한 것과 동일하다(〈그림 2-3〉).

이를 프리미엄 사이의 관계로 정리하면 다음과 같다.

일반 옵션 프리미엄=조건부 후불 옵션 프리미엄+디지털 옵션 프리미엄
단, 디지털 옵션의 수익은 조건부 후불 옵션의 프리미엄과 동일

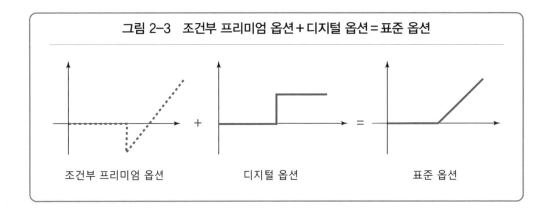

그림 2-3 조건부 프리미엄 옵션+디지털 옵션=표준 옵션

조건부 프리미엄 옵션   디지털 옵션   표준 옵션

2   디지털 옵션(이항(binary) 옵션, 올오어낫싱 옵션, 정액 수수 옵션)

일반적 옵션의 수익은 만기일 당일에 옵션이 행사 가격 대비 얼마나 올랐느냐 혹은 떨어졌느냐에 따라 결정된다. 예를 들어, 콜옵션의 수익은 $Max(0, S_T - X)$로 주어지는데 여기서 S_T는 만기 시점 기초자산 가격, X는 행사 가격이다. 따라서 오르면 오를수록 더 수익이 커진다.

이에 비해 디지털 옵션의 수익금은 옵션이 만기일에 내가격 상태이면 사전에 약정된 금액 A이고 다른 경우에는 0이다. 그러므로 디지털 옵션은 만기일에 얼마만큼 내가격 상태에 있는가는 의미가 없고 내가격이냐 여부만 의미가 있게 되는 것이다. 디지털 옵션은 올오어낫싱(all-or-nothing) 방식과 원터치(one-touch) 방식의 두 가지 형태가 있다.

올오어낫싱 방식의 디지털 옵션은 만기 시점에 내가격 상태일 때만 A를 지급하는 데 반하여 원터치 방식의 정액 수수 옵션은 만기까지의 기간 동안에 한 번만 내가격이 되면 A를 지급한다. 일종의 배리어 옵션인 셈이다.

3   디지털 배리어

디지털 배리어 옵션은 다음 예를 보면 알 수 있다. 만기 시점까지 금리가 7%를 건드리거나 뚫고 오르면 무효화된다. 그 대신 7%를 안 건드리고 그 이하에서만 움직이면 수익을 10으로 확정한다. 결국 배리어를 안 건드리면 받는 수익금 미리 정해져 있는 디지털 옵션인 것이다.

section 03 | 시간 의존형

1 미국식 옵션/유럽식 옵션

미국식 옵션은 만기 이전에 아무 때나 한 번 옵션을 행사할 수 있는 구조를 가지고 있는 경우를 의미한다. 유럽식 옵션은 만기일 당일에만 행사가 가능하고 미국식 옵션은 어느 때나 행사가 가능하다.

2 유사 미국식 = 버뮤다 옵션

유럽식 옵션과 미국식 옵션의 중간 형태로 볼 수 있는 것이 버뮤다식 옵션(Bermudan option)인데 이는 미리 정한 특정 일자들 중에서 한 번 행사가 가능하다. 예를 들어 만기가 한 달이라면 유럽식의 행사가능 시점은 만기 시점 1회, 미국식의 행사가능 시점은 '아무 때나'인데 버뮤다 옵션은 '10, 20, 30일의 3회'로 설정되어 있는 것이다.

3 선택 옵션

선택 옵션(chooser option)의 매입자는 만기일 이전 미래의 특정 시점에서 이 옵션이 풋인지 콜인지 여부를 선택할 수 있는 권리를 가진다. 즉, 만기가 두 달이고 행사 가격이 100인데 콜인지 풋인지는 안 정해져 있다. 한 달 후에 가서 콜, 풋 여부를 정하게 되어 있는 것이다.

예를 들어 행사 가격만 100으로 정해놓고 1개월 후에 풋, 콜 여부를 정할 수 있다고 할 때 대부분의 경우 선택 시점에서 내가격인 옵션으로 선택을 하게 될 것이다. 예를 들어 기초자산이 110이면 콜옵션으로, 90이면 풋옵션으로 선택을 할 것이다. 물론 한 달이 지나서도 100이면 여전히 고민스러울 것이다. 또한 향후 하락할 가능성이 무척 크다고 본다면 약간 외가격이더라도 풋옵션으로 전환시킬 것이다.

행사 가격 결정 유예 옵션(delayed option)의 매입자는 미래 특정 시점에서 당일의 기초자산 가격과 같도록 행사 가격이 설정된 또 다른 옵션을 획득하는 권리를 갖게 된다. 다시 말해 이 옵션을 소유한 투자자는 만기일에 기초자산이 얼마가 되든지 그 기초자산과 행사 가격이 같게 매겨진 등가격 옵션을 받게 되어 있는 것이다. 이 옵션은 프리미엄 면에서 이익을 보자고 매입하는 것이라기보다는 만기에 가서 옵션을 따로 매입할 수가 없는 경우 혹은 처음부터 옵션발행 금융기관이 이러한 형식으로 예약을 받는 개념으로 발행을 하는 경우를 가정해 볼 수 있다.

section 04 다중 변수 옵션

이 옵션은 옵션의 최종 수익금이 둘 또는 그 이상 기초자산의 가격 수준에 의해서 결정되는 경우를 말한다.

1 **무지개 콜옵션**

무지개 콜옵션(rainbow call option or outperformance call option)의 수익은 둘 이상의 기초자산의 가격 중에서 가장 높은 가격에 의해서 결정되고, 무지개 풋옵션의 수익금은 가장 낮은 가격에 의해서 결정된다. 예를 들어, 영국의 FTSE100 지수, 프랑스의 CAC40 지수, 독일의 DAX 지수, 그리고 미국의 S&P500 지수 중에서 증가율이 가장 높은 지수의 수익을 수익금으로 하는 무지개 콜옵션을 생각해 볼 수 있다.

2 　바스켓 옵션

바스켓 옵션(basket option)은 무지개 옵션의 변형이라고 생각할 수 있다. 다만, 이 옵션에서는 수익금이 옵션의 기초자산 가격들의 가중평균에 의해서 결정되는 것이 다르다. FTSE100 지수나 S&P500 지수와 같은 주가지수에 대한 옵션은 결과적으로 거래소 시장에서 거래되는 바스켓 옵션으로 생각될 수 있다.

3 　포트폴리오 옵션

이 옵션은 바스켓 옵션과 거의 동일한데 수익구조를 나타내는 공식에서 기초자산의 실제 개수가 들어간다는 면이 차이가 있다. 이를 수식으로 표현하면 $Max\left[\sum_{i=1}^{m} n_i S_{i,T} - K\right]$이다. 여기서 n_i는 포트폴리오에 포함된 i 번째 주식의 갯수가 된다(편입비율이 아님).

4 　스프레드 옵션

스프레드 옵션(spread option)의 수익금은 두 기초자산 가격 차이에 의해서 결정된다. 예를 들어 6개월 만기 영국 금리(파운드 금리)와 독일 금리(마르크 금리)의 차이를 지급하는 옵션이 있다면 바로 이것이 스프레드 옵션이다.

section 05 　복합 옵션(Nested or Compound Option)

복합 옵션은 옵션의 기초자산이 일반적인 자산이 아니라 또 하나의 옵션(기초 옵션)인 옵션이다. 따라서 만기일에 복합 옵션이 행사되면 옵션 보유자는 미리 구조를 정한 또 다른 옵션 하나를 받게 되는 것이다. 복합 옵션이 사용되는 주요 이유는 다음의 두 가지이다. 즉, 위험에 노출이 될지 안 될지 자체가 불확실한 상황에서 현실적으로 사용 가능한 위험 대비책이 된다는 점, 그리고 기초 옵션을 직접 매입하는 것보다 비용이 적게 든다는 점 등 두 가지이다. 앞에서 살펴본 행사 가격 결정 유예 옵션도 복합 옵션의 한 형태라고 볼 수 있다.

chapter 03

포트폴리오 보험전략

section 01 **포트폴리오 보험전략 개요**

포트폴리오 보험전략은 파생결합증권의 가장 기본이 되는 구조, 즉 원금회복이라는 구조와 정확하게 일치하는 전략이다. 물론 원금손실이 가능해지는 구조도 많이 있지만 기본이 되는 것은 원금회복 구조라고 할 때 이러한 구조는 포트폴리오 보험전략에서 유래했다고 볼 수 있다.

포트폴리오 A와 D가 있다고 하자. A에는 유럽식 풋옵션과 주식(기초자산)이 포함되어 있고 포트폴리오 D에는 유럽식 콜옵션과 채권이 포함되어 있다고 하자. 이때 포트폴리오 A와 D는 만기 시점 가치가 동일해지고 두 포트폴리오가 모두 만기 시점 수익이 $Max\,(S_T,\,X)$가 된다.

그 이유를 보면 다음과 같다.

포트폴리오 A의 경우, 풋옵션의 만기가치는 $Max\,(0,\,X-S_T)$가 되고 주식의 만기 시점 가치는 S_T가 되므로 이 포트폴리오의 만기 시점 가치는

$$V_T(A) = Max(0, X - S_T) + S_T$$
$$Max(0 + S_T, X - S_T + S_T)$$
$$Max(S_T, X)$$

(여기서 $Max(a, b)$는 둘 중에 큰 쪽을 답으로 고르는 연산자인데 $Max(2, 3) + 4 = 7$과 $Max(2 + 4, 3 + 4) = 7$이 같아지는 데에서 보듯이 $Max(a, b) + c = Max(a + c, b + c)$가 성립한다.)

따라서 포트폴리오 A의 만기 시점 가치는 기초자산 가격 S_T와 행사 가격 X 중에서 큰 쪽으로 결정된다.

포트폴리오 D의 경우 콜옵션의 만기가치는 $Max(0, S_T - X)$가 되고 채권의 만기 시점 가치는 X가 되므로 이 포트폴리오의 만기 시점 가치는

$$V_T(D) = Max(0, S_T - X) + X$$
$$Max(0 + X, S_T - X + X)$$
$$Max(X, S_T)$$

우선 이 식을 그래프로 나타내보자. 즉, $y = Max(S_T, X)$의 그래프를 (S_T, y)평면에 나타내보자.

❶ 만기 시점에서 기초자산 가격 S_T가 X보다 작아질 경우, 즉 $S_T < X$의 조건이 성립할 경우 y값은 둘 중에 더 큰 X가 되어 $y = X$가 성립한다.

❷ 만기 시점에서 기초자산 가격 S_T가 X보다 커져서 $S_T > X$가 성립할 경우 y는 S_T가 되어 $y = S_T$가 성립한다.

이를 정리하면 i) $S_T \le X$이면 $y = X$, ii) $S_T > X$이면 $y = S_T$로 정리된다.

이제 이를 그림으로 나타내면 아래 〈그림 3-1〉에서 굵은 선으로 표시된 함수가 된다.

이 그래프는 매우 흥미있는 수익구조를 가짐을 알 수 있다. 즉 만기 시점의 기초자산 가격(이하 주식 가격)이 X(이하 100이라 하자)보다 클 경우 주식 가격 만큼을 챙길 수 있고 주식 가격이 X보다 하락하더라도 100을 보장받게 되는 것이다. 이를 다시 해석해 보면 주식 가격 상승 가능성(upward potential)을 유지한 채 주식 가격 하락에 대한 방어벽이 구축돼 있다고(downward protection) 해석이 가능하다.

일반적으로 기초자산을 주식 포트폴리오라 할 때 포트폴리오의 가치가 상승할 경우 상승한 만큼 다 챙기되 일정 수준 이하로 하락 시 방어벽을 구축하는 전략을 포트폴리오 보험(portfolio insurance)전략이라 한다. 이러한 포트폴리오 전략은 미리부터 위험관리

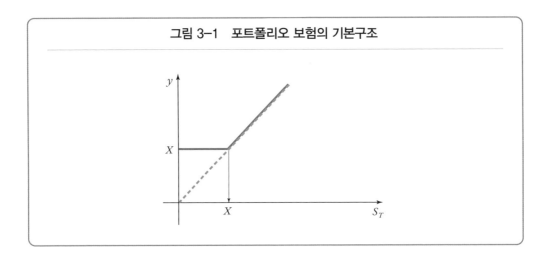

그림 3-1 포트폴리오 보험의 기본구조

를 전제로 거래를 시작한다는 점에서 의미가 있다.

포트폴리오 A : 방어적 풋 전략(Protective Put)

현재 시점에서 포트폴리오 A를 구입한다는 것은 곧 기초자산인 주식 포트폴리오를 매입하는 동시에 그 포트폴리오에 대한 풋옵션을 매수한다는 것이다. 이 경우 만기 시점에서 주식 가격이 X 보다 상승할 경우 풋옵션은 무의미해지지만 오른 주식 가격으로 인한 포트폴리오의 가치 상승분은 그대로 투자자의 몫이 된다. 반대로 만기 시점에서 주식 가격이 X 보다 하락할 경우에는 풋옵션을 통한 이익이 발생하면서 포트폴리오 가치 하락분을 상쇄하게 되어 전체 포트폴리오의 가치를 옵션 행사 가격 수준에서 방어할 수 있게 된다.

이처럼 주식 포트폴리오를 보유한 상태에서 보험을 드는 것과 비슷하게 풋옵션을 매입하는 전략을 방어적 풋 전략이라고 한다. 이 전략은 상당히 효과적인 전략임은 사실이지만 상당한 보험료를 지불해야 하는데 곧 풋옵션을 매입하는 데 따른 프리미엄 지출 규모가 꽤 크다는 부분이 단점이다. 보험효과가 확실한 만큼 비용도 꽤 드는 것이다.

포트폴리오 D : 이자 추출 전략(Cash Extraction)

　현재 시점에서 포트폴리오 D를 사들인다는 것은 채권 매수와 동시에 콜옵션 매수전략을 병행하는 것이다. 이를 이자 추출 전략이라 한다. 그 논리는 아주 간단하다. 일정액수의 자금(예를 들어 100억 원)을 운용함에 있어서 원금을 보존하는 동시에 주식 가격 상승 시 이익도 아울러 확보하는 방법은

❶ 일단 채권을 95억 원 정도 매수하여 투자만기 시점(예를 들어 1년 후)에 가서 원리금이 100억 원이 되도록 한 후,

❷ 나머지 5억 원 정도의 현금은 이자차액 여유분으로 해석할 수 있고 이 여유분 만큼의 현금을 추출하여 콜옵션같이 레버리지가 큰 상품에 투자하는 것이다.

　이 전략은 수익률을 일정 수준 이상으로 방어하는 목적에도 사용될 수 있다. 예를 들어 95억 원의 채권을 매입한 후 나머지 5억 원에 대해 2.5억 원 이하로 가치가 하락할 경우 즉시 포지션을 청산하고 채권으로 전환하도록 할 경우 수익률을 대략 2.5%에서 방어할 수 있게 된다.

　기업이 발행하는 전환사채(CB)를 매입할 경우 투자자는 일정 수익률을 보장받는 동시에 CB발행기업 주식의 가격이 상승할 경우 상승분만큼 이익을 보게 된다. 따라서 CB매입전략은 일종의 이자 추출 전략으로 해석될 수 있으며 이는 광범위한 의미의 포트폴리오 보험전략이라고 볼 수 있는 것이다(단, 기업의 파산위험은 고려대상에서 제외).

　결국 우리가 앞에서 살펴본 파생결합증권이 바로 여기에서 설명된 이자 추출 전략과 정확하게 일치함을 알 수 있고 이것이 파생결합증권의 근간을 형성하는 구조라고 볼 수 있다.

동적 자산배분 전략 : 협의의 포트폴리오 보험전략

방어적 풋 전략에서는 상승 가능성은 주식으로, 하락 위험은 풋옵션으로 방어하였고 이자 추출 전략에서는 상승 가능성은 콜옵션으로, 하락 위험은 채권으로 방어하였다. 그렇다면 두 전략에서 주식은 상승 가능성, 채권은 하락 위험 방어의 역할을 하고 있음을 알 수 있다.

동적 자산배분 전략은 이처럼 주식과 채권으로 자금을 운용함으로써 상승 가능성과 하락 위험 방어라는 두 가지 목표를 동시에 달성하고자 하는 전략이다. 즉, 자금운용 초기에 주식과 채권에 대략 50% 정도씩 자금을 배분한 후 주가의 움직임에 따라 편입비율을 변화시켜 나가는 것이다. 즉, 주식이 오르면 상승 가능성을 극대화하기 위해 채권을 팔고 주식을 사들임으로써 주식의 편입비율을 늘여나간다. 반대로 주가 하락 시 운용자금의 가치를 방어하기 위해 주식을 팔고 채권을 사들인다.

결국 주가가 오르면 주식을 더 사들이면서 시장의 상승추세를 쫓아가고 주가가 하락하면 주식을 팔아서 채권으로 갈아타는 전략을 통해 자금의 가치를 방어한다.

이 전략은 다음과 같은 특징이 있다.

첫째, 프리미엄을 따로 지불할 필요가 없다. 방어적 풋 전략이나 현금 추출 전략에서는 옵션 매수에 따른 프리미엄 유출이 꽤 커지는 단점이 있는데 동적 자산배분 전략에서는 일단 포트폴리오 전체를 주식과 채권으로 운용함으로써 따로 프리미엄을 지급할 필요가 없다. 결국 옵션을 직접 매수하지 않고 옵션 포지션을 복제해 냄으로써 옵션 프리미엄만큼을 절약할 수 있는 것이다.

둘째, 편입비율을 상황에 따라 계속해서 조정해간다. 주식 가격 상승 시 주식 편입비율을 늘이고 하락 시 주식 편입비율을 줄이는 것이다. 주식 편입대상 이외의 자금은 채권에 투입한다. 따라서 채권의 편입비율은 주식 가격의 방향과 반대로 움직인다. 이처럼 자산 편입비율이 주식 가격의 방향에 따라 계속해서 변해가게 되므로 이 전략을 동적 자산배분 전략이라고 부르게 된다. 주가가 상승하여 주식 편입비율은 계속 늘여가다가 주가가 일정 수준 이상이 될 경우 주식 편입비율이 100%가 되어 주식 가격 상승 가능성을 100% 가까이 누릴 수 있게 된다. 반대로 주식 가격이 하락 시 주식 편입비율은 계속 감소하게 되고 일정 수준 이하가 될 경우 주식 편입비율을 0%, 채권 편입비율은

100%가 되므로 포트폴리오 가치 하락을 일정 수준에서 방어할 수 있게 된다.

셋째, 자산비율 조정 간격의 문제가 있다. 즉, 주식 가격 상승비율과 편입비율 간의 조절을 어떻게 하느냐는 문제이다. 다시 말해 주식 가격이 상승했는데(예를 들어 5%) 주식은 얼마만큼 더 매입할 것이냐 하는 문제가 중요한 것이다. 물론 이는 옵션 가격 결정모형을 이용하면 어느 정도 해결할 수 있다. 옵션 가격 결정 모형을 이용 시 주식 편입비율을 콜옵션의 델타 값과 동일하게 유지하면 포트폴리오 가치를 대략 콜옵션의 행사 가격 수준에서 방어할 수 있다. 다시 말해 방어 수준을 콜옵션의 행사 가격으로 설정한 후 이 값을 대입하여 얻어진 콜옵션의 델타값을 주식 편입비율로 이용하면 된다. 콜옵션의 델타값은 0에서 1 사이의 값을 가지고 주식 가격 상승 시 증가, 주식 가격 하락 시 감소하므로 이 숫자를 주식 편입비율(0%에서 100% 사이)로 이용할 수 있음을 직관적으로 이해할 수 있다.

이제 풋-콜 패리티 조건을 이용하면 이러한 자산 편입비율에 대해 보다 엄밀한 숫자를 추출해 낼 수 있다.

풋-콜 패리티 조건에서의 주식 편입비율은 콜옵션의 델타값에 해당하는 숫자이므로 동적 자산배분 전략은 콜옵션 복제전략에 해당한다고 볼 수 있다. 하지만 내용이 복잡하므로 이 교재에서는 생략하기로 한다.

01 다음 포트폴리오 보험전략 중 가장 많은 ELS와 밀접한 관계를 가지는 전략은?

① 방어적 풋 전략　　　　　　　② 이자 추출 전략

③ 동적 자산배분 전략　　　　　④ 동적 헤징전략

02 다음 중 ELS에 부가되는 옵션 중 가장 빈번하게 부가되는 옵션은?

① 표준형 옵션　　　　　　　　② 이색 옵션

③ 장내 옵션　　　　　　　　　④ 금리 옵션

03 다음 중 자본시장법상 ELS의 법적 구분으로 옳은 것은?

① 옵션결합증권　　　　　　　② 금리결합증권

③ 장외결합증권　　　　　　　④ 파생결합증권

04 다음 중 환율이 미리 정한 경계 이하로 하락 시 가치가 무효가 되는 옵션은?

① 녹인 옵션　　　　　　　　　② 녹아웃 옵션

③ 스트라이크 옵션　　　　　　④ 레인보우 옵션

해설

01　② 이자추출전략이 가장 인기 있다.

02　② 이색 옵션들이 주로 사용된다.

03　④ 파생결합증권이다.

04　② 하락 시 무효가 되는 것은 녹아웃이다.

05 다음 중 환율이 일정 부분 이상 상승 시 유효화 되는 옵션은?

① 다운 앤 아웃(down and out) 옵션

② 다운 앤 인(down and in) 옵션

③ 업 앤 아웃(up and out) 옵션

④ 업 앤 인(up and in) 옵션

06 다음 중 일정기간 동안의 환율의 평균치를 행사 가격으로 하는 옵션은?

① average rate option   ② average strike option

③ average option   ④ geometric average option

07 다음 중 옵션 매도 포지션이 부가된 ELS는?

① Reverse convertible

② 동적헤지

③ 주가지수 상승 시 참여율이 0.8인 주가지수연동증권

④ Callable bond

08 어떤 ELS에서 KOSPI200 지수가 10% 상승 시 수익이 8% 증가하면 지수 상승에 대한 참여율은?

① 0.2   ② 0.4

③ 0.6   ④ 0.8

해설

05 ④ up and in이 정의에 부합한다.

06 ② 평균치＝strike가 된다.

07 ① reverse convertible에 put 매도가 들어간다.

08 ④ 8/10＝0.8

09 다음 중 지수상승과 하락을 포함한 전 구간에서 참여율이 1인 상품은?

① 콜옵션 ② 인덱스 펀드
③ 풋옵션 ④ 커버된 콜

10 다음 중 포트폴리오 보험전략에 대한 설명으로 적절하지 않은 것은?

① 포트폴리오 보험전략은 파생결합증권의 가장 기본이 되는 구조, 즉 원금회복이라는 구조와 일치하는 전략이다.
② 동적 자산배분 전략은 주식과 채권으로 자금을 운용함으로써 상승 가능성과 하락 위험 방어라는 두 가지 목표를 동시에 달성하고자 하는 전략이므로 상당한 프리미엄 비용이 필요하다.
③ 채권 매수와 동시에 콜옵션 매수전략을 병행하는 것을 이자 추출 전략이라 한다.
④ 주식 포트폴리오를 보유한 상태에서 보험을 드는 것과 비슷하게 풋옵션을 매입하는 전략을 방어적 풋 전략이라고 한다.

해설

09 ② 인덱스 펀드는 지수의 움직임에 대해 1-1로 움직인다.
10 ② 프리미엄 비용을 따로 지불할 필요가 없다.

정답 01 ② | 02 ② | 03 ④ | 04 ② | 05 ④ | 06 ② | 07 ① | 08 ④ | 09 ② | 10 ②

part 05

파생상품펀드
리스크 관리

certified fund investment advisor

chapter 01

파생상품펀드
리스크 관리 I

section 01 **펀드에서의 파생상품 활용**

펀드에서 파생상품의 활용은 크게 파생결합증권 편입과 파생상품의 거래로 구분할 수 있다. 통상적으로 파생상품펀드는 장외파생상품 겸영인가를 받은 증권회사가 발행한 파생결합증권을 대부분 편입한 펀드를 일컫는다.

1 파생결합증권의 투자

아래 그림은 파생결합증권의 발행과 그에 따른 Back to Back(BTB) 거래의 전형적인 모습을 단순화시킨 것이고 실제로는 다양한 형태의 거래 방식이 존재한다. 파생결합증권을 펀드에 편입하면 주가연계펀드(ELF)라 하며, 투자자가 직접 매입할 경우 특정 증권(ELS)의 매입이다. 그리고, 파생결합증권을 발행한 증권사는 대체로 동일한 구조의 상품을 외국계 금융기관 등과 장외파생상품의 형식으로 BTB 거래한다. 따라서, 파생결합증권의 발행과 그와 관련된 장외파생상품의 형식상, 거래주체상의 구분을 필요로 한다.

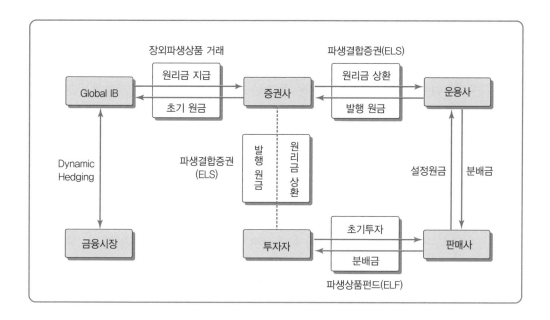

(1) 파생결합증권

파생상품펀드를 기초자산별로 구분할 경우 주가연계, 금리연계, 환율연계, 상품연계 등으로 분류되며 대부분이 주가와 연계된 ELS(Equity Linked Securities)를 편입한 ELF형태이다. 한편 파생결합증권의 수익구조별로는 원금보존 여부, 중도상환 여부, 기초자산의 개수 등에 따라 분류되기도 한다.

파생상품펀드는 이러한 파생결합증권에 투자를 하여 만기까지 보유하며, 파생결합증권으로 매매 혹은 거래활동에 의한 추가 수익을 추구하지 않는 것이 일반적인 형태이다. 파생결합증권은 장외파생상품 겸영인가를 받은 증권사들이 발행할 수 있으며, 증권으로 분류됨에도 불구하고 발행 증권사의 신용도로 발행금리가 정해지는 것이 아니라 내재된 파생상품의 수익구조에 따라 이자가 정해진다. 이론적으로 증권사의 신용도가 발행금리에 반영되는 것이 타당하나 우리나라의 경우 금융당국의 인가를 받은 증권사만이 파생결합증권을 발행할 수 있기에 증권사의 신용리스크는 제한적이라 볼 수 있다.

따라서 파생결합증권의 발행시 특정 수익구조가 갖는 미래의 예상 현금흐름이 적정한 것인가, 즉 발행 가격이 적정한 것인가 하는 이슈가 발생한다. 이와 관련해서는 발행사와 운용사의 리스크 관리 부분에서 따로 살펴보기로 한다.

(2) 장외파생상품

파생결합증권의 발행사가 자체적으로 매매활동을 통한 수익구조를 창출하는 경우(자체 헤징. 활발한 매매활동을 바탕으로 하므로 Dynamic Hedging이라고도 함)에는 상관 없으나, 자체 헤징이 불가능하거나 여의치 않을 경우 동일한 수익구조를 가진 장외파생상품거래를 통해 다른 거래상대에게 위험을 전가한다(BTB 거래). 다시 말하면 발행사 입장에서는 자산은 파생상품, 부채는 매도 신종증권 발행으로 이러한 BTB 거래를 기표할 수 있을 것이다(다만, 실제로 이런 계정과목을 모든 발행사가 쓴다는 것은 아니고 형식상의 특징을 표현한 것이다).

Funded swap은 파생결합증권의 발행금액 대부분(현재는 액면의 99% 수준)을 장외파생상품 거래상대방에게 지급하고 파생결합증권의 중도상환 혹은 만기일에 원리금을 되돌려 받는 구조로 미국발 금융위기 이전에 통상적으로 쓰이던 형태이다. 반면, 장외파생상품 거래의 상대방이었던 주요 투자은행들의 신용도가 추락하면서 장외파생상품 거래 상대방의 신용 리스크가 급증하여 파생결합증권에 내재된 파생상품 부분만 따로 떼어내서 거래를 체결하는 방식을 Unfunded swap이라고 한다.

2 파생상품의 거래

파생결합증권의 편입이라는 투자활동 이외의 영역으로 자본시장법의 '파생상품'을 현물대체, 시스템 트레이딩, 특정 위험회피 수단으로 반복적으로 거래하는 경우이다. 파생상품을 활용한 각각의 거래전략에 대해서는 후술하기로 하고 여기에서는 자본시장법에서 정의하는 각 종류별 파생상품이 펀드에서 활용되는 사례를 간략히 짚어보기로 한다.

(1) 장내 · 장외 파생상품

파생상품의 장내, 장외 거래 여부는 일반적으로 정의하는 양자 간의 여러 가지 차이 중 신용 리스크와 아주 밀접한 관련이 있다. 즉, 장내 거래의 경우 증거금 유지 및 일일정산을 통해 펀드의 신용 리스크를 상쇄하므로 거래소와 활발한 거래가 유지될 수 있는 반면, 장외 거래의 경우 담보 제공 등의 신용보강이 없이는 거래 자체가 성립되지 않을 수 있기 때문이다.

펀드의 경우 법인격이 없으므로 장외 거래의 주체가 될 수 없어 운용사가 펀드의 위탁자로서 수탁은행과 함께 펀드 재산 범위 내에서 장외 거래의 주체로서 계약을 한다. 그러나 이 경우에도 거래 형태에 따라서는 거래상대방의 담보제공 등 신용보강 요청을 충족시키지 못하여 거래를 성사시키지 못할 경우도 있다.

(2) 기초자산별 구분

자본시장법은 간접투자자산운용업법에서 일부 기초자산에 대한 제한을 두고 있던 것을 해제하여 금융투자상품, 통화, 일반상품, 신용위험 및 기타 등으로 모든 가능한 기초자산을 대상으로 할 수 있게 했다. 다만, 실제 활용도는 주가, 이자율, 환율 관련 파생상품으로 한정되는 경향이 있다.

(3) 계약형태별 구분

자본시장법 하에서는 계약형태에 따라 선도·선물, 옵션, 스왑 등으로 구분을 한다.

❶ 선도(Forward) : 선도거래의 대표적인 상품으로는 선물환 거래가 있으나, 장외파생상품 거래에 따른 펀드의 신용 리스크로 말미암아 거래가 활성화되지 못하였다.

❷ 선물(Futures) : 주가지수선물, 국채선물은 파생상품펀드는 물론 일반 증권 펀드에서도 활발히 거래가 이뤄지는 상품이다.

❸ 옵션(Option) : 주가지수 옵션은 합성선물 구성요소로 활용되고 있으며, 일부 파생상품펀드의 특성에 따라 장외 옵션이 활용되고 있다.

❹ 스왑(Swap) : 대표적인 상품인 이자율스왑은 국채선물과 아울러 채권형 펀드에서 활발한 거래가 이루어지고 있다. 다만, 통화스왑은 선물환과 마찬가지로 과도한 신용리스크가 부담되어 활용도가 떨어진다.

❺ 기타 구조화 상품(structured product)의 경우 이러한 구분이 무색해질 수가 있으며 파생결합증권과 동일한 구조의 Funded Swap/Unfunded Swap 등이 그 대표적인 예이다.

파생결합증권과 발행사의 리스크 관리

파생결합증권의 발행과 관련하여 발행사의 역할은 〈그림 1−1〉과 〈그림 1−2〉와 같이 BTB 거래의 중개자 역할에 한정되지 않고 자체 헤징을 수행하기도 한다.

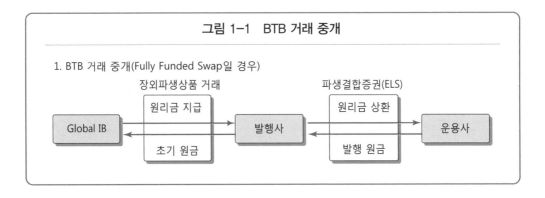

그림 1−1   BTB 거래 중개

1. BTB 거래 중개(Fully Funded Swap일 경우)

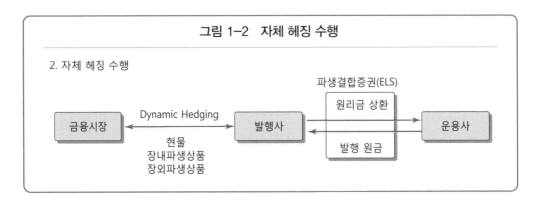

그림 1−2   자체 헤징 수행

2. 자체 헤징 수행

1   백투백(BTB) 거래

발행사가 파생결합증권을 발행하고 이를 일반 투자가에 팔거나(ELS), 펀드에 팔거나 (ELF) 했을 경우, 해당 증권의 수익구조와 동일한 구조의 장외파생상품거래를 한 경우이다. 이때 각 리스크 요소별로 리스크 관리 방안은 다음과 같다.

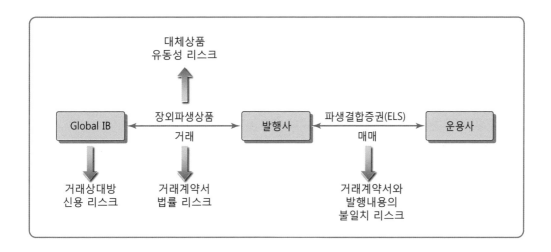

1) 시장 리스크

파생상품 거래 시 시장 리스크를 완벽하게 제거하는 방법이 BTB거래이다. 발행사 입장에서는 동일 구조의 상품을 매수하고 이를 운용사에게 매도하는 거래를 하기 때문에 시장 상황이 어떻게 변하여도 손익에는 변화가 없으므로 시장 리스크가 없다고 본다.

2) 신용 리스크

파생결합증권을 발행하는 증권사는 발행증권에 대한 신용리스크가 없지만, 이를 매입한 운용사의 펀드는 발행 증권사의 신용 리스크를 가지고 있다. 장외파생상품 거래상대방의 채무불이행 위험이 상존하고 있다. 다만, 대부분의 거래상대방이 특정 신용등급 이상의 세계 유수의 투자은행이기 때문에 신용 리스크는 2007년경까지는 실질적인 위협요소로 작용하지는 않았었다.

(1) Unfudned Swap

2008년 베어스턴스 및 리만 브라더스로 인한 거래상대방 위험이 부각되기 전에는 국내 증권사가 발행한 파생결합증권 원금의 대부분을 외국계 투자은행과의 장외파생상품 거래 시 초기 원금으로 제공했다가 상환시점에 원금과 수익을 상환 받았다. 이를 통상적으로 Fully Paid Swap 혹은 Funded Swap 이라고 한다.

그러나 파생결합증권(특히 ELS류) 시장이 폭발적으로 증가하면서 BTB 거래인 장외파생상품 거래도 획기적으로 증가하여 국내 증권사의 거래실적 축적에 따른 위상이 올라가면서 2008년 이후 거래 형식이 변했다. 증권사는 파생결합증권 발행원금의 대부분을 직접 이자자산에 투자하고 외국계 투자은행과는 분기별로 이자를 지급하고 상환시점에서 수익을 상환받는 Unfunded Swap 혹은 CD Swap이라는 장외파생상품을 통해 파생결합증권에 내재된 파생상품 부분에 대해서만 BTB 거래를 하게 된다. 이런 현상에는 파생결합증권 시장의 급속한 확대로 인해 증권사의 투자은행에 대한 신용집중 리스크가 커지면서 리스크 축소방안을 강구하는 흐름이 크게 작용했다고 볼 수 있다.

(2) 담보제공 계약

신용 리스크 경감방안에는 위와 같은 Unfunded Swap의 형태로 신용 익스포저 자체를 축소하는 방안과 함께 담보제공 계약을 별도로 체결하는 경우도 있다.

발행사 리스크 관리부서는 장외파생상품 거래상대방의 요건을 명확히 하고(예를 들면, 투자 등급 이상) 거래상대방의 신용등급에 따른 최대 거래규모를 한정하는 등의 사전적(ex ante) 리스크 관리는 물론 신용등급 모니터링 등의 사후적(ex post) 리스크 관리에도 총력을 기울여야 한다. 그리고 담보제공계약서의 제반 사항에 대해 법무부서와 함께 충분히 검토한 이후 전사 리스크 관리가 될 수 있도록 조치하여야 한다.

3) 법률적 리스크

파생결합증권과 장외파생상품 거래는 상이한 양식의 계약서로 이루어져 있으므로 내용이 상충되지 않는지 충분한 검토를 하여야 한다. 동일하거나 유사한 종류의 파생결합증권이 지속적으로 발행되면서 이러한 리스크는 상당히 감소하였지만, 시장 상황의 변동에 따라 신상품은 언제든지 출시될 수 있으므로 만반의 준비를 기하여야 한다.

4) 유동성 리스크

BTB 거래에서 자금유동성에는 문제가 없다. 수익구조뿐만 아니라 현금흐름의 주기까지 동일하기 때문이다. 다만, 파생상품시장에서의 전형적인 상품 유동성 리스크에 직면할 수 있다.

리먼 브라더스 사태의 경우를 보자. 2008년부터 많은 증권사들이 장외파생상품 거래처로 리먼 브라더스를 회피하여 잔존 계약건수가 많지는 않았지만, 만기가 아직 도래하지 않은 계약을 보유하고 있는 증권사들로선 대체사를 찾아야 할 필요가 생겼다. 그러나, 당시까지 고시되고 있는 가격과 유사한 가격을 제시하는 회사를 찾기는 불가능하였기 때문에 동사의 청산절차를 기다려야 하는 상황에 놓이게 되었다.

이러한 상황은 일부 중도환매 시에도 종종 일어날 수 있다. 고시된 가격과 중도해지 시 상환받는 가격의 차이는 후술하는 가격 평가의 괴리 문제에 기인하기도 하지만 장외파생상품의 거래상대방인 외국계 투자은행(자체 헤징일 경우 발행사)이 상품 유동성 리스크, 즉 일부 상환에 따른 대체포지션을 시장에서 찾기 매우 힘든 상황을 반영한 결과이기도 하다. 상품 유동성 리스크의 전형적인 현상인 Bid/Offer의 가격폭의 현저한 확대로 일부 상환시에는 그 대체비용이 상환 가격에 반영되어 투자자에게 불리하게 작용하는 것이다.

2 자체 헤지

파생결합증권의 발행사가 시장 리스크를 직접 조절하면서 헤지북을 운용하는 경우이며, 장외파생상품 BTB 거래의 당사자와 동일한 입장이다.

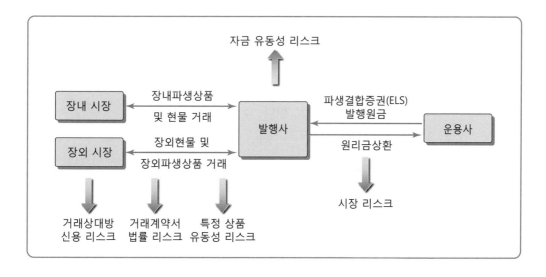

(1) 시장 리스크

발행사는 파생결합증권에 내재된 모든 시장 리스크를 감당하게 된다. 이때 감당하게 되는 시장 리스크는 수익의 원천이다. BTB 거래 시에는 경쟁의 심화로 발행사는 소위 중개수수료로 1% 정도를 안정적으로 벌 수 있다면, 자체 헤징 시에는 시장 리스크의 운용 결과에 따라 손익은 크게 달라질 수 있다.

기본적으로 기초자산의 가격, 변동성, 상관관계를 비롯하여 헤지북의 리스크 관리기법은 모두 동원된다고 볼 수 있으며, 리스크 관리부서와 협의하여 정해진 각종 한도에 제한을 받는다.

(2) 신용 리스크

BTB 거래를 하지 않으므로 거래상대방에 대한 채무불이행 위험이 없다고 볼 수 있으나, 자체 헤징방법에 따라서는 신용 리스크가 발생할 수 있다. 즉, 헤징 수단이 장내에서 거래되는 현물과 장내파생상품으로 한정되는 것이 아니라, 상품구조와 시장 상황에 따라서는 ELS에 내재된 파생상품의 시장 리스크를 다양한 거래형태로 헤지함으로써 확대될 수 있고, 이에 따라 장외파생상품 거래상대방에 대한 신용 리스크가 발생할 수 있는 것이다. 따라서, 자체 헤징을 하는 경우에도 장외파생상품 거래상대방에 대한 리스크 관리는 BTB 거래 시와 동일한 절차와 방법을 따른다.

(3) 법률적 리스크

자체 헤징을 할 경우에도 장외파생상품거래에 따른 계약서로 인해 법률적 리스크는 BTB 거래와 동일하다. 자체 헤징 시에는 시장 리스크의 관리행위는 Dynamic Hedging, 즉 활발한 매매활동을 전제로 한다. 장외파생상품의 거래도 시장 상황에 따라 집중적으로 혹은 반복적으로 일어날 수 있는 것이다. 즉, 파생결합증권 형태의 복잡한 단일한 상품에 관해서는 개별 거래건별로 약식으로 계약을 맺을 수도 있으나, 선도, 옵션 및 스왑거래 등의 반복적인 매매행위를 위해서는 건별로 표준계약서를 맺는 것이 오히려 불편할 것이다.

(4) 유동성 리스크

유동성 리스크는 시장 리스크와 아울러 가장 중요한 관리 대상이며, 전술한 바와 같이 현금흐름과 특정 상품의 유동성 두 가지를 모두 말한다.

현금흐름, 즉 자금 유동성 리스크는 파생결합증권의 이자 혹은 만기원금 지급 시의 현금흐름을 자체 헤징의 결과로 충족시킬 수 없을 경우에 발생한다. BTB 거래처럼 자금의 유출입이 일치하지 않기 때문에 자금 유동성 리스크 관리 시스템 및 규정 등의 구비에 만전을 기한다. 대체로 현금흐름표 등을 작성하여 관리하며 기간구조에 따른 유동성 갭 분석을 통해 전사적인 자금 유동성을 통제한다.

그리고 특정 상품 유동성 리스크는 시장 리스크 관리의 결과로 현물, 장내파생상품 및 일부 장외파생상품의 포지션을 보유하는 데서 발생할 수 있다. 현물과 장내파생상품의 경우에는 시장 붕괴 정도의 사태가 아니면 상품 유동성 리스크는 거의 없다고 보아야 하나, 장외파생상품의 경우에는 대체로 유동성 위기에 처할 개연성이 많다고 보아야 한다. 특정 상품의 유동성 리스크는 시장 리스크처럼 측정하기가 힘들다. 특정 상품의 호가가 너무 벌어졌을 경우처럼 상대적인 리스크 정도를 사안별로 주시해야 하며, 시장 리스크 관리자의 주요 임무이기도 하다.

section 03 파생결합증권과 운용사의 리스크 관리

운용사는 전술한 바와 같이 파생결합증권을 펀드에 편입하기도 하지만 동일한 구조의 장외파생상품 거래를 직접 수행하기도 한다.

그러나 운용사가 이러한 수익구조를 가지는 펀드를 직접 운용하기는 어렵다. 발행사의 자체 헤징처럼 직접 운용한다면 그 결과가 장외파생상품의 수익구조와 100% 일치할 수 없는데 반해, 펀드는 실적배당상품으로 투자자에게 운용 결과를 그대로 전달해야 하고 펀드 간 철저하게 분리운용하기 때문에 분쟁의 소지가 발생하기 때문이다.

여기에서 매입자(운용사)와 매도자(발행사를 포함한 금융기관) 간의 리스크 관리는 상이함을 살펴 볼 수 있다. 채권형 펀드일 경우 채권투자의 결과, 즉 채권시장 자체의 리스크를 수용한 것이고 마찬가지로 주식형 펀드라면 주식시장 자체의 리스크를 수용하고 있다. 파생상품펀드의 경우도 마찬가지이다. 즉, 펀드의 투자자는 자신이 지향하고 있는 특정 시장의 리스크를 이미 떠안고 있으며, 운용사는 시장보다 초과성과를 내기 위해 노력하고 그 결과물을 실적배당하고 있으므로 운용사의 리스크 관리는 시장, 신용, 유동성 리스크 등으로 구분되는 매도자의 리스크 관리와는 질적으로 달라지는 것이다.

물론, 파생상품펀드의 경우는 펀드 운용의 주체로서 운용사의 역할은 다른 증권 펀드보다는 소극적이다. 그러나 이 경우에도 운용사는 시장 상황과 투자자들의 요구를 감안하여 투자 상품을 결정하는 업무를 수행하면서, 평가 가격의 점검 및 발행사(거래상대방 포함)의 신용 리스크를 점검하는 등 파생상품펀드 특성에 따른 리스크 관리를 해야 한다. 아래에서는 이에 따른 운용사 특유의 리스크 관리 사항을 살펴 보기로 한다.

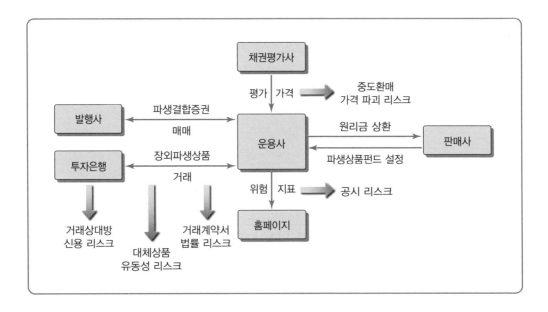

1 적정 가격의 확인

파생결합증권을 매입하든 장외파생상품 거래를 하든 이러한 복잡한 수익구조를 가지는 상품의 가격을 검증하는 것은 통상적인 금융투자상품에 투자하는 것과는 또 다른 차원의 문제를 제기한다. 시장에서 유통되고 있는 상품은 가격이 쉽게 확인된다. 장내파생상품은 물론 단순한 장외파생상품(이자율 스왑 등)의 경우에도 마찬가지이다.

문제는 파생결합증권(이하 장외파생상품도 포함)이 채권과 옵션으로 단순히 나눌 수 있는 구조가 아니며, 설사 옵션 부분이 분해되더라도 하나의 증권 안에 성격이 다른 수많은 옵션이 존재하므로 단순히 개별 옵션 가격을 합산하여 증권의 가격으로 산정할 수 없다는 점이다. 그리고 점차 옵션의 가격산정이 누구나가 수긍할 수 있는(Black-Scholes 류의) 공식(통상적으로 closed form이라 함)으로 이루어질 수 없으며, 대체로 Monte Carlo Simulation 방식의 상당한 프로그램과 시간이 소요되는 복잡한 양상이다. 결정적으로는, 발행사, 운용사, 채권평가사가 각각 이렇게 복잡한 프로그래밍과 상당한 시간을 소요해 나오는 결과값이 어느 정도의 차이만 있어야 적정 가격으로 인정할 수 있음에도 불구하고 상당한 격차가 벌어지는 상황이 비일비재하다는 것이다.

발행 시의 이러한 가격 차이는 대체로 입력 변수의 차이에서 발생하는 것으로 알려져 있다. 시장 형성 초기의 과도한 가격괴리현상 때문에 발행사, 운용사, 채권평가사 간에 수많은 협의가 있었고, 대체로 가격산정 모델에는 결정적인 차이가 없는 쪽으로 수렴이 되었다.

다음 중요한 차이의 발생원인은 발행 이윤에 있다. 발행사는 파생결합증권의 발행 시 원래의 가격(공장도 가격이라고 볼 수 있다)에 일정 부분의 이윤을 붙인 가격(소비자 가격이라고 볼 수 있다)으로 발행하는 것이며, 이 이윤의 폭에 따라 가격차이가 발생할 수 있다. 이때 이윤은 제품의 이윤처럼 확정적인 것은 아니다. 미래의 기초자산 가격 움직임에 따라 매매 당시 상정했던 각종 입력 변수들은 달라질 것이며, 이렇게 달라진 환경하에서의 모든 시장 리스크를 발행사가 떠안는 것에 대한 대가가 포함된 것이다. 발행 이윤에 따른 가격 차이는 시장 형성 초기에 가장 극심했으며, 이후 시장 활성화 및 발행사 간 경쟁 심화로 일정 수준까지 줄어들었다.

2 공정 가격 및 평가사 가격

발행사의 가격은 전술한 바와 같은 가격 차이를 보일 수 있으며, 각 이해당사자 간에 납득할 수 있는 정도의 가격괴리현상으로 현재는 축소되었다고 본다. 파생상품펀드는 그 가격을 매일 공시하여야 하며, 2개 이상의 채권평가사가 제공하는 가격을 기준으로 하여 공정가액(fair value)으로 산정하도록 하고 있다.

채권평가사가 매일 산정하는 가격과 달리, 발행사는 요청이 있을 경우 혹은 중도환매 시에 해지 가격(unwinding value)을 제공한다. 특정 포지션 전체 또는 일부를 청산할 때 발행사가 지불할 수 있는 가격을 뜻하며, 공시 가격과는 여전히 차이가 날 수 있다. 파생결합증권을 편입한 파생상품펀드에서는 이러한 상황을 염두에 두고 잔여수익자에게 피해가 돌아가지 않도록 환매수수료에서 이 가격괴리를 충분히 소화해낼 수 있도록 해야 한다.

3 공시

파생상품펀드가 '파생상품'을 운용하는 경우에는 '계약금액' 및 그밖에 '대통령령으로 정하는 위험에 관한 지표'를 인터넷 홈페이지 등을 이용하여 공시하여야 한다. 또한 이 경우 그 펀드 투자설명서에 '해당 위험에 관한 지표의 개요' 및 '위험에 관한 지표가 공시된다는 사실'을 기재하여야 한다.

대통령령으로 정하는 위험에 관한 지표

①파생상품 매매에 따른 만기 시점의 손익구조
②'시장 상황의 변동에 따른 펀드재산의 손익구조의 변동' 또는 일정한 보유기간에 일정한 신뢰구간 범위에서 시장 가격이 펀드에 대하여 불리하게 변동될 경우에 파생상품거래에서 발생할 수 있는 최대 손실 예상금액
③그 밖에 투자자의 투자판단에 중요한 기준이 되는 지표로서 금융위원회가 정하여 고시하는 위험에 관한 지표

4 신용 리스크

파생결합증권을 매입하거나 장외파생상품 거래를 체결할 때 증권의 발행사 또는 거래상대방에 대한 신용리스크가 발생한다. 그리고 이러한 자산을 편입하는 펀드 또한 신용리스크를 가지게 된다. 운용사로서는 펀드, 즉 투자자가 부담해야 할 이러한 신용 리스크를 최대한 관리해야 한다. 예를 들면, 파생결합증권의 경우에도 증권이란 의미에서 투자등급 혹은 AA급 이상의 회사가 발행하는 경우에만 파생상품펀드에 편입할 수 있다는 등의 내부지침 등을 마련해서 관리할 수 있는 것이다.

장외파생상품 거래상대방에 대한 신용 리스크 관련 사항은 발행사의 경우와 동일하

다. 다만, 법인격이 없는 펀드를 대신해서 운용사는 수탁은행과 더불어 장외파생상품 거래를 하게 되면서 신용보강에 대한 문제가 발생한다.

Funded Swap의 형태에서는 운용사가 장외파생상품 거래상대방에게 원금을 지급하고 상환시에 원리금을 지급받으므로 거래상대방의 신용 리스크를 부담하게 되지만 거래상대방인 외국계 금융기관 등은 운용사, 정확하게는 펀드로부터 발생하는 신용 리스크가 없다. 따라서, 시장 형성 초기부터 외국계 금융기관으로서는 신용 리스크의 부담이 없는 이런 형태의 거래에 적극 응할 수 있는 계기가 마련되었던 것이다.

그러나 Unfunded Swap 형태에서는 펀드가 거래상대방의 신용 리스크를 부담할 수도 있지만, 거래상대방도 펀드의 신용 리스크를 부담해야 하는 상황도 발생할 수 있으므로 신용보강 계약을 맺지 않을 수 없다. 전술한 것처럼 신용 리스크의 감소를 위한 신용보강 계약 체결과 그에 따른 담보물 관리가 회사 전체의 운영리스크(Operation Risk)를 높일 가능성도 있다는 것을 충분히 염두에 두어야 한다. 또한 펀드의 경우엔 펀드재산 내에서 담보 제공 등의 문제를 해결해야 하므로 채권 등의 운용에 제약 사항이 될 수도 있다. 또한 발행사의 경우처럼 펀드와 거래상대방의 신용도 차이에서 발생하는 불이익을 감수해야 할 경우도 있다.

---

5 투자한도

자본시장법에 따라 파생결합증권은 증권의 하나로 펀드에서 동일종목 증권 투자한도인 100분의 10의 제한을 받는다. 하지만, 자본시장법 시행령 제80조에서 파생결합증권에 대하여는 지방채, 특수채 등과 함께 100분의 30을 적용받아, 공모 파생상품펀드에서 파생결합증권을 투자하려면 100분의 30 이내에서 파생결합증권에 투자하여야 한다.

분산투자가 주 목적 중의 하나인 펀드에서 파생결합증권을 편입한 파생상품펀드는 특수한 지위를 누려왔던 것은 사실이며, 이는 시장의 폭발적인 증가세에 기인한 것이다. 자본시장법 시행 이후 많은 파생상품펀드가 파생결합증권을 동시에 편입하고 있다. 이에 따라 예전보다 업무가 증가한 것은 사실이다. 이에 따라 파생상품펀드를 설정하는 운용사의 커다란 리스크 중 하나는 파생결합증권(장외파생상품 포함) 계약서 내용의 확인이다. 또한, 원금보존 추구형으로 이자 수준의 자금으로 워런트에 투자하는 경우에도 파생결합증권을 이용할 수 있다.

6   법률적 리스크

파생결합증권의 매입일 경우에는 유가증권발행신고서, 장외파생상품 거래일 경우는 ISDA 계약서 등이 파생상품펀드의 투자설명서 내용이 상충되지 않도록 면밀한 검토가 이루어져야 한다.

7   유동성 리스크

발행사의 BTB 거래에서처럼 자금 유동성에는 문제가 없다. 수익구조뿐만 아니라 현금흐름의 주기까지 동일하기 때문이다. 다만, 파생상품시장에서의 전형적인 상품 유동성 리스크에 직면할 수 있다.

이러한 상황은 일부 중도환매 시에도 종종 일어날 수 있다. 고시된 가격과 중도해지 시 상환받는 가격의 차이는 전술한 가격 평가의 괴리 문제에 기인하기도 하지만 장외 파생상품의 거래상대방(자체 헤징일 경우 발행사)이 일부 상환에 따른 대체포지션을 시장에서 형성하기가 매우 힘든 상품 유동성 리스크를 반영하기도 한다. 상품 유동성 리스크의 전형적인 현상인 Bid/Offer의 가격폭의 현저한 확대로 일부 상환 시에는 그 대체비용이 상환 가격에 반영되어 투자자에게 불리하게 작용하는 것이다.

chapter 02

파생상품펀드
리스크 관리 II

효율적인 포트폴리오 관리

파생상품펀드라 할 경우 파생결합증권의 경우처럼 파생상품에 의한 수익창출이 펀드의 주된 혹은 전체 목적이라고 생각하기 쉽다. 파생상품이 현물의 대체수단으로서 더 효율적인 포트폴리오 관리를 가능케 한다면 펀드 명칭과 관계없이 투자수단이 될 수 있다. 파생상품펀드이면서 '파생결합증권'의 편입이 아닌 '파생상품'의 거래를 통한 효율적 포트폴리오 관리의 전형을 보여주는 펀드유형들이 있다.

1   인덱스 펀드

학문적으로 장기간의 성과에 있어서는 액티브형 펀드가 인덱스의 성과에 미치지 못하는 경우가 많다고 알려져 있고, 우리나라에서도 인덱스 추종형 펀드 시장이 활성화되고 있는 추세이다. 물론, 이 경우 가장 중요한 것은 효과적인 포트폴리오를 구성하여 인덱스 대비 초과성과를 내는 것이지만 인덱스인 주가지수와 그 주가지수를 기초자산으로 하는 파생상품 간에는 항상 이론 가격 이상의 괴리가 발생하게 된다. 따라서 이를 활용하여 현물 포트폴리오 대신 파생상품을 편입하거나, 파생상품 편입비를 수시로 조절한다. 인덱스 추종형 펀드 중 '파생'이란 단어가 펀드명칭에 들어가 있다면 이러한 전략을 적극적으로 활용하는 펀드로 볼 수 있다.

파생상품 이론 과정에서 언급되므로 구체적인 내용은 생략하겠지만 여기에서 파생상품이 활용되는 경우는 이론가와 시장가의 괴리인 콘탱고·백워데이션 및 풋·콜 패리티를 활용한 경우가 될 수 있다.

(1) 콘탱고 · 백워데이션

이론적으로 백워데이션(backwardation) 상태일 때 주가지수선물을 매입하고 주식 포트폴리오를 매도하며, 콘탱고(contango) 상태일 때 주가지수선물을 매도하고 주식 포트폴리오를 매입하게 된다. 이로서 인덱스인 주가지수를 추종하면서 현·선물 가격의 괴리(basis)의 변동을 이용한 추가 수익을 추구한다. 부가적으로 주식 포트폴리오 매도 대금으로는 증거금을 제외하고 단기 금융상품에 투자하여 이자수익도 기대할 수 있다. 다만, 거래비용이 이러한 추가 수익을 초과할 경우 오히려 순수 인덱스형에 비해 성과가 저조할 수 있다.

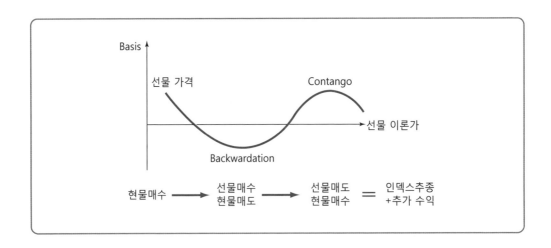

(2) 풋·콜 패리티

동일 행사 가격의 콜옵션 매입 및 풋옵션 매도로 합성선물을 만들 수 있으며, 특히 이론적으로는 ATM일 경우 옵션 프리미엄이 비슷하다. 그러나 수급 등 제반 요인으로 인해 합성선물의 가격이 주가지수선물보다 저렴할 수 있어 경우에 따라서는 주가지수 선물 대신 합성선물을 활용한다. 또한 현물 바스켓, 주가지수선물, 합성선물 세 가지를 연결하여 거래를 하기도 한다.

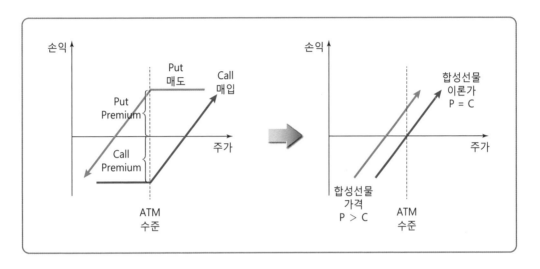

2 시장중립형 펀드(Market Neutral Fund)

헤지펀드의 운용전략 중 하나인 Equity Market Neutral을 활용하는 펀드로 국내에서도 한때, 펀드 시장에 출시되었으나 운용성과가 저조하여 현재는 각 사마다 더욱 정교한 시스템 트레이딩을 위한 준비를 많이 하고 있다.

이 전략은 기본적으로 주식시장에서 매입 포지션과 매도 포지션의 양을 조절하여 시장 변동과 무관한 절대수익을 추구하는 것이다. 즉, 현물 바스켓을 구성하고 그만큼을 주가지수선물을 매도하며 현물 바스켓이 주가지수 대비 초과성과를 내어 거래비용을 커버한다면 충분히 시장중립적인 추가 수익을 구현할 수 있도록 하는 것이다. 그러나 실제 거래에 있어서는 현물 바스켓이 사후적으로 주가지수의 성과에 미치지 못하고, 주가지수선물 거래비용 및 만기이월 비용(주가지수 선물 만기가 펀드 만기보다 짧기 때문에 지속적으로 수행해야 함)이 추가로 발생하면서 상당한 손실이 발생하기도 한다.

물론 이러한 기본적인 개념에서 출발하여 포지션이나 바스켓의 구성을 조절하는 롱/숏 전략, 페어 트레이딩 전략 등이 있고 이에 대한 시도도 국내에서 끊임없이 이루어지고 있다. 롱·숏 전략은 매입·매도 포지션의 양을 서로 다르게 하여(예를 들면 매입 100%/매도 50% 혹은 그 반대) 일정 부분 시장 움직임에 동참하는 운용방식이며, 페어 트레이딩 전략은 상관관계가 음인(움직임이 반대인) 상품의 가격차이를 활용한 운용방식이다. 하지만 이러한 전략 등을 적극적으로 구사하는 헤지펀드는 2008년의 금융위기 속에 업계 평균 −20%를 기록하는 등 시장기능이 마비될 경우에는 운용전략이 제대로 작동하지 않을 수 있다는 점을 주지하여야 한다.

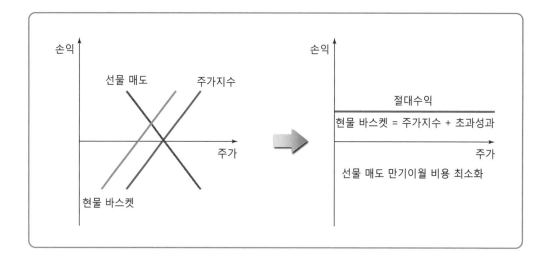

특정 위험의 회피

파생상품의 활용에 있어서 지금까지의 적극적인 활용 이외의 위험회피 목적이라고 불리는 혹은 헤지활동이라고 불리는 운용전략에 대해서 알아보겠다.

1   주식형 펀드에서의 비중 유지

파생상품펀드는 아니지만 파생상품을 활용하는 펀드로 일반 주식형 펀드도 포함된다. 성장형이든 안정형이든 주식현물에 대한 최소 보유비중이 있다면, 시장 침체기에 주가지수선물을 매도하여 리스크 관리와 현물 보유비중을 동시에 관리할 수 있다. 왜냐하면 주가지수선물 매도분은 위험회피로 분류되어 펀드의 총위험액을 증가시키지 않기 때문이다. 그러나 고객이 적극적으로 요청하는 사항이 아니라면 주식형 펀드에서는 굳이 구사할 수 있는 전략은 아니다. 선물 매도에 따른 손실이 발생할 경우 민원의 소지는 충분하다.

2   채권형 펀드에서의 듀레이션 조절

채권형 펀드에서는 듀레이션 조절 방법으로 자주 이용된다. 전술한 바와 같이 상대가치투자가 아니라 포트폴리오 전체의 듀레이션 조절용으로 국채선물 매도 혹은 이자율 스왑 매입(고정금리 지급) 포지션을 취할 수 있다.

3   환리스크의 헤지

외화 표시의 금융투자상품에 투자한 펀드(역외펀드를 포함)의 경우 환리스크를 노출시킬 것인가(다른 말로 환리스크에 대한 기회이익을 가질 것인가) 아니면 일정 부분 혹은 전체를 없앨 것인가의 의사결정을 펀드 출시 전에 하여야 한다. 원달러 환율이 지속적으로 하락세였던 시점에서는 대부분의 펀드들이 환리스크를 전부 혹은 대부분 헤지하는 전략을 구사해왔었다. 그러나 2008년의 원달러 환율 상승국면에서는 일부 헤지 혹은 노출의 방향도 적극적인 리스크 관리방법으로 대두되기 시작했다.

파생상품을 활용하여 외환 리스크를 헤지하였음에도 불구하고 외화표시 펀드의 경우 별도의 리스크가 발생할 수 있으므로 이에 대한 원인을 살펴보기로 한다.

(1) 펀드의 채무불이행과 거래상대방

모든 장외파생상품의 거래에는 거래상대방의 신용 리스크 문제가 대두되며, 외환관련 파생상품의 경우에도 예외는 아니다.

이미 1990년대부터 운용사는 해외투자의 경우 국내 은행 및 외국계 은행과 선물환 거래를 맺어 왔다. 그러나 외환위기를 거치면서 그리고 러시아 모라토리움(moratorium)이 이어지면서 선물환시장엔 큰 문제점이 닥쳐왔다. 당시 투신사는 국내에서 펀드를 모집하여 이를 달러로 환전하였고 이에 따른 환리스크를 원달러 선물환(달러 매도·원화 매입) 포지션을 통해 해소하였다(고 생각했다). 또한 환전한 달러는 러시아 국채 등에 간접투자(당시 러시아 국채 시장 등에 직접 참가할 수 있는 금융회사는 몇몇 Global IB에 한정되어 있었다)되어 펀드가 보유한 리스크는 러시아 국채에 대한 것으로 한정되어 있었다.

그런데 외환위기 이후 원달러 환율이 폭등하자 현재의 KIKO 사태처럼 환차손이 엄청나게 불어나기 시작한 것이다. 단순한 선물환 거래였지만 환율이 두 배 가까이 뛰었으므로 선물환 거래에 따른 평가손은 계약원금의 절반에 이를 정도였다. 그러나 당시에는 은행과 투신사 간에 담보 등의 신용보강 계약이 별도로 체결되지 않은 상태여서 은행은 투신사에 평가손에 해당하는 신용보강 조치를 추가로 요구할 수 있는 법적인 보호장치가 없었다. 더욱이 러시아 등에 투자된 달러표시 원금이 무사히 회수된다면 평가손이 얼마나 되든 달러를 인도하기만 하면 되기 때문에 그 후의 파장이 얼마나 클 수 있을 지 실감하기 어려운 상황이었다.

문제는 외환위기 이후 원달러 환율이 높게 유지되는 상태에서 1998년에는 러시아의 모라토리움이 발생하여 투자원금 자체가 휴지조각이 되어 버렸다는 사실이다. 이로 인해 펀드의 순자산가치는 거의 0이 된 상태에서 파생상품 거래인 선물환의 만기에 달러를 지급할 여력도 없어지게 되어 투신사와 은행 간 소송의 경우로 이어지게 되었다.

(2) 과다헤지(Overhedge)

펀드재산의 범위를 넘어서 헤지를 할 경우, 이 부분은 위험회피로 인정받지 못하여 파생상품 투자가 된다. 따라서 투자원금의 가치가 하락하여 초기의 환헤지 포지션이 과다헤지 상태가 되면 헤지 포지션을 탄력적으로 조정하여 투자금의 잔존가치와 적절히 균형을 이루도록 하는 방안도 고려해야 한다.

역외펀드

역외펀드란 외국 자산 운용사가 자금을 모아 해외 시장에 투자하는 펀드로 2005년 이후 한국 시장에서 큰 인기를 모으기 시작했다. 그런데 역외펀드는 원화를 달러 등의 해외 통화로 바꾸어 국외 시장에 투자하는 자금으로 환율 리스크에 노출되어 있다.

예를 들어, 현재 환율이 1달러당 1,000원이라고 가정하자. 만일 투자자가 역외펀드에 1,000만 원을 투자했다면 이는 달러로 1만 달러와 동일하다. 동시에 투자자는 달러로 투자된 자금의 환율 변동 위험을 제거하기 위해서 1년 뒤 1만 달러를 현재 환율인 1,000원으로 매도하기로 계약하였다. 만일 투자자금이 1만 달러로 동일하다면 환율이 1,000원에서 900원으로 하락하든지 1,100원으로 상승하든지 상관없이 1년 후 1,000만 원을 확보하게 된다.

그런데 전 세계 주식시장의 폭락으로 인해 펀드의 가치가 1만 달러에서 5천 달러로 하락하게 되어 투자자는 −50%의 손실을 입게 되었다. 그리고 환율은 폭등하여 1,000원에서 1,400원까지 올라갔다. 그런데 1년 뒤 1만 달러를 1,000원에 매도하기로 한 계약이 여기서 문제로 발생하였다. 투자자금이 5,000달러 밖에 남아 있지 않기 때문에 나머지 5,000달러를 시장 환율인 1,400원에서 사서 1,000원에 팔아야 하기 때문이다. 여기서 5,000×(−400원)=−200만 원의 손실을 추가로 입게 된다. 그래서 투자자는 300만 원만 받게 되며 총 손실은 −50% 보다 큰 −70%가 된다.

(3) 통화선물 · 만기 불일치 선물환

외환 리스크 헤지 방법 중의 하나로 장내파생상품인 통화선물이 있다. 그러나, 이 방법 역시 또 다른 문제점을 발생시키고 있다.

먼저, 통화선물 시장의 유동성 문제이다. 외환 관련 파생상품 거래는 전 세계 어느 시장에서든 장외거래가 장내거래를 압도한다. 주식 관련 파생상품 시장과는 판이한 양상이다. 따라서, 통화선물 거래를 하고자 하는 운용사로서는 선물환시장에 비해서는 불리한 가격으로 거래를 할 수밖에 없는 것이 현실이다.

둘째, 유지증거금의 문제이다. 담보제공 등의 신용 리스크 보강방안 없이 증거금으로 외환 리스크를 헤지할 수는 있었으나, 원달러 환율 급증에 따라 증거금이 지속적으로 소요되고 이에 따라 가용 현금이 바닥나 투자원금 자체를 미리 회수해야 하는 상태가 발생하는 것이다. 비슷한 문제가 펀드만기와 일치하지 않는 선물환 거래를 만기이월할 경우에도 발생한다. 외국환거래법에서는 Historical Rate Rollover[1]를 금지하고 있어 선물환 거래를 만기이월 할 경우 현재 시장의 환율 범위 안에서 이루어져야 하며 원래 체결했었던 환율로 거래를 할 수 없다. 따라서 원달러 환율이 급등한 상태에서 선물환 거래를 만기이월하려면 상당한 차액을 결제해야 되고 통화선물의 증거금 납부 때처럼 가용현금이 부족한 상태가 발생할 수 있다.

---

section 03 | 파생상품과 운용사의 리스크 관리

'파생결합증권'을 편입한 파생상품펀드와 달리 '파생상품'을 활용한 파생상품펀드의 경우는 일반 펀드와 다른 점이 없다. 다만, 파생상품의 활용 빈도와 비중이 클 뿐이다.

---

1 환율이 불리하게 변하면 기한이 되어도 결제하지 않고 선물환 계약을 연장한 후 환율이 유리하게 되면 결제하는 거래관행을 말함.

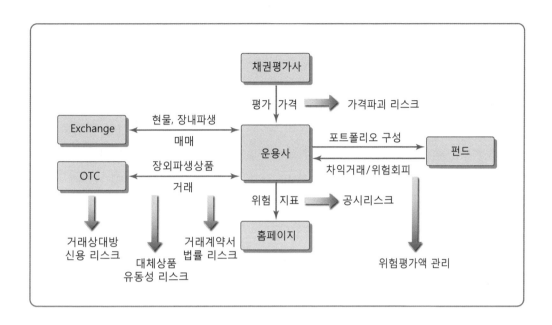

1 신용 리스크 및 투자한도

(1) 신용 리스크

장외파생상품거래를 할 경우에도 거래상대방에 대한 신용 리스크는 펀드 즉, 투자자의 몫이므로 운용사로서는 거래상대방 관리에 만전을 기하여야 한다. 파생결합증권의 발행사처럼 거래상대방이 한정되어 있지는 않으나 실질적으로는 장외파생상품의 거래상대방은 주로 시중은행 및 외국계 은행·증권 등 신인도가 더 높은 경우가 많다. 그러나, Lehman Brothers의 경우처럼 인지도 및 신용등급이 높아도 신용 리스크에 대한 관리에 소홀함이 있어서는 안 될 것이다.

(2) 투자한도

같은 거래상대방과의 장외파생상품 매매에 따른 거래상대방 위험평가액이 각 펀드 자산총액의 100분의 10을 초과하여 투자하는 행위를 할 수 없다. 다만, 사모 파생상품 펀드는 제한을 받지 않는다.

2 법률 리스크

한편, 장외파생상품거래일 경우에는 운용사가 펀드의 재산 범위 내에서 펀드를 대신하여 수탁사와 공동으로 계약서에 서명을 한다. 운용사가 운용사 자신의 명의로 직접 장외파생상품을 거래할 경우에는 책임소재의 범위가 불분명할 뿐만 아니라 광범위한 파급효과를 가질 수 있다는 점은 전술한 바 있다. 또한, 표준계약서 외에 담보제공계약으로 신용보강을 한다면 계약서 관련 법률리스크는 물론 담보관리에 따른 운영리스크 (Operation Risk)도 증가함을 고려하여야 한다.

3 유동성 리스크

장외파생상품시장의 시장조성자(market maker)는 상품에 따라 다르지만 주로 시중은행 및 외국계 은행 · 증권이다. 가장 활발한 장외파생상품인 선물환이나 이자율스왑의 경우를 보더라도 시장조성자인 은행 간 거래에서의 매수 · 매도 스프레드의 폭에 비해 증권사 · 운용사에 제시되는 매수 · 매도 스프레드의 폭은 클 수밖에 없다. 따라서, 시장에 특별한 이상 징후가 없다 하더라도 장외파생상품을 활용하는 증권사 · 운용사로서는 특정 상품의 유동성 리스크에 따른 불리함을 감수하게 된다.

chapter 03

판매사의 리스크 관리

section 01　투자자 성향

　투자자 보호제도하의 고객 파악 의무 및 적합성 원칙에 따른 투자자의 성향(risk appetite) 파악이 파생상품펀드 판매행위의 출발점이 될 수 있다. 파생상품펀드의 경우 대체로 파생상품 투자를 통한 수익구조 다각화, 기초자산 범위의 확대 및 효율적인 펀드 운용 등의 세 가지 형태의 투자 유인을 제공하고 있으므로, 각 유형이 제시하고 있는 투자 유인책 혹은 리스크 유형에 따라 각기 다른 투자자 성향에 적합한 상품유형을 제시할 수 있어야 할 것이다.

통상적으로 파생결합증권을 편입한 경우에 투자자가 기대하고 있는 것은 특정 기초자산의 방향성 등에 관련된 수익이 아니라, 편입된 파생상품이 제공할 수 있는 특정한 수익구조일 것이다.

앞서, 매도자(리스크 회피자)와 매입자(리스크 수용자)의 특성에 대해서 살펴보았듯이, 투자자는 특정 리스크를 수용하여 그에 적합한 수익을 기대한다. 투자자의 위험선호도에 맞게 발행사, 운용사는 지속적으로 상품을 개발, 운용하고 판매사는 투자자에게 판매하면서 지속적인 피드백을 다시 발행사, 운용사에 제공한다. 파생상품펀드의 중요성은 투자자에게 새로운 수익원과 수익구조를 제시하여 투자를 유치하고 발행사는 이를 바탕

DLS

DLS란 이름 그대로 파생상품에 연계된 신종증권을 일컫는 말로, 파생상품의 기초자산이 주가 관련일 경우 ELS라 불린다. 그리고 파생상품의 기초자산이 신용관련일 경우 CLS(credit linked securities)로 따로 분류하기도 한다. 따라서 DLS가 곧 파생결합증권을 의미하나, 국내 금융시장에서는 주가 관련일 경우에만 ELS라 하고 기초자산이 주가 이외의 모든 경우를 DLS라 구분하여 사용한다. 한편, 주가 관련 파생상품과 예금을 연계하였을 경우에는 ELD(Equity Linked Deposit)로 분류하기도 한다.

① ELF

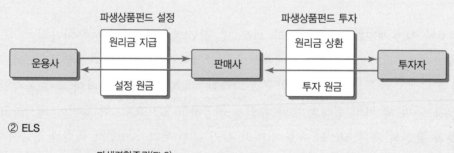

② ELS

으로 기초자산과 관련 파생상품의 시장 활성화에 일조를 한다.

　기초자산과 관련하여서는 주가, 이자율, 환율 등 모든 자산을 대상으로 파생결합증권을 펀드에 편입할 수 있으나, 실질적으로는 주가 연계 파생결합증권(ELS : Equity Linked Securities)이 주종을 이루며, 이자율, 환율 등을 기초 자산으로 하는 파생결합증권(DLS : Derivatives Linked Securities)을 활용하기도 한다.

　판매형태별로 본다면, 증권회사의 경우 ELS를 투자자에 직접 판매할 수도 있고, ELS를 편입한 펀드(ELF : Equity Linked Fund)를 판매할 수도 있다. 은행의 경우 ELF나 원금보장기능이 추가된 ELD를 판매할 수도 있다.

2　효율적인 펀드 운용

　전술한 효율적 포트폴리오 관리에서처럼 '파생결합증권'의 편입이 아닌 '파생상품'의 거래를 통해 펀드의 위험·수익 관계를 바꾸는 경우이다.

　일반투자자의 경우에는 파생결합증권에 의한 파생상품펀드보다, 이러한 파생상품의 활용에 의한 파생상품펀드의 운용전략 및 수익창출에 대한 이해가 더 어려울 수도 있다. 즉, 특정 수익구조를 제시하거나 특정 기초자산을 활용한 파생결합증권의 경우에는 그러한 수익을 낼 수 있는 발행사의 헤지행위에 대한 이해가 중요한 사항은 아니지만, 이 경우에는 운용사의 파생상품 운용전략에 대한 이해가 어느 정도 따라야 한다는 것이다.

section 02　중도환매

1　환매수수료

파생결합증권(장외파생상품 포함)을 편입한 펀드의 경우 대부분 중간평가일 혹은 만기 시점에 상환조건을 만족하면 펀드는 상환(redemption)이 이루어지는 구조이다. 또한, 투자자가 필요에 의해 상환 이전에 환매(unwinding)를 요청하는 경우 펀드에서는 부분 환매가 이루어진다. 그리고 환매금액의 3~7%에 이르는 높은 환매수수료에 대하여는 전술한 운용사의 리스크 관리에서 그 이유를 서술한 바 있다. 파생상품펀드의 투자자에게 중간평가일 혹은 만기 시점에만 투자설명서에 나와 있는 수익구조와 일치하는 손익을 올릴 수 있다는 사실을 반드시 주지시켜야 하는 이유이기도 하다.

2 평가 가격

중도환매 가격과 평가 가격의 차이는 환매수수료로 충당하더라도 평가 가격 자체에 대한 오해가 발생할 수도 있다. 기본적인 옵션 가격결정 모형(Black & Scholes류)에서 보듯이 가격결정 변수는 기초자산의 가격뿐 아니라 변동성, 상관관계 등이 복잡하게 연계되어 있다. 물론, 기초자산의 가격 수준이 옵션 가격의 가장 큰 결정요인이기는 하나 옵션의 성격에 따라서는 다른 변수들이 더 큰 작용을 할 수도 있다. 따라서, 파생결합증권을 편입한 펀드의 경우에는 중간 평가 가격은 투자자가 통상적으로 인지하고 있는 수준과는 차이가 날 수 있음을 주지시키고, 중간 평가일 혹은 만기 시점의 수익구조에 대해서는 명쾌한 설명을 할 수 있어야 한다.

section 03 계약조건 변경 혹은 조기종결

파생결합증권의 경우 또 하나 주요 특징은 기초자산, 발행사 또는 시장에 문제가 발생하는 경우 계약조건이 변경되거나 강제 조기상환(early termination)이 이루어진다는 것이다. 파생결합증권의 계약서 혹은 장외파생상품 거래의 계약서에 담겨져 있는 이 내용들은, 펀드 투자설명서에서도 충분하고 정확히 언급되고 투자자에게 설명되어야 한다.

기초자산의 가격에 중요한 영향을 줄 수 있는 사건이 발생하면 발행조건이 변경되거나 조기종결을 하게 된다. 기초자산이 되는 회사의 합병, 영업양도, 공개매수, 국유화,

파산, 상장폐지가 발생하는 경우, 기초자산 또는 기초자산과 관련한 선물, 옵션의 거래가 제한되거나 지연되는 경우 및 거래소가 정상적으로 거래 가격을 제공하지 못하는 경우에는 파생결합증권 혹은 장외파생상품의 조기종결 혹은 구조변경 사유가 된다.

외국계 투자은행과 직접 장외파생상품을 거래한 경우에는 기초자산 및 관련 거래 등이 모두 한국물이어도 외환시장의 붕괴가 조기종결의 사유가 되기도 한다. 투자자의 펀드 투자원금 및 중도·만기 상환금이 원화로 표시되어 있지만 운용사와 외국계 투자은행 간에는 별도의 외환거래를 통해 달러화로 거래금액이 표시되는 경우가 많기 때문이다. 물론, 투자자에게는 외환리스크에 대한 노출은 없는 상태이다.

증권의 발행 이후 관련 법령의 제정·개정, 관련 법령의 해석의 변경으로 본 거래가 위법하게 된 경우와 추가적인 조세부담이 발생하는 경우 및 발행사의 Event of Default(채무불이행 사유 : 해산, 파산, 화의 또는 회사정리 등의 절차가 개시되거나, 이러한 신청이 있는 등 발행사의 신용상태가 악화되는 경우) 발생 시에는 조기종결 요건이 된다.

section 04 평판 리스크

1 운용사

각 운용사가 제시하는 파생상품펀드를 고를 때, 다른 유형의 펀드처럼 운용사의 평판을 고려하지 않을 수 없다. 그러나 현실적으로는 파생상품펀드의 출시는 발행사·운용사·판매사의 공조 아래 이루어지고 선택의 여지가 없을 경우도 있다. 그럼에도 불구하고, 운용사의 평판을 고려해야 하는 것은 운용사의 리스크 관리 정책에 따라 위험·수익 관계가 달라서 상대적으로 고수익·고위험 펀드에 주력하는 회사가 있을 수 있기 때문이다. 예를 들면, 같은 투스타 구조의 상품인데도 훨씬 더 높은 수익률을 제시하고 있다면, 기초자산의 불안정성, 기초자산 간의 상관관계 혹은 행사 가격(배리어라고도 함) 수준 등에서 분명 상대적으로 불리한 조건들이 제시되어 있을 것이다. 각 운용사가 출시한 파생상품펀드의 중도상환비율을 측정해서 비교해 보는 것도 운용사의 평판 리스크를 최소화시키는 방법 중의 하나일 것이다. 파생결합증권을 활용한 파생상품펀드의 장점 중 하나가 정해진 첫 번째 중도상환일에 상환이 일어나고 다음 상품으로 대체되면서 장기적으로도 안정적인 고수익을 가능케 한다는 것이기 때문에 첫 번째 중도 상환일에 상환이 일어나지 않았다면, 수익구조를 만드는 제 조건이 열악했을 가능성이 많다.

2	발행사 · 거래상대방

파생결합증권의 경우 발행사의 평판 리스크는 크게 문제될 것이 없다고 봐야 한다. 전술한 바와 같이 파생결합증권의 발행사는 인가를 받은 증권사로 한정되어 있고, 외국계와 일부 대형 증권사를 제외하면 중개사로서의 역할을 주로 하기 때문에 실질적으로 상품의 내용에 큰 차이가 나지 않을 수 있다. 장외파생상품 거래의 경우에도 일부 외국계 은행 · 증권에 집중되어 있고 상품의 내용이 대동소이하여 평판에 대한 문제가 크게 중요시되지는 않는다. 그리고, 발행사 혹은 장외파생상품 거래상대방의 선택과 관련한 문제는 기본적으로 펀드에 편입될 자산을 선택하는 운용사의 몫이다. 그렇지만 선택의 결과인 신용 리스크는 투자자의 몫이므로 발행사 혹은 장외파생상품 거래상대방의 신용 리스크가 여느 펀드처럼 발생할 수 있음을 투자자에게 주지시켜야 함은 판매사의 몫이라 할 것이다.

01 다음 중 펀드에서의 파생상품 활용에 대한 설명으로 적절하지 않은 것은?

① 통상적으로 파생상품펀드라 하면 파생결합증권을 펀드에 편입시켜 파생결합증권의 수익구조에 따라 펀드의 수익구조가 정해지는 경우를 말한다.

② 파생결합증권과 동일한 구조의 장외파생상품거래는 계정과목도 동일해야 한다.

③ 자본시장법 하에서 활용할 수 있는 파생상품의 기초자산의 종류에는 제한이 없다.

④ Unfunded Swap은 파생결합증권에 내재된 파생상품 부분만 따로 떼어내서 거래를 체결하는 방식을 말한다.

02 다음 중 자체 헤지를 하는 파생결합증권 발행사의 리스크 관리에 대한 설명으로 적절하지 않은 것은?

① BTB 거래를 하지 않으므로 신용 리스크는 발생하지 않는다.

② 자금 유동성 리스크는 파생결합증권의 이자 혹은 만기원금 지급 시의 현금흐름을 자체 헤징의 결과로 충족시킬 수 없을 경우에 발생한다.

③ 장외파생상품 거래에 따른 특정 상품 유동성 리스크에 노출될 가능성이 크다.

④ 자체 헤징을 할 경우에도 장외파생상품거래에 따른 계약서 관련 리스크에 노출될 수 있다.

해설

01   ② 파생결합증권은 사채의 발행, 장외파생상품은 파생상품자산·부채 등으로 기표함이 올바른 계정과목이다.

02   ① 자체 헤징 방법에 따라 장외파생상품을 활용할 수 있어 그에 따른 신용 리스크가 발생할 수 있다.

03 다음 중 파생결합증권(동일한 구조의 장외파생상품 포함)의 가격 및 공시에 대한 설명으로 올바른 것은?

① 파생상품펀드가 공시하는 위험에 관한 지표는 그 펀드의 투자설명서를 이용하여 공시하여야 한다.

② 채권평가사 등이 제공하는 가격을 바탕으로 한 공정가액(fair value)과 발행사의 해지 가격(unwinding value)은 항상 동일하다.

③ 파생결합증권의 발행가는 입력 변수의 차이 및 발행 이윤 등으로 인해 운용사 및 채권평가사가 책정하는 가격과는 괴리가 있을 수 있다.

④ 공정가액이란 합리적인 판단력과 거래의사가 있는 독립된 당사자 간에 거래될 수 있는 교환 가격을 의미하며, 가격 결정 모형을 이용하는 것이 가장 객관적인 공정가액이다.

04 다음 중 파생결합증권(동일한 구조의 장외파생상품 포함)의 운용사 관련 설명으로 적절하지 않은 것은?

① 파생결합증권의 매입 혹은 장외파생상품의 거래에 따른 신용 리스크는 운용사의 몫이므로 신용 리스크 관리에 만전을 기해야 한다.

② 파생결합증권의 편입한도는 펀드 자산 총액의 30%까지이다.

③ 파생상품의 특성인 상품유동성 리스크에 직면할 개연성이 많아 운용사는 중도 환매 관련 제반 비용이 적게 드는 발행사·거래상대방을 선택할 수 있도록 해야 한다.

④ 운용사가 운용사 자신의 명의로 직접 장외파생상품을 거래할 경우에는 책임소재가 불분명할 뿐만 아니라 광범위한 파급효과를 가질 수 있다.

해설

03 ① 인터넷 홈페이지 등을 이용하여야 한다. ② 대체비용 등으로 가격괴리가 발생한다. ④ 시장 가격이 가장 객관적인 공정가액이다.
04 ① 신용 리스크는 펀드가 가지게 된다. 운용사는 투자자를 대신해 신용 리스크를 적정 수준으로 관리할 수 있도록 해야 한다.

05 다음 중 환리스크의 헤지에 대한 설명으로 적절하지 않은 것은?

① 채권형 펀드의 경우에는 대체로 투자원금규모의 환헤지를 하는 것이 보통이다.

② 역외펀드의 경우 환율의 폭등과 투자원금의 손실이 겹치면서 의도하지 않은 과다헤지로 인한 추가 손실이 발생하기도 한다.

③ 통화선물 시장은 충분한 유동성으로 장외거래인 선물환거래에 따른 문제점을 극복할 수 있게 한다.

④ 펀드만기보다 짧은 만기의 선물환거래를 하였을 경우 만기 이월 시 펀드에서 가용현금이 부족한 사태가 발생할 수 있다.

06 다음 파생상품펀드에 투자하는 고객의 성향(risk appetite)과 관련된 설명으로 적절하지 않은 것은?

① 파생상품펀드의 경우 대체로 파생상품 투자를 통한 수익구조 다각화, 기초자산 범위의 확대 및 효율적인 펀드 운용 등의 투자유인을 제공한다.

② 파생상품의 거래를 통해 효율적인 펀드운용을 도모하고자 하는 파생상품펀드의 경우 운용사의 파생상품 운용전략에 대한 이해가 따라야 한다.

③ Multi-Asset 유형의 경우 자산배분 기능이 내재되어 있는 펀드를 통해 기초자산의 투자수익을 추구하는 특정한 수익구조가 투자유인이다.

④ 원자재 등의 상품(commodity)에 대한 투자를 목적으로 하는 투자자에게 제시되는 파생상품펀드는 특정한 수익구조의 제시보다는 기초자산 범위의 확대라는 점에 그 의미가 있다.

해설

05 ③ 통화선물보단 선물환거래의 유동성이 더 풍부하다.

06 ③ 기초자산의 배분을 통한 포트폴리오 투자효과가 투자유인이다.

07 다음 중 파생결합증권의 계약조건 변경 혹은 조기종결과 관련된 설명으로 적절하지 않은 것은?

① 기초자산의 가격에 중요한 영향을 줄 수 있는 사건이 발생하면 발행조건이 변경되거나 조기종결을 하게 된다.

② 기초자산과 관련된 선물, 옵션의 거래가 제한되거나 지연되는 경우 조기종결 혹은 구조변경 사유가 될 수 있다.

③ 외국계 투자은행과 직접 장외파생상품거래를 한 경우 외환시장의 붕괴가 조기종결의 사유가 되기도 한다.

④ 발행사의 채무불이행 사유(event of default) 발생 시 구조변경 사유에 해당한다.

08 다음 중 효율적인 포트폴리오 운용을 위해 활용하는 파생상품의 특성 및 거래기업이 아닌 것은?

① 콘탱고 · 백워데이션   ② 풋 · 콜패리티
③ 상대가치투자   ④ 과다헤지

해설

07 ④ 조기종결 사유에 해당한다.
08 ④ 환리스크의 헤지상태 중 하나이다. 효율적 운용이 아닌 투기의 성격을 지닌다.

정답 01 ② | 02 ① | 03 ③ | 04 ① | 05 ③ | 06 ③ | 07 ④ | 08 ④

파생상품펀드

금융투자전문인력 표준교재

펀드투자권유자문인력 파생상품펀드

2024년판 발행 2024년 2월 15일

편저 금융투자교육원
발행처 한국금융투자협회
  서울시 영등포구 의사당대로 143 전화(02)2003-9000 FAX(02)780-3483
발행인 서유석
제작 및 총판대행 ㈜**박영사**
  서울특별시 금천구 가산디지털2로 53, 210호(가산동, 한라시그마밸리) 전화(02)733-6771 FAX(02)736-4818
등록 1959. 3. 11. 제300-1959-1호(倫)
홈페이지 한국금융투자협회 자격시험접수센터(https://license.kofia.or.kr)

정가 11,000원

ISBN 978-89-6050-719-7 14320
  978-89-6050-715-9(세트)